Os Mistérios dos Arcanos

Os Segredos do Eterno

Uma Jornada Iniciática pelas Lâminas do Tarô

Alexandre Garzeri

Os Mistérios dos Arcanos

Os Segredos do Eterno

Uma Jornada Iniciática pelas
Lâminas do Tarô

© 2024, Madras Editora Ltda.

Editor:
Wagner Veneziani Costa (*in memoriam*)

Produção e Capa:
Equipe Técnica Madras

Revisão:
Ana Paula Luccisano

Dados Internacionais de Catalogação na Publicação (CIP)
(Câmara Brasileira do Livro, SP, Brasil)

Garzeri, Alexandre
Os mistérios dos arcanos : os segredos do eterno:
uma jornada iniciática pelas lâminas do tarô /
Alexandre José Garzeri. -- São Paulo : Madras, 2024.
Bibliografia

ISBN 978-85-370-0797-6

1. Arcanos maiores (Tarô) 2. Simbolismo dos números I. Título.

12-08865   CDD-133

Índices para catálogo sistemático:
1. Arcanos: Mistérios :Esoterismo 133

É proibida a reprodução total ou parcial desta obra, de qualquer forma ou por qualquer meio eletrônico, mecânico, inclusive por meio de processos xerográficos, incluindo ainda o uso da internet, sem a permissão expressa da Madras Editora, na pessoa de seu editor (Lei nº 9.610, de 19/2/1998).

Todos os direitos desta edição reservados pela

MADRAS EDITORA LTDA.
Rua Paulo Gonçalves, 88 – Santana
CEP: 02403-020 – São Paulo/SP
Tel.: (11) 2281-5555 – ▪ (11) 98128-7754
www.madras.com.br

Agradecimentos

Aos meus pais, por terem colocado em seus *Dharmas*, antes de encarnarem neste planeta, o desafio de gerar, proteger, amparar, educar e amar uma Essência em Evolução, que atualmente assina esta primeira obra e lhes dedica a mesma com Amor e Estima, por tudo que fizeram e ainda fazem por mim.

Ao Querido Mestre Ascensionado El Morya e todos os demais Augustos Seres de Luz, do 1º Raio, da Grande Fraternidade Branca, por me mostrarem a importância da Manifestação da Vontade de Deus em tudo o que pensamos, falamos e realizamos, a fim de que se manifeste não a nossa, mas sim a Vontade do Pai, assim na Terra como no Céu.

Aos meus irmãos de Tradição, especialmente os Maçons, Rosa-cruzes e Templários, por demonstrarem o real significado da palavra Fraternidade e a beleza do morrer e renascer em cada Iniciação, grau e novo passo dado na Senda.

A todos os Irmãos, Cunhadas e Sobrinhos(as), da ARLS, "28 de Julho", n. 133, do Oriente de São Caetano do Sul, por constituírem uma Família Espiritual, muito especial, que levo sempre em meu Coração, onde quer que eu esteja.

Ao amigo e Mestre Otávio Leal por toda Sabedoria legada a mim em nossos anos de convivência e por me mostrar que a busca Espiritual também pode ser realizada com uma certa dose de humor, sem que se perca o contato com o Sagrado.

Ao Professor Namur por ser um precursor e constante batalhador no que diz respeito à divulgação séria e competente do *Livro de Thoth*, bem como de suas aplicações na busca pelo Autoconhecimento.

Ao Estimado Irmão, Wagner Veneziani Costa, responsável por essa Grande Editora, a Madras, que tanta Iluminação e Sabedoria lega a todos os brasileiros e Sinceros Buscadores Espirituais que encontram nas páginas dos livros, primorosamente editados, o alimento diário para suas Almas, sendo o Irmão Veneziani um autêntico Baluarte do Ocultismo e do Esoterismo, como conheci poucos em minha vida.

A meu dileto irmão, desta e de outras vidas, Fernando Cavalcante Gomes, pelas muitas horas de boas conversas sobre A Tradição e seu Grande Coração que a todos ampara, orienta e protege, sempre, não medindo esforços para auxiliar os que necessitam.

À minha Querida Prima, Aglaia Caeli Garzeri, que muito antes de J. K. Rowling, quando eu ainda era um adolescente, me incentivou a "tomar o Trem para Hogwarts" e foi assim que tudo começou...

A todos os jovens que convivem comigo, especialmente os Queridos Sobrinhos da Ordem De Molay, por realçarem a minha certeza de que nem tudo está perdido e de que o amanhã será bem melhor, dependendo do uso que fizermos do hoje: "Estimados Sobrinhos do Capítulo, *Cavaleiros do Templo*, nº 46/701, da Ordem De Molay, vocês representam uma especial vertente dentro do que existe de Melhor, nos atuais Movimentos de Ressurgência Templária. Continuem honrando a Memória daqueles que nos antecederam, desde a Idade Média e muito antes dessa época..." – *Tio Alê.*

Às Tradições Marciais do Karatê, Qwan Ki Do, Kung Fu e Aikido, por me mostrarem a importância de viver em harmonia com tudo e com todos, lembrando sempre que o Real Combate não se dá em nível externo, mas sim na Arena que existe em nosso interior, onde confrontamos nossos reais inimigos, medos e demônios, diante dos quais os externos são pura e simplesmente um mero reflexo.

Aos meus Estimados Professores e *Scottish Pipers,* Raul Brabo e André Netto, por me ensinarem, literalmente, tudo a respeito das Gaitas de Foles, sem as quais, nesta vida, minha Alma Celta estaria adormecida.

"A todos aqueles que buscam, porque com certeza algum dia acabarão encontrando..."

Índice

Prefácio 11
Gênese 13
Um Pouco de História não Faz Mal a Ninguém 15
    Quatro Povos Formidáveis 16
    Os Egípcios e o Tarô 16
    Os Judeus e o Tarô 17
    Os Chineses e o Tarô 19
    Os Ciganos e o Tarô 21
    A Real Origem do Tarô 23
CAPÍTULOS
  0. Ficar, com Certeza, Maluco Beleza 27
    Os Símbolos que Compõem o Arcano do Louco 29
    Significado do Misterioso Arcano sem
    Número – O Louco 30
  1. Magus Arcanum 35
    Os Símbolos que Compõem o Arcano o Mago 36
    Significado do 1º Arcano – O Mago 37
  2. Véu de Ísis 40
    Os Símbolos que Compõem o
    Arcano da Sacerdotisa 41
    Significado do 2º Arcano – A Sacerdotisa 42
  3. Imperatrix Mundi 45
    Os Símbolos que Compõem o
    Arcano da Imperatriz 47
    Significado do 3º Arcano – A Imperatriz 48
  4. O Império dos Fatos 50
    O Rei e o Falcão 50

Os Símbolos que Compõem o
Arcano do Imperador..52
Significado do 4º Arcano – O Imperador 53

5. O Mestre do Templo ou o Senhor da Tradição.....................57
O Segundo Raio (Dourado) –
– Sabedoria e Iluminação..58
Os Símbolos que Compõem o
Arcano do Papa 60
Significado do 5º Arcano – O Papa...................................61

6. Ser ou não Ser? Eis a Questão! 64
Raido –ᚱ...65
Gebo –ᚷ...65
Os Símbolos que Compõem o
Arcano dos Enamorados..66
Significado do 6º Arcano – Os Enamorados ou
Os Amantes..67

7. O Guerreiro Mago. Monge Combatente
ou Filho Da Luz 71
Os Cavaleiros Templários..72
A Maçonaria 79
Os Símbolos que Compõem o
Arcano do Carro..80
Significado do 7º Arcano – O Carro.................................83

8. Atena..86
Atena...88
Os Símbolos que Compõem o
Arcano da Justiça..89
Significado do 8º Arcano – A Justiça...............................90

9. O Iniciado 93
Os Símbolos que Compõem o
Arcano do Eremita..94
Significado do 9º Arcano – O Eremita 96

10. Sansara..99
Os Símbolos que Compõem o
Arcano da Roda da Fortuna...100
Significado do 10º Arcano –
– A Roda da Fortuna 104

11. O Leão da Nemeia...107

O Credo da Paz..109
Credo de um Guerreiro..109
Os Símbolos que Compõem o Arcano da Força...................111
Significado do 11º Arcano – A Força 112
12. Sacro-Ofício em Substituição ao Sacrifício........................116
O Sacrifício de Odin 118
Os Símbolos que Compõem o Arcano do Enforcado..........122
Significado do 12º Arcano – O Enforcado...................129
13. Aprendendo a Arte de Morrer antes que Você Morra.........134
A Morte dentro do Contexto Iniciático 136
Os Símbolos que Compõem o
Arcano da Morte ou O Ceifador 139
Significado do 13º Arcano – A Morte ou O Ceifador..........142
14. V.I.T.R.I.O.L., o Desafio dos Alquimistas 146
Os Símbolos que Compõem o Arcano da Temperança........150
Significado do 14º Arcano – A Temperança...................152
15. Baphomet...156
Os Símbolos que Compõem o Arcano do Diabo...................167
Significado do 15º Arcano – O Diabo 170
16. A Torre de Babel..176
Os Símbolos que Compõem o Arcano da Torre 177
Significado do 16º Arcano – A Torre............................179
17. Estrela-Guia 184
A Felicidade Material...185
A Felicidade Mental 187
A Felicidade Emocional 188
A Felicidade Espiritual 189
Os Símbolos que Compõem o Arcano da Estrela...............191
Significado do 17º Arcano – A Estrela 194
18. La Luna..197
A Tríplice Deusa Lua 198
Os Símbolos que Compõem o Arcano da Lua....................204
Significado do 18º Arcano – A Lua...............................208
19. Vive le Roi! Vive le Soleil! 211
Breve História sobre a Luz e os Antigos Mistérios 214
Os Símbolos que Compõem o Arcano do Sol....................216
O Sol Astronômico (algumas informações):....................216
O Sol Mitológico (algumas informações):......................217
Significado do 19º Arcano – O Sol 221

20. O Apocalipse 228
    Os Símbolos que Compõem o Arcano do Julgamento 234
    Significado do 20º Arcano – O Julgamento 239
21. O Andrógino 242
    Os Símbolos que Compõem o Arcano do Mundo 243
    Significado do 21º Arcano – O Mundo 246
22. Arcanos e Ordens Arcanas 252
23. A Arte da Interpretação – Desvelando os
    Arcanos do Tarô 253
    Pré-requisitos para uma Boa Consulta 255
    O Método de Um Arcano 261
    Os Passos 261
    O Método de Quatro Arcanos 263
    Os Passos 264
    O Método da Cruz Celta .... <?>
    Os Passos 269
    Algumas Palavras a Respeito Deste Capítulo 273
E Assim Chegamos ao Final 274
Bibliografia 277

Prefácio

"Como o mundo é claro e belo,
Quando não nos perdemos nele
E como é escuro o mundo,
Quando nos perdemos nele."
(Rabi Baruch)

Durante milhares de anos, os grandes místicos e Rabinos tiveram o conhecimento do Tarô, e sempre cuidaram de expor apenas algumas migalhas desse vasto conhecimento. Isso era feito em escolas e estudos secretos que até pouco tempo se preservaram assim.

Hoje, século XXI, com todas as fantásticas fontes de conhecimento que temos, é mais fácil aceitar o Tarô como um instrumento fantástico de autoconhecimento e, é claro, de iluminação.

Sei que quando Alexandre me convidou para prefaciar esta obra não foi só pela nossa amizade, mas também pelo motivo de, durante anos de minha vida, ter vivenciado, estudado e até trabalhado profissionalmente com o Tarô, além, é claro, de em minhas pesquisas com Rabinos confirmar seu valor.

Alexandre, neste volume, nos brinda com a descrição dos Arcanos do Tarô, com a visão das Antigas Escolas de Mistérios, tais como a Egípcia, Hebraica, Celta, Cavaleiresca (Templária) e até mesmo Hindu, juntamente a vários estudos modernos de simbolismo, Junguianos e Mitológicos.

Estudar o Tarô como o autor nos apresenta é compreender uma nova linguagem baseada em imagens, símbolos, poesia, contos, sonhos, entre outros, a fim de cada vez mais dar um sentido a nossas vidas.

E agora ele nos presenteia com seu trabalho sério, didático e muito complexo – dentro do possível – deste livro inacabado que é o Tarô.

Seu livro é claro, auspicioso e absolutamente profundo, é recomendado a todos os estudantes de Tarô que estejam iniciando sua jornada ou aos já iniciados nos seus mistérios. É ainda um valioso guia para os autodidatas e a indicação perfeita para outros professores de Tarô incluírem na bibliografia de seus alunos.

Finalizando, este é um livro que todo "buscador" deve saborear. Portanto, Alexandre Garzeri tem todos os conceitos para nos presentear com seu conhecimento e virtude que, por si mesmos, garantem um sucesso em sua jornada.

Otávio Leal

Gênese

*(breves comentários a repeito
da origem da presente obra)*

Quando do início dos trabalhos relativos a esta obra, pensei que estava escrevendo um livro sobre o Oráculo do Tarô.

Passados a parte introdutória e os primeiros capítulos, exatamente iniciando o capítulo relativo ao terceiro Arcano, reparei que, na verdade, eu estava escrevendo algo muito maior. Não se tratava apenas de mais um livro sobre a descrição do Tarô e da sua simbologia, nem tampouco uma obra destinada à descrição de métodos pelos quais as pessoas poderiam servir-se do oráculo. Tratava-se de um texto vigoroso e original, que colocava o Tarô como um pano de fundo para algo muito mais intenso, simbólico e tradicional, constituindo o meu trabalho um verdadeiro tratado de ocultismo e esoterismo tradicionalista e ortodoxo, no sentido literal do que esses termos querem dizer.

Assim, o texto que agora tem entre as mãos o(a) leva para uma viagem rumo ao mítico, místico, esotérico, oculto e imaginário. Ele descreve, utilizando-se da riquíssima linguagem simbólica do Tarô, Ordens Herméticas, contos embasados em profundas filosofias de vida, grandes personalidades e Mestres de Sabedoria do chamado Mundo Esotérico, instrumentos ritualistas e suas funções dentro dos rituais das mais diversas Tradições Iniciáticas, comentários elucidativos a respeito do lado oculto da Bíblia e do chamado Esoterismo Cristão, o Governo Oculto do Mundo, Grupos Illuminati e muito mais, num verdadeiro emaranhado de informações escritas de forma muito suave e atraente, não permitindo que o leitor perca o interesse pela leitura, mas que queira, por meio deste volume, buscar cada vez mais informações a respeito de tudo o que este livro conta.

Se me perguntassem há dois anos, quando do início desta obra, se eu estava escrevendo um livro sobre o Tarô, responderia que sim. No entanto, hoje, passados dois anos e concluídos os meus trabalhos, pelo menos no tocante a este tema, se me perguntassem que tipo de livro é este que você segura agora em suas mãos, sem dúvida nenhuma diria ao meu interlocutor que se trata de uma obra sobre a Magia. E que tipo de Magia aborda este livro? Todos os tipos...

Sim! Todos os tipos é a resposta mais correta, pois este tomo é como aquele que o escreveu, ou seja, uma mescla dos mais variados tipos de Tradições Esotéricas que se possa imaginar existirem em nosso mundo atual.

Tanto eu quanto este livro, no presente momento da minha existência, somos o resultado de uma Busca Espiritual que já dura aproximadamente 30 anos. Trinta anos nos quais eu me lancei, por assim dizer, de cabeça nos mais diversos tipos de caminhos espiritualistas, Ordens Secretas, religiões e tudo mais que pudesse me aproximar cada vez mais de mim mesmo, uma vez que estou em busca do Autoconhecimento e do Deus do meu Coração e da minha Compreensão, como assim o chamam os Rosa-cruzes.

Em nenhum momento desta Busca eu me decepcionei. Jamais achei que estava perdendo o meu tempo, muito menos julguei um caminho como sendo melhor do que o outro. Muito pelo contrário, todos eles me ensinaram alguma coisa e de tudo o que tenho visto, apreendido e vivenciado nestes anos todos, uma coisa é certa:

"Todos os Caminhos levam a Deus, porque todos provêm Dele".

É com esta certeza que o convido a iniciar a leitura deste livro, mantendo a sua mente extremamente aberta, procurando lê-lo até o final e, ao término, contatando-me se possível for para que, por meio do ato de compartilharmos as nossas ideias, possamos crescer como irmãos, sempre unidos numa Divina União.

Alexandre José Garzeri

Um Pouco de História não Faz Mal a Ninguém

Não é meu propósito logo nas primeiras páginas deste livro, queri-do(a) leitor(a), torturá-lo(a) com uma longa e cansativa história sobre as possíveis origens do Tarô. No entanto, se pretende estudar o Tarô seriamente, gostaria de dizer que, ao final deste volume, poderá encontrar uma relação de obras que mencionam, entre outras coisas, as origens do Tarô. No mínimo umas cinco dessas obras deveriam ser consultadas, porque seria muito engraçado se, no futuro, eu estivesse assistindo a uma palestra proferida por você e num momento de "iluminação delirante e fantasiosa" (muito comum na maioria dos "místicos" de hoje) afirmasse categoricamente ser o Tarô uma criação dos extraterrestres ou de uma civilização tão misteriosa, a ponto de apenas você a conhecer.

Bom, deixando as brincadeiras de lado, vamos agora fornecer uma breve explanação sobre as possíveis origens do Tarô e, logo após, apresentaremos uma teoria sobre a criação deste Oráculo, sendo essa teoria uma das mais aceitas pelos estudiosos verdadeiramente sérios. Antes de mais nada, gostaria de dizer que não sou o dono da verdade e que desejo apenas humildemente compartilhar um pouco do meu conhecimento com você, amigo(a) leitor(a). Minha visão e considerações não apenas sobre o Tarô, mas principalmente sobre qualquer assunto que eu venha a expor, são fruto de 17 anos de pesquisas sérias e de um trabalho muito dedicado, o que não quer dizer também que o(a) leitor(a) deva aceitá-lo só por este fato. Deixo-o(a) completamente livre para discordar sobre qualquer ponto que não esteja de acordo com aquilo que sente ser a sua verdade. O ato de verdadeiramente buscar diferirá o verdadeiro Tarólogo dos muitos curiosos que existem hoje em dia, e que em nada colaboram para a real Evolução do ser humano.

Quatro Povos Formidáveis

Atualmente, quando falamos sobre o Tarô, uma série de civilizações, povos, sociedades secretas e lugares míticos são apontados como sendo o seu ponto de origem.

Falando especificamente sobre os povos e as civilizações que são apontados como os prováveis criadores do Tarô, temos quatro que são os mais aceitos pela maioria dos estudiosos de hoje. São eles:

– Os egípcios;
– Os judeus;
– Os ciganos;
– Os chineses.

Os Egípcios e o Tarô

São poucas as civilizações que têm uma história cultural e espiritual tão rica como a egípcia.

Para falar da relação dos egípcios com o Tarô, sem querer desprezar o lado científico e cultural, prefiro me ater agora ao lado espiritual, que em minha opinião é uma das bases mais seguras e concretas para se estudar essa civilização. Antes de prosseguir, gostaria de dizer ao(à) leitor(a) que, gostando, poderia estudar mais profundamente os egípcios e suas tradições dentro da ordem Rosa-cruz Amorc, verdadeira herdeira das Escolas de Mistérios do antigo Egito.

Do livro *Os Arcanos Maiores do Tarô*, de G. O. Mebes, extraímos um pequeno trecho, pelo qual podemos ter uma ideia sobre a criação do Tarô pelos egípcios e o motivo por meio qual eles teriam criado este Oráculo. Ei-lo:

"De acordo com a tradição, os sacerdotes de Memphis, prevendo a queda da civilização egípcia, ocultaram seus conhecimentos sob a forma de um baralho que, hoje em dia, é conhecido pelo nome de Tarô e o legaram aos profanos, sabendo que, devido ao hábito do jogo, tais conhecimentos chegariam à posteridade".

O pequeno trecho citado serve para ilustrar uma das teorias mais aceitas sobre a criação do Tarô, pelo menos por aqueles que defendem a ideia de que foram os egípcios os seus criadores.

Seria interessante, para já irmos encerrando a relação dos egípcios com o Tarô, que abordássemos também o lado mítico-lendário de sua criação, uma vez que estamos diante de um dos povos que mais deuses, lendas e mistérios possui.

No vasto panteão de deuses egípcios, encontra-se o deus Thoth que, segundo a maioria dos pesquisadores e estudiosos, teria sido o deus guardião dos mistérios sagrados, o guardião da magia e, também, o inventor da escrita hieroglífica. E é justamente esse deus que irá nos fornecer uma das mais belas lendas a respeito da criação do Tarô:

"Thoth, o mítico deus com corpo de homem e cabeça de Íbis, querendo auxiliar os homens em sua evolução, teria criado um livro sagrado que continha todos os segredos e mistérios do Universo, contidos em 78 misteriosas figuras.

Na hora da transmissão deste livro aos seres humanos, percebeu Thoth que o homem ainda não estava pronto para receber tais conhecimentos, e que um dos motivos disso era justamente o espírito maligno e mesquinho de alguns componentes da raça humana.

Sendo assim, ordenou Thoth que seu livro fosse encerrado em uma caixa de ouro, que deveria ser colocada dentro de uma caixa de prata, que seria colocada dentro de uma caixa de marfim, que seria colocada dentro de uma caixa de bronze, que seria colocada dentro de uma caixa de cobre, que por final seria colocada dentro de uma caixa de ferro, que segundo a lenda teria sido lançada ao Nilo.

Desta maneira, Thoth, um dos mais sábios deuses egípcios, acreditou que quando chegasse o momento certo, o homem descobriria as caixas contendo seus livros, e todos poderiam usar seus conhecimentos para chegar ao equilíbrio e à harmonia".

Por meio da lenda de Thoth e do trecho do livro *Os Arcanos Maiores do Tarô*, de G. O. Mebes, pudemos ter acesso a uma pequena parte da teoria que diz que teriam sido os egípcios os criadores do Tarô. Se essa teoria o(a) cativa e bate com as suas crenças, aí vai a "Regra de Ouro":
– Pesquise!

Os Judeus e o Tarô

Dando continuidade ao estudo sobre os possíveis povos que teriam originado o Tarô, gostaria agora, com imenso prazer, de falar sobre os judeus. Se digo com "imenso prazer", de maneira alguma estou querendo desmerecer os outros povos. Esta expressão "prazer" se deve ao fato de agora, quando estou escrevendo estas linhas, me lembrar dos vários amigos judeus que possuo e que muito me alegram com sua amizade. Amizades à parte, sempre para mim é um grande prazer falar sobre os judeus, que constituem um dos povos mais valentes, cultos e sensíveis que a humanidade já conheceu. Isso sem deixar de mencionar a Tradição e as inúmeras contribuições científicas e culturais que esse povo legou à humanidade.

Dentro do Judaísmo existe a Kabbalah, palavra que significa, segundo o que entendemos hoje, "tradição" ou "aquilo que é recebido". Em virtude da vastidão do assunto, nem me atrevo a começar a explicar o que seria a Kabbalah, e gostaria de dizer ao(à) leitora que, sem dúvida alguma, irá ficar interessado(a) neste assunto, que no final deste livro encontrará uma lista de livros de Z'ev ben Shimon Halevi, uma das maiores autoridades no já mencionado assunto. Para não ficar sem comentar nada sobre a Kabbalah, poderíamos dizer que ela seria a parte mística ou, até mesmo, iniciática e esotérica do Judaísmo. A Kabbalah é um sistema metafísico bem específico que abrange totalmente o esoterismo, seja lá qual for a linha de pensamento.

Atualmente, existem duas escolas diferentes de Kabbalah. São elas:
• a Kabbalah do Judaísmo;
• a Kabbalah Hermética (produto da Renascença Italiana).

Apesar de as duas escolas recorrerem às mesmas fontes literárias, são muitas e acentuadas as diferenças entre os dois sistemas, tanto na interpretação de textos como dentro das atividades práticas.

Uma das diferenças mais marcantes que podemos notar entre os dois sistemas é justamente o fato da não aceitação da Árvore da Vida dentro da Kabbalah do Judaísmo, uma vez que a lei mosaica proíbe o uso de ilustrações que apresentem a forma humana, o que é largamente utilizado dentro da Kabbalah Hermética, a qual não faz nenhuma restrição ao uso de figuras.

Mencionei que não me atreveria nem a começar a explicar o que seria a Kabbalah e me encontro já há algumas linhas confundindo o(a) leitor(a), por isso peço permissão à torre de controles para descer novamente à Terra e comentar humildemente agora, por meio de um pequeno trecho encontrado em um antigo manuscrito, a relação dos judeus com o Tarô:

> *"Há indícios de que dentro dos vasos de ouro e prata, que segundo Moisés teriam sido retirados pelos israelitas, quando de sua saída do Egito, acharam-se algumas misteriosas figuras (provavelmente páginas do livro de Thoth) através das quais, após*

ter se entendimento do seu significado, começaram a formar as bases para a Kabbalah'.

Obs.: O trecho citado não é uma afirmação imutável e, como a maioria dos antigos textos, está sujeito a múltiplas interpretações e, até mesmo, pode não passar de pura fraude.

Antes de prosseguir, gostaria de dizer ao leitor que a observação anterior se faz necessária, uma vez que hoje em dia a única coisa sobre a qual podemos ter a certeza absoluta é de que não temos certeza de coisa alguma:

– Pesquise!

Os Chineses e o Tarô

Antes de falar da relação dos chineses com o Tarô, é indispensável dizer o respeito que sinto não apenas pelos chineses, mas também por tudo que se refira à maioria dos povos orientais. Esse respeito se deve ao fato de por, aproximadamente, 14 anos, eu ter sido um praticante de Artes Marciais. Mesmo sendo a minha Arte Marcial de origem japonesa, sempre procurei pesquisar outros estilos marciais. Por intermédio dessas pesquisas, cheguei à conclusão de que, apesar de os movimentos de uma Arte Marcial para outra serem um pouco diferentes, a filosofa da maioria delas é bem semelhante, para não dizer igual. E essa filosofia, dentro das academias de Artes Marciais sérias deste país (infelizmente poucas...), sempre prega o respeito, a disciplina, a determinação, a união e, acima de tudo, o equilíbrio e a harmonia: duas palavras indispensáveis não apenas aos praticantes de Artes Marciais, mas também a todos aqueles que estão buscando o Autoconhecimento. Em minhas pesquisas Marciais, além dos conhecimentos que adquiri sobre outros estilos diferentes do *Karate*, também pude fazer excelentes amizades que perduram até hoje. Inclusive tenho muito bons amigos dentro do Kung Fu, que insistem em me dizer ter sido a China o berço da maioria das Artes Marciais conhecidas... Será?

Bom, deixando as minhas peripécias marciais de lado, vamos agora à relação dos chineses com o Tarô, que pode ser mostrada por meio dos textos que seguem:

"Dizem que antigamente, na China, os chineses tinham o hábito de pintar em pequenas tábuas figuras de animais, flores e cenas da sua vida cotidiana. Com o passar do tempo, essas tabuinhas teriam dado origem ao popular jogo de dominó e aos Arcanos do Tarô".

"Os chineses, que foram os inventores do papel-moeda há muitíssimo tempo atrás, também sendo jogadores inveterados, teriam criado pedaços de papel com figuras especiais, de início para servirem para suas apostas. Estas figuras especiais teriam sido mais bem elaboradas segundo as leis da natureza e do Universo pelos sábios, e assim originado o Tarô".

Embora essas duas versões sobre a criação do Tarô pelos chineses sejam muito interessantes, não podemos esquecer que esse povo já possui um oráculo próprio de sua cultura milenar e mais de acordo com a sua filosofia, que é o I Ching. Dentro das duas versões apresentadas seria, portanto, mais lógico e aceitável que os chineses tivessem concebido primeiro o I Ching e talvez somente ele, uma vez que, como já foi colocado, esse método tem mais relação com suas tradições, cultura e filosofia. Com essa afirmação, de maneira nenhuma quero desestimular os defensores da teoria de que teriam sido os chineses os criadores do Tarô, apenas foi colocada uma opinião que, mesmo não sendo aceita, poderia pelo menos ser analisada e estudada, uma vez que um dos objetivos do verdadeiro tarólogo é ter sempre a mente aberta e o espírito de pesquisa sempre disposto a estudar novas teorias, para desse modo poder evoluir cada vez mais em seus estudos.

Para encerrar a participação chinesa sobre a criação do Tarô, gostaria também de dar uma breve explicação sobre o I Ching, visto que um grande número de pessoas jamais ouviu falar deste método e as que ouviram, presumo eu, sempre estão em busca de informações que possam aumentar cada vez mais os seus conhecimentos em relação a este Oráculo tão profundo e sério quanto o Tarô. O texto que segue foi extraído da *Enciclopédia do Sobrenatural*; embora eu ache esse título um tanto quanto sensacionalista (aliás, como a maioria dos títulos de livros sobre ocultismo que se encontram nas prateleiras dos "espaços esotéricos" deste imenso país…), trata-se de um bom livro que também poderá ser usado pelo(a) leitor(a) como fonte de consulta:

O I Ching, antigo texto chinês, é ao mesmo tempo um sistema filosófico e um método de adivinhação. Muito reverenciado no Extremo Oriente, é hoje largamente também usado no Ocidente. As duas principais religiões da China, o Taoismo e o Confucionismo, foram ambas influenciadas pelo I Ching, e Confúcio certa vez disse que se lhe fossem dados mais anos de vida, ele dedicaria cinquenta deles ao estudo do I Ching.

A base do sistema consiste de sessenta e quatro "hexagramas", cada qual constituído de seis linhas, que podem ser interrompidas ou inteiras. A interrompida significa o princípio feminino, negativo e passivo, ou Yin; a inteira, o masculino, positivo e ativo, ou Yang. Segundo a antiga crença chinesa, todos os acontecimentos e coisas no universo surgem da interação destes dois princípios. As diferenças entre eles resultam das várias proporções, neles, do Yin e do Yang.

Yin e Yang são aspectos complementares do que os chineses chamam de Tai Chi, que é a "Causa Última", o princípio por trás de todas as coisas. John Blofeld, em seu livro sobre o I Ching, descreve o Tai Chi como o "Sempre Imutável, o Sempre Mutável, o Uno, o Todo". "Nada está fora dele; nada existe que não contenha todo ele. Todas as coisas vêm dele; nada surge dele. Tudo retorna a ele; nada entra ou sai dele. Ele é todas as coisas; não é coisa alguma".

Assim como a principal característica observável do Tai Chi é a mudança (embora, paradoxalmente, em outro nível ele não mude), as combinações do Yin e do Yang variam de forma constante. Cada hexagrama, portanto, é mais ou menos como um ponto na curva de um gráfico. É ao mesmo tempo uma imagem do que é, do que foi e do que será.

Em estreita associação com o Tai Chi, está a noção do Tao, em geral traduzido livremente como "Via". Esse conceito engloba a tendência das grandes forças cósmicas, e também dos cursos apropriados de ação para um indivíduo, se quiser se harmonizar com essas forças. A atuação do Tao no interior do indivíduo também é conhecida como Tê.

Outro conceito importante, e que é muitas vezes citado no I Ching, é o do Chüntzê, ou Homem Superior. As referências a ele geralmente estão contidas em afirmações como: "O Homem Superior mantém-se firme e não muda de direção". É uma forma de dizer ao indagador: "Se desejas fazer o melhor e mais sábio uso das forças predominantes nesta situação, mantém-te firme".

Como sempre, só para não perder o costume:

– Pesquise!

Os Ciganos e o Tarô

A Lua cheia brilha no céu iluminando uma extensa planície abaixo dela. Na planície cresce uma verde e macia grama rasteira, e alguns pequenos arbustos açoitados suavemente pelo vento assoviam uma saudosa melodia, referente aos tempos em que o homem ali não se encontrava.

Dispostas em círculo, pequenas carroças de madeira envelhecida pelo tempo, ornamentadas com símbolos tradicionais da cultura romena e barracas multicoloridas com um interior riquíssimo ornamentado por tapetes, sendo alguns orientais, finas pratarias e sedas, formam um acampamento exótico, mas ao mesmo tempo harmonioso em seu conjunto. O acampamento cigano.

A lenha estala furiosamente na fogueira, e ao seu redor dançando sem parar, ao som de uma típica música romena, corpos de ambos os sexos, envoltos por lenços nas cabeças, pequenos coletes, saias coloridas ou calças bem justas, e pés descalços dançando junto a botas de couro, cuja altura do cano chega até os joelhos, anunciam que estamos no coração de uma típica festa cigana. Um pouco mais distante da agitação, em uma pequena tenda, uma senhora de idade já avançada, cercada por jovens, transmite com a paciência de uma professora e a ternura de uma avó os segredos da quiromancia, da bola de cristal, das cartas de baralho e até mesmo, quem sabe, os segredos do Tarô. A senhora de cabelos brancos, envelhecidos pelo tempo, olhar terno, mas ao mesmo tempo altivo e seguro, com as mãos enrugadas ornamentadas por vários anéis e pulsos de onde pendem braceletes prateados e grossas correntes de ouro, sabe que, ao transmitir o conhecimento místico às jovens que a cercam e não deixam que nada lhe falte, está assegurando a manutenção da tradição mística de seu povo, principalmente no que diz respeito à previsão do futuro, área em que o cigano é um verdadeiro *expert*.

A despeito de quão bela possa parecer esta descrição de um grupo de ciganos criada por mim que teriam vivido há séculos na Europa, mais precisamente na Romênia, sinto dizer aos apaixonados pela cultura cigana (diga-se de passagem, uma das culturas que mais encantam e seduzem quem a conhece por causa de sua beleza, tradição e pura magia...) que os ciganos não têm nada a ver com a criação do Tarô, muito menos, com a introdução das cartas do baralho comum na Europa, uma vez que eles começam a chegar e se estabelecer maciçamente nesse continente por volta de 1400, e as primeiras menções às cartas são feitas por um monge alemão chamado Johannes em 1377, muito antes da chegada dos ciganos.

Embora os ciganos não tenham sido os criadores do Tarô, de maneira alguma podemos esquecer que eles são os grandes divulgadores não apenas deste Oráculo, mas também de uma infinidade de outros métodos oraculares e místicos, entre eles: a Quiromancia (que não deve jamais ser confundida com a Quirologia), a Cartomancia, o uso da Bola de Cristal, métodos estes em que os ciganos até hoje são imbatíveis quanto a seu uso e acertos.

Para encerrar a participação cigana nesta breve introdução histórica sobre o Tarô, sugiro ao leitor que pesquise um pouco sobre o povo, a cultura e as tradições ciganas. Tenho certeza de que irá ficar surpreso com a beleza, a profundidade e a magia referentes a essa tradição:

– Pesquise!

A Real Origem do Tarô

A despeito de quão belas possam ter parecido as histórias dos parágrafos anteriores relacionando os egípcios, os judeus, os chineses e os ciganos ao Tarô, tenho que lhes informar que nenhum desses povos tem coisa alguma a ver com a real origem do já mencionado Oráculo, uma vez que ele teve como ponto de origem a Atlântida.

Com esta afirmação, de maneira alguma quero desmerecer os quatro povos citados em relação às origens do Oráculo, pois se eles não originaram o Tarô, pelo menos uma coisa é certa: contribuíram muito para o seu maior desenvolvimento e aprimoramento, e o leitor poderá ver isso, assim que eu falar sobre Atlântida e o Tarô.

A maioria das pessoas que se interessa pelo misticismo já ouviu, pelo menos uma vez na vida, a história de uma mítica e avançada civilização que teria sido completamente destruída por um enorme cataclismo: a civilização atlante.

Atlântida foi uma das civilizações mais desenvolvidas em nível tecnológico e espiritual que já existiu na face da Terra. As histórias referentes a ela falam de uma magnífica Era de Ouro, na qual as pessoas jamais adoeciam, e a paz e a justiça social eram uma constante. Uma era em que os atlantes entravam livremente em contato com seres de outras dimensões, entre eles Chefes Secretos que zelam pela paz do planeta Terra e do Universo, Anjos e Seres Elementais. A felicidade, a paz, o equilíbrio e a harmonia eram uma constante, não apenas na vida das pessoas, mas também na relação delas com os reinos da natureza e seus habitantes. Os grandes templos iniciáticos de Atlântida atraíam estudantes e mestres de mistérios da natureza e do universo de todas as partes do planeta, e há quem diga, até mesmo, de outras dimensões, que vinham para este plano estudar e ensinar. Foi uma era de grande magia, conhecimento e perfeição.

Quanto mais poder temos, maior é a nossa necessidade de sermos responsáveis para com o uso desse poder; ou então caímos no erro de usá-lo de maneira a beneficiar tão somente o nosso próprio ego, e nos esquecemos de que o poder, antes de beneficiar a quem quer que seja de maneira individual, está aí para servir a todos, gerando sempre equilíbrio, harmonia e perfeição.

Foi justamente este o erro cometido por alguns atlantes, que permitiram que o ego lhes subisse à cabeça e começaram a usar o extraordinário poder que possuíam de maneira indevida, recebendo em troca o cataclismo que levou Atlântida à sua total destruição (pelo menos neste nosso plano de consciência). Algumas pessoas se perguntariam: por que o erro de alguns teria levado à destruição de toda uma civilização? A resposta é muito simples.

Partindo do ponto de que todos somos filhos de um Único Princípio, e se uso o termo "único princípio" é porque não quero citar esta ou aquela religião – mesmo porque acho que todos os caminhos levam a Deus –, tudo aquilo que fazemos repercute sobre os nossos semelhantes. E é justamente por este fato que nós devemos tomar muito cuidado com o que fazemos, pois os atos impensados de um pequeno grupo podem ser a perdição de todo o resto. Ainda bem que o inverso também se aplica, ou seja, um pequeno grupo orando pelo planeta, ou praticando boas ações, pode tocar as pessoas ao seu redor e fazer com que elas tomem as mesmas atitudes, e o leitor pode imaginar o que aconteceria depois de um tempo, não?

Simplesmente, o retorno à Perfeição. Não é demais?

Bom, voltando ao cataclismo atlante por excesso de ego e falta de compaixão e generosidade, é preciso dizer que nem todos os atlantes pereceram com o cataclismo. Alguns teriam conseguido sair de Atlântida, e levado consigo toda a gnose secreta e sagrada que possuíam para outros locais do planeta, alguns deles bem distantes.

Entre os conhecimentos que os atlantes sobreviventes possuíam, estava o Tarô e não apenas ele, pois Atlântida também foi o berço da Astrologia, da Numerologia, das Runas e outros métodos, sendo que alguns deles não são Oráculos e sim verdadeiras ciências, como é o caso das já citadas Astrologia e Numerologia. É claro que essas ciências e Oráculos, apesar de terem se originado na Atlântida, foram melhorados pelos povos e pelas tradições que os herdaram depois do cataclismo. Um bom exemplo para isso é o próprio Tarô.

Após a saída do Tarô da Atlântida, ele passou a pertencer à Tradição egípcia, ainda mais que os egípcios são considerados descendentes diretos dos atlantes. Nas escolas de Mistérios do antigo Egito, o Tarô, sem perder a identidade iniciática atlante, recebeu algumas poucas novas configurações que o adaptariam melhor à sua nova época. Com a chegada dos judeus ao Egito, dá-se a união da Tradição esotérica judaica com os Mistérios egípcios, resultando disso a associação do Tarô com a Kabbalah. Algumas pessoas dizem que a Kabbalah teria se originado no Egito após os judeus conhecerem o Tarô e uní-lo com suas tradições. Como esse tema é muito complexo, tanto do lado judaico como do lado egípcio, prefiro não tecer nenhum comentário a respeito dessa teoria. Sugiro ao leitor pesquisá-la e já o advirto para comprar umas boas aspirinas, pois vai precisar...

Quando os judeus saem do Egito, levam com eles o conhecimento sobre os Arcanos do Tarô na bagagem. Por causa da relação dos judeus com outros povos, esse conhecimento vai começar a se espalhar, e isso poderia explicar por que são feitas menções que dizem respeito ao Tarô por outros povos que jamais viram um egípcio e muito menos um judeu na sua frente.

Na minha opinião sobre o relacionamento dos quatro povos citados em relação ao Tarô, ou seja, os egípcios, os judeus, os chineses e os ciganos, creio que a coisa se deu da seguinte maneira:

> *Os atlantes criaram o Tarô, que foi aperfeiçoado pelos egípcios, estudado pelos judeus e levado por eles para fora do Egito, sendo que os judeus se encarregaram de expandir este conhecimento para outros povos com os quais mantinham relações. Mais tarde alguns ciganos, que tivessem tido relação com os judeus, poderiam ter levado o conhecimento do Tarô ainda mais longe, junto a outras fronteiras e povos.*

Como podemos ver, o único povo não citado é o chinês, que, na minha opinião, também não teria criado o Tarô, mas sim o I Ching que, como já disse, é um Oráculo que tem muito mais a ver com sua cultura, filosofia e tradição.

Eu sugiro ao(à) leitor(a) antes de encerrar este capítulo, em virtude da vasta gama de informações contidas nas últimas linhas, que procure agora com muita calma e paciência pesquisar algo sobre os atlantes, os egípcios, os judeus, os chineses e os ciganos, formando por meio disso a sua própria opinião sobre tudo o que foi dito. Como já mencionei, a minha opinião pode ser válida apenas para mim, e sugiro ao leitor que, não a aceitando, formule algo melhor, mais de acordo com suas crenças e filosofia de vida. Este comportamento de maneira alguma me constrangerá, em primeiro lugar porque foi sugerido por mim e, em segundo lugar, porque os verdadeiros "buscadores da Verdade" estão sempre agindo dessa maneira.

Capítulo 0

Ficar, com Certeza, Maluco Beleza!

A melhor maneira, e vocês leitores poderão notar isso no decorrer do livro, de me fazer entender às vezes é contando uma história, como acontecerá em algumas partes deste capítulo. Sendo assim, vamos agora contar a história de O Louco, este misterioso Arcano sem número, que tanto pode estar no início do Tarô como no meio ou final da sequência de Arcanos do Oráculo.

O Louco, na realidade, significa o início de uma busca que muitas vezes ele ainda não iniciou. No entanto, existe em seu ser o ideal de buscar alguma coisa, que até mesmo em muitos casos nem ele mesmo pode saber o que é ou do que se trata.

Ele, se fôssemos associá-lo a uma passagem bíblica, representaria aquele momento antes da criação do mundo, em que todos os elementos que serão necessários para a composição do planeta estão dispersos e precisam ser ordenados por alguém, o que só acontecerá no primeiro Arcano – O Mago –, que dentre seus vários significados simboliza a própria Divindade que somos, da qual viemos e para onde retornaremos. Divindade essa que ordenou tudo o que estava desordenado e caótico, colocando-nos depois no mundo para que mantivéssemos a ordem preestabelecida, mantendo viva neste planeta a Chama do Ideal de Perfeição Daquele que nos gerou. Só que alguma coisa saiu errado.

Depois de algum tempo encarnados aqui, alguns de nós esqueceram-se do que haviam aprendido antes de encarnar, no sentido de perpetuarmos sempre a Evolução em prol de nossa existência e da existência de nossos semelhantes. Começou-se a reverenciar a única coisa que não deveria ser reverenciada, que é justamente o ego do ser humano, mas aquele ego no sentido bem egoísta mesmo, sabe?

Passados alguns milênios, acabamos perdendo a consciência dos Magos que somos, a Consciência do "EU SOU O QUE SOU". Consequentemente, esquecemos de trabalhar junto ao nosso Pai, como Cocriadores da Sua Obra, que somos todos nós.

O Universo, o Reino Angelical, o planeta Terra, os reinos dos seres elementais, os reinos da natureza e tudo mais que o Pai havia estabelecido mantiveram-se em seu estágio de evolução natural, porque nestes reinos cada ser, seja ele físico ou não, ocupa-se de fazer unicamente o que é em Essência, jamais deixando com que seu ego tome a chefia, colocando-se acima de sua Missão de Vida, para a qual foi destinado. Nestes reinos citados, existe uma dinâmica evolução, mas sem a estúpida e egoica rebelião...

Já com o reino dos homens, poderíamos dizer que quando passamos a evidenciar o nosso ego, mas desprovidos de todo e qualquer tipo de Consciência Elevada, não porque não a possuíssemos, mas porque nosso ego criava ilusões constantes para que nos afastássemos dela, perdemos totalmente a Consciência de Magos que somos, sendo agora necessário e urgente recuperar o poder que se perdeu, e tornarmos-nos os Loucos, palhaços e bufões de nossas próprias egoicas ilusões.

Assim, O Louco é a criança que está prestes a encarnar. Ele é o profano a bater nas portas das Ordens Secretas em busca de uma Iniciação, que nada mais é que um ritual de Morte e Renascimento, para que, assassinando o seu ego, ele possa reencontrar a Luz que esteve por tanto tempo afastada de sua existência. E todo aquele que mesmo estando disperso, não sabendo o que fazer e muito menos que caminho seguir, mas que, no entanto, em seu íntimo possuir A VONTADE, renascerá; este será O INICIADO!

O Iniciado é aquele que "inicia" algo dentro de um determinado caminho. Quando se é Iniciado, passa-se da loucura ilusória gerada pelo nosso ego, desse modo,convertemo-nos em Magos guiados pela Luz de nossa Essência.

Deus Pai, o Todo-Poderoso Criador dos Céus e da Terra, a quem também costumo reverenciar pelo nome de O Grande Arquiteto do Universo, em Sua Infinita Bondade, Misericórdia e Sabedoria, deu a todos os homens a chance de reencontrá-lo como Divindade Perdida em nós mesmos, esperando apenas ser despertada novamente. Para isso, Ele permitiu que alguns dos seus filhos, os que mais trabalhavam em Sua Busca, convertessem-se em Mestres, que seriam nada mais do que Ele Manifestado sobre a face da Terra. Esses Mestres seriam os exemplos a serem seguidos, a fim de que pudéssemos despertar a Maestria em nós, retornando depois de um certo tempo de serviços prestados a favor da Evolução para a Casa do Pai.

O Louco que, em verdade, somos nós mesmos, representa o momento mágico que antecede o início de uma jornada, em que infinitas são as possibilidades de sucesso e de fracasso, bem como infinito também é o nosso potencial, embora ainda um tanto quanto sem forma definida em nível de aplicação, na grande jornada que nos aguarda.

Com o passar dos tempos, de acordo com a maneira pela qual o Louco percorreu a sua Senda, representada pelos 21 Arcanos Maiores do Tarô, colherá no final dela os frutos a que tiver direito e nada mais, nada menos do que o que lhe couber *por direito*.

Todos nós ao encarnarmos somos vitoriosos e fracassados, senhores e escravos, gênios e medíocres, pessimistas e otimistas, e assim por diante. Agora, o que seremos ao desencarnarmos, dependerá única e exclusivamente do quão Loucos fomos, apostando em nós ou não e, acima de tudo, o quanto permitimos que a Vontade Dele se manifestasse por nosso intermédio, enquanto estávamos aqui encarnados.

Após lermos o parágrafo anterior, seria bom que pensássemos um pouco a respeito dele antes de dormir... Quem sabe faríamos algo bem diferente (maluco mesmo!) ao acordarmos no dia seguinte, e isso já seria um bom começo.

Os símbolos que compõem o arcano do Louco

As **vestes multicoloridas** de O Louco representam os nossos inúmeros potenciais de criatividade que estão ao nosso dispor em nosso dia a dia, esperando serem despertados e utilizados para pintarmos um belo quadro, quem sabe a respeito de nós mesmos ou de nossa própria Vida.

A **sacola** que O Louco porta em seu ombro, sustentada por um bastão, seria a nossa mente subconsciente que muitas vezes tememos, embora sem saber o que ela contém. Seria a bagagem, aquilo que trazemos em nosso âmago, de melhor e de pior, às vezes até mesmo de outras vidas e que necessita ser profundamente analisado, se almejamos de fato atingir o Autoconhecimento e, consequentemente, o Domínio da Vida.

O **abismo** representa o desconhecido, sempre convidando-nos a lançarmo-nos nele. Os **vales verdejantes e paradisíacos** lá embaixo são o prêmio destinado a todos aqueles que, pelo menos uma vez em suas vidas, ousam com pureza e sinceridade de coração lançarem-se em direção a algo que seja realmente novo e jamais tenha sido tentado até então. Não importa se atingiremos esses vales, verdadeiros Oásis de paz e tranquilidade, mas sim regozijarmo-nos com o decorrer da jornada até eles, pois é aí que com toda a certeza se dará o nosso maior crescimento. Assim, ousemos!

As **nuvens** no canto superior esquerdo do Arcano, para onde está voltado o olhar do jovem, representam o plano elevado, no qual se situam nossos verdadeiros ideais e ambições, que valem a pena serem perseguidos e jamais esquecidos com o passar dos anos, quando deixamos de acreditar em nós mesmos, no sentido do quão capazes somos quando de fato nos propomos a fazer alguma coisa.

O **cão** a morder a perna de O Louco pode representar o último resquício de consciência que ainda mantém o rapaz com os pés no chão. Alguns costumam dizer de maneira mais popular que o cachorro representa um amigo tentando alertar O Louco, ou consulente em questão, sobre um perigo iminente, ou um amigo falso tentando empurrar-lhe abismo abaixo.

Versões eruditas ou populares à parte, a grande verdade é que esse cão indica que temos de sonhar como Loucos, mas nossos pés têm de estar bem firmes no chão, a fim de que não nos tornemos vítimas de nossas próprias ilusões. Egoicas ilusões...

Significado do misterioso arcano sem número – O Louco

Quando olhamos para o Arcano de O Louco pela primeira vez, o primeiro sentimento que nos vem a mente é o de apreensão ou, no mínimo, curiosidade, pois parece, à primeira vista, que O Louco esta prestes a lançar-se no abismo, tendo em vista a maneira displicente pela qual ele caminha em direção ao local. Caso isso ocorra, em razão da grande altura em que ele se encontra, a queda resultaria em uma terrível fatalidade, prognosticando até mesmo a morte do rapaz. Alguns tarólogos ainda sem muita experiência, muitas vezes, chegam a julgar esse Arcano de maneira negativa, crendo que ele represente até mesmo algum tipo de queda na vida da pessoa para quem se interpreta o Oráculo.

O Louco, quando analisado de maneira superficial e desprovida de profundidade, até poderia de certa maneira ser o fiel representante dos temores do parágrafo anterior. No entanto, para que possamos compreender esse Arcano, temos que nos ater à história dos Três Caminhos, que é a que vem a seguir.

Em primeiro lugar, entendamos que de certa forma o Louco representaria quase a totalidade da humanidade, incluindo eu e até mesmo você, querido(a) leitor(a). Sim! Você!

Isto se deve ao fato de que todos nós, em algum momento de nossas vidas, ou até mesmo dentro de nosso dia a dia, temos de lidar ou estamos percorrendo um dos Três Caminhos do misterioso Arcano sem número.

O primeiro caminho é conhecido pelo nome de "O Caminho do Abismo", e representa aquele momento na vida da pessoa quando ela quer, literalmente falando, saltar em direção ao novo. Só que este salto não é um salto às cegas, movido por uma impulsividade estúpida e injustificada.

O Louco, do topo do abismo em que se encontra, avistou lá embaixo um ideal, ou objetivo de vida, o qual ele sente no âmago de seu ser que vale a pena ser perseguido. Tendo avistado o alvo a ser atingido e confiando em seu potencial de realização, ele lança-se para frente, num salto corajoso em direção ao novo. Esse salto representa aquele ponto limite em nossa existência, em que não aguentamos mais uma situação em nossas vidas, uma pessoa, o nosso emprego, a nossa moradia, ou qualquer coisa do tipo. De repente e de certa maneira sem ser pedida, manifesta-se em nossa senda uma oportunidade de evoluirmos, crescermos e podermos ter novamente confiança no futuro. Então, entregamo-nos à dança, abrimos o nosso coração e lançamo-nos em direção ao novo; porque, afinal de contas, o que é a vida sem alguns riscos de vez em quando, ainda mais quando estamos infelizes com uma determinada situação e manifesta-se na nossa frente uma saída para que possamos sair dela? Por que não tentar? Por que não ousar? Por que não saltar e continuar acreditando que as boas oportunidades e, por assim dizer, "os milagres" são unicamente para os outros e nunca para nós? Por quê?

Como segundo caminho, temos o chamado "Caminho da Fé", e ao mesmo tempo que todas as pessoas podem percorrê-lo, este seguramente não é um caminho para todas as pessoas. Porque Fé parece que, hoje em dia, é algo cada vez mais difícil de o ser humano possuir, nem que seja a fé nele mesmo, sendo este o motivo de serem poucas as pessoas que percorrem o segundo caminho do Arcano sem número.

Neste caminho, O Louco chega à beira do abismo. Mas na verdade, este rapaz que se traja com as roupas de um bufão medieval de louco não tem nada, constituindo estas vestes apenas um disfarce, sob o qual ele oculta a sua verdadeira identidade de Mago (que, diga-se de passagem, é o que todos nós, sem exceções, realmente somos), não deixando que saibam quem ele francamente é.

O jovem contempla o abismo diante de si, mas muito mais importante do que o abismo, para este jovem Mago, são as nuvens.

"É lá que estão os meus ideais", pensa ele consigo mesmo. – Lá! É justamente lá que preciso chegar para atingir o que realmente eu quero e que é meu por direito, como Filho de Deus que Eu Sou!

Assim, imbuído por esta confiança interna, também chamada de Fé, ele movimenta o pé no sentido de dar o próximo passo e, incrivelmente, o pé repousa de forma tranquila como que apoiado no ar, de maneira que ao observarmos o jovem, poderíamos pressupor que houvesse um degrau invisível ali. Para a nossa surpresa e causando-nos um espanto ainda maior, o rapaz retira o pé que estava apoiado na terra e agora paira sustentado como que por uma força invisível em pleno ar. Isso já seria o suficiente para convencermo-nos a respeito de sua natureza mágica, mas ele continua a caminhar no vazio, elevando-se cada vez mais em direção às nuvens, até desaparecer em meio a elas, encontrando por fim o seu "El Dorado". E o mais bonito desta história é que este jovem andarilho do vazio, capaz de se elevar acima dos abismos da descrença e da falta de fé, somos nós mesmos.

O Caminho da Fé é o caminho das pessoas comuns. Pessoas que encontramos em nosso dia a dia, nas mais diversas situações, momentos e lugares.

São pessoas que sonham, almejam, acertam, erram, frustram-se, mas, em seu íntimo, conservam uma fé inabalável de que a vida pode ser cada vez melhor. Essas pessoas conhecem a linguagem dos sinais, escutam o som do silêncio e permitem-se deixar auxiliar por seus Anjos da Guarda nas mais diversas tarefas do dia a dia, fazendo dos Anjos seus guardiões, amigos e conselheiros para todas as horas. Não se importam de serem chamadas de loucas e muitos menos de parecerem infantis, porque a aparente infantilidade nada mais é do que a manifestação de suas Crianças Interiores, as quais elas não mataram com o passar dos anos, e pelas quais elas podem enxergar cada dia que começa com um novo colorido, mesmo já estando em idade avançada. Este tipo de visão faz com que os Milagres sejam algo natural e corriqueiro nas vidas dessas pessoas de Fé inquebrantável, que deixam a vida fluir dia após dia, sem premeditarem coisa alguma. Para elas, o importante é se abrirem para a Vontade de Alguém muito maior do que nós e permitir com que esta Divina Vontade se cumpra por meio de atos, palavras e ações, tornando-se essas pessoas verdadeiros canais de Luz, Vida e Amor, iluminando toda a existência ao seu redor.

Como terceiro e último caminho disponível para O Louco, temos o "Caminho da Reflexão", que provavelmente seja o caminho com o qual as pessoas mais se deparam de tempos em tempos.

No Caminho da Reflexão, O Louco, no instante em que for dar o derradeiro passo que o faria cair no abismo, subitamente será acometido por um *insight*, quem sabe advindo da Consciência Cósmica, mas causado pelo cão que representa, como já vimos, o último resquício de Consciência Objetiva que o prende à Terra. Neste momento, ele cairá em si e, olhando ao redor, começará a compreender o quão perto esteve de perpetuar uma queda que talvez neste específico instante de sua vida seria desastrosa, e começará a questionar-se, no sentido de tentar entender o que o levou à beira daquele abismo.

Nesse processo de questionamento, como ele precisa estar só, arremessará o cachorro abismo abaixo, por representar esse animal no contexto desse Arcano as preocupações de âmbito objetivo e, somente então, atentará para uma importante peça componente de sua bufônica figura, que é justamente a sacola que ele até bem pouco tempo carregava no ombro.

A sacola representa o nosso inconsciente, na qual seocultam não só os nossos ilimitados potenciais, mas também os nossos inúmeros medos, incertezas e inseguranças, os quais muitas vezes foram colocados em nossas mentes por aqueles que nos rodeiam em nosso dia a dia, principalmente quando não lutamos para manter a nossa individualidade pura e livre de influências exteriores, advindas de pessoas ou situações adversas. Depois de algum tempo nos deixando poluir em nível mental por falsas ideias, medos ilusórios, preconceitos sem sentido e uma visão distorcida da realidade, ficamos realmente com a "Sacola Cheia", tendo o nosso inconsciente tomado por ideias mais das outras pessoas do que nossas próprias convicções; e quando temos que decidir, executar ou opinar com relação a alguma situação ou tarefa a executar, sentimo-nos inseguros, indefesos e sem potencial para perpetuar a realização de qualquer assunto, principalmente aqueles que mais nos apetecem, pois já estamos condicionados a resolver primeiro os interesses dos demais, depois nossos próprios interesses e ideais. Depois de certo tempo vivendo assim, esta situação torna-se desgastante e inaceitável e, quando menos esperamos, estamos prestes a tropeçar fatalmente, caindo de forma dolorosa na vida, por falta de mais manifestação de vontade própria.

Quando se estabelece o quadro mencionado no parágrafo anterior, a única coisa que nos resta a fazer é tomarmos a nossa Sacola (inconsciente/subconsciente) e a esvaziarmos de tudo aquilo que não nos serve mais, como crenças ou convicções internas errôneas. Feita esta limpeza, naturalmente, sentiremo-nos mais leves e aí, por meio de uma profunda introspecção, procuraremos analisar o que nos fez chegar à beira do abismo e, depois disso analisado, concluído e abençoado, sempre digo que devemos abençoar também os nossos problemas, por eles serem os degraus pelos quais nos elevamos cada vez mais em direção à Luz... Aí sim, com convicções próprias a respeito de nossa Vida e de nós mesmos, retornamos correndo para o abismo, para saltarmos para uma existência completamente nova, perpetuando assim o "Caminho do Abismo"; ou para elevarmo-nos até os nossos ideais, tendo compreendido a importância de ativarmos os elementos que compõem o "Caminho da Fé", mesmo em períodos de crise.

Concluindo, seria interessante dizer que todos nós, independentemente de classe social, nível cultural ou tendência religiosa a que estivermos integrados, estamos sempre em nossas vidas dentro ou prontos a embarcarmos em algum dos três caminhos citados neste Arcano. Seja porque queremos dar um salto para o novo, estando cansados dos velhos e limitados caminhos e padrões, seja porque sentimos a necessidade de, por meio da fé, confiarmos mais em nós mesmos e partirmos em direção aos nossos almejados ideais e aspirações; ou ainda porque sentimos no âmago de nossos seres a necessidade de uma boa introspecção, a fim de que passada esta fase de recolhimento, possamos novamente recolocar as nossas vidas em ordem. Não importando os motivos que nos remetem a percorrermos um dos três caminhos de O Louco, o que importa com a saída deste Arcano é, realmente, colocarmo-nos em movimento de algum modo, pois é apenas desta maneira que os nossos inúmeros potenciais criativos manifestam-se para fora de nós, surgindo como consequência novos caminhos e oportunidades, em que possamos colocá-los à prova e novamente como Loucos Iluminados, experimentarmos a maravilhosa experiência de mergulharmos na Vida, sem medo de sermos felizes.

Capítulo 1

Magus Arcanum

O Mago é o primeiro Arcano do Tarô e o segundo da série dos Arcanos Maiores, levando em consideração o fato de que, antes dele, se apresenta O Louco. Antes de adentrarmos em maiores detalhes sobre a simbologia e o significado desse Arcano, conviria que falássemos um pouco sobre Magia, visto que o homem que se encontra no Arcano recebe a denominação de "Mago".

Magia é uma palavra que tem suas origens num idioma chamado *Parsi*, que era utilizado muito antes de Cristo na área que atualmente conhecemos como o Paquistão. Nessa área, no passado, vivia uma elite de homens que se dedicavam a estudar os mistérios da vida, da natureza e do universo. O idioma Parsi era empregado por essa elite de homens, e desse idioma se originou a palavra *Magi*, que deu origem ao termo Mago. Isso realmente é muito interessante, uma vez que *Magi* quer dizer "sábio".

O verdadeiro Mago é considerado senhor do seu destino, porque a sua sabedoria é alta a ponto de ele poder conhecer a si mesmo; eliminar os erros; e regular a sua vida com base no Amor e no contínuo estudo dos problemas que afligem a humanidade, a fim de lhes encontrar soluções.

Sinceramente, espero que com a definição no parágrafo anterior, o(a) leitor(a) de fato tenha entendido o que é um verdadeiro Mago. Espero que tenha compreendido que o real poder do Mago não reside nos prodígios e nos efeitos mágicos que ele pode produzir, mas no autoconhecimento que tem em relação a seus potenciais internos, e na sua eterna busca por si mesmo. Os efeitos mágicos, como interferir nas forças da natureza à vontade, movimentar objetos, comunicar-se telepaticamente, projetar-se astralmente para qualquer lugar do planeta na hora que ele quiser, além de outras tantas maravilhas, não são o real poder do Mago, e sim o autoconhecimento que ele busca ter em relação a si mesmo, sem o qual nenhum dos prodígios citados seriam possíveis.

A Magia, da maneira como a vejo, nada mais é do que o domínio do homem sobre as forças da natureza e, consequentemente, sobre ele mesmo, já que também faz parte da natureza.

Segundo o ilustre ocultista Papus, a Magia é a ação consciente da vontade sobre a matéria.

Aleister Crowley, um dos maiores Magos que já pisou sobre a face da Terra, dizia que Magia é imaginação aliada à vontade; as duas atuando sobre a matéria.

Após essas definições, creio que estamos prontos para descrever o Arcano O Mago.

Os símbolos que compõem o arcano do Mago

O **bastão** segurado pela mão esquerda de O Mago, apontando para o alto, representa a aspiração que todo homem deve ter, no sentido de obter um conhecimento maior sobre a sabedoria que provém de fontes superiores (espirituais), aplicando essa sabedoria em prol do seu desenvolvimento pessoal e, depois, no desenvolvimento de todos aqueles que o rodeiam.

A **mão direita** de O Mago que aponta para a terra, mais precisamente em direção à sua mesa de trabalho, representa que a missão do homem é viver no plano material e manifestar nesse plano a vontade de Deus. Se unirmos a **mão esquerda** de O Mago apontando para cima, segurando o bastão, com a mão direita apontando para a terra, temos a expressão "assim na terra como no céu". O corpo de O Mago, com uma mão erguida para cima e a outra apontando para baixo, também forma a primeira letra do alfabeto hebraico – "Aleph" (א).

O **capacete** que adorna a cabeça de O Mago representa que ele é possuidor de um vasto potencial mental e intelectual.

O **oito** em posição horizontal, também conhecido como *lemniscata*, é o símbolo do infinito, e esta aí para indicar que infinitos são os poderes de O Mago, infinitos são os poderes do homem em todas as esferas.

O **cinto** que O Mago utiliza representa um antigo símbolo dos gnósticos, conhecido como "Ouroboros" – a serpente que engole a própria cauda –, representando o eterno retorno ao ponto de origem e também a união do órgão sexual masculino (cauda da serpente) com o órgão sexual feminino (a boca aberta da serpente).

A **mesa** em forma cúbica que está diante de O Mago representa o plano material sobre o qual ele se projeta e exerce influência.

O **cálice** sobre a mesa representa a mistura das paixões que tanto pode fazer dos homens senhores ou escravos, dependendo de como o homem lida com suas paixões (o lado emocional). Está associado ao elemento água e também pode representar o Santo Graal.

A **espada** está associada ao elemento ar e representa as lutas que nós enfrentamos no dia a dia para obter uma maior autoafirmação. Ela representa o intelecto, o plano mental, e essa associação é realmente interessante, pois a mente do homem pode ser comparada a uma espada de duplo fio, que tanto pode conduzi-lo aos céus como ao inferno. A espada também nos faz lembrar Excalibur, a arma empunhada pelo Grande Rei Arthur.

A **moeda de ouro ou o pentagrama de ouro** sobre a mesa, sobre a qual paira um raio que sai da mão direita de O Mago, representa o plano material ou terreno e, portanto, está associada ao elemento terra. Simboliza também a obra humana realizada e a eficácia da vontade, quando essa vontade é guiada pelo bem.

No seu conjunto, o primeiro Arcano representa um homem (o Mago), projetado sobre o plano material (a mesa cúbica), rodeado por uma realidade hostil (as explosões ao seu redor). Contudo, ele está em plena posse dos seus potenciais espirituais, emocionais, mentais e físicos (os quatro objetos sobre a mesa), para vencer e suplantar os obstáculos da realidade hostil que o rodeia.

Significado do 1º arcano – O Mago

O Mago representa a ação que está para agir.

Ele é o homem, a força, a determinação e todas as demais características associadas ao sexo masculino. É ambicioso, possui em si a liderança nata e gosta de comandar, optando quase sempre pelas posições de destaque dentro de uma sociedade; daí advém o seu ego, às vezes extremamente elevado.

Todas as novidades, os novos projetos atraem a sua atenção, e ele mesmo está sempre começando alguma coisa nova em alguma área de sua vida. O único problema de O Mago em relação a começar algo novo está justamente no fato de apenas começar e depois de algum tempo acabar largando os seus projetos iniciados no meio do caminho, já de olho em novas direções. Esse comportamento, após algum tempo, pode ser extremamente negativo, no sentido de ele nunca concluir nada de concreto.

O Mago é determinado e praticamente nada, a não ser ele mesmo, o impede de realizar algo a que tenha se proposto. Ele possui aquela agressividade positiva que empurra o ser humano em direção a suas metas. O único cuidado é não deixar essa agressividade positiva se converter em impulsividade tola e desmedida, que muitas vezes o levaria a agir sem pensar, obtendo como resultado penosas consequências.

Como já pode ser visto pelo(a) leitor(a), O Mago é um Arcano de muita força e grande potencial, e é justamente por isso que o tarólogo deve orientar o cliente em relação ao uso desse potencial. Essa orientação começa fazendo com que o cliente procure tomar consciência do que ele realmente deseja em nível físico, mental, emocional e espiritual, pois sem termos uma mínima ideia sobre o ponto que desejamos atingir nesses quatro níveis, realmente fica muito difícil realizar qualquer tipo de ação. Depois de decidido aonde queremos chegar dentro dos quatro níveis, temos de ter consciência de que não podemos tentar resolver os quatro de uma só vez, portanto, temos que optar por um para que possamos começar a nossa ação. Após esse importante passo de optar por resolver uma coisa de cada vez em nossas vidas, basta que comecemos a executá-lo com força, determinação e capacidade de concentração, até que tenhamos atingido nossa meta. Somente, e somente após a conclusão de um projeto, é que deveríamos começar a pensar em realizar alguma coisa nova, caso contrário, corremos o risco de desperdiçarmos o nosso potencial em muitas coisas ao mesmo tempo, acabando por não fazer direito nenhuma delas, ganhando com isso uma bela hipertensão ou estafa.

A mente que O Mago possui e, portanto, também as pessoas regidas por esse Arcano, é simplesmente brilhante. Ele é possuidor de um raciocínio rápido e dinâmico, que muitas vezes pode surpreender as pessoas ao seu redor com opiniões e atitudes completamente inovadoras e fora do comum. Também possui elevada inteligência, o que o capacita a qualquer tipo de trabalho que ele se proponha a fazer.

Dotadas geralmente de saúde e boa forma física, as pessoas regidas por esse Arcano deveriam procurar fazer algum tipo de exercício, no sentido de movimentar o corpo e liberar um pouco da energia interior que, quando mal acumulada, poderia resultar em impaciência, irritação e agressividade.

Concluindo, seria interessante que o cliente que tirou esse Arcano em uma consulta fosse orientado a agir de maneira determinada, dinâmica e inovadora em relação a seus projetos. Ele está pronto para iniciar qualquer tipo de ação; o tarólogo deve incentivá-lo a fazer isso, embora o cliente deva ser orientado a sempre agir de forma controlada, fazendo uma coisa de cada vez, evitando a impulsividade e o excesso de atividades, que poderiam gerar irritações e até mesmo uma hipertensão. O cliente deve ser incentivado, igualmente, no que diz respeito ao uso de sua mente e inteligência, procurando sempre por meio de seus pensamentos e inspirações se resolver e, após isso, auxiliar a resolução dos problemas das pessoas que estão ao seu redor, mas sem se envolver demais com elas, sendo apenas um exemplo pelo qual possam se orientar. O Mago necessita manter a sua individualidade.

O cliente deve, como já foi dito, procurar fazer em sua vida uma coisa de cada vez, mas seria ideal que ele procurasse manter os quatro níveis representados pelos quatro objetos – bastão (espiritual), taça (emocional), espada (mental) e moeda (material) – em perfeita harmonia, começando a se resolver por um deles, mas jamais se esquecendo dos demais. Esse comportamento forma um verdadeiro Mago com o passar dos anos, ou seja, aquele que tem plena consciência de quem é, e de como utilizar os seus potenciais para se resolver em nível espiritual, emocional, mental e físico, aqui e agora.

Capítulo 2

Véu de Ísis

Com A Sacerdotisa – Arcano totalmente oposto a O Mago – nós temos o elemento feminino adentrando no Tarô. E quando se fala do feminino, nada melhor do que citarmos a Wicca, tradição totalmente matriarcal desde o início dos tempos – muito antes de ser conhecida por esse nome –, pela qual se procura dar real consciência à mulher de qual é seu verdadeiro poder e papel dentro da sociedade.

A Wicca, também conhecida pelo nome de "Antiga Religião" ou "Grande Arte", é o sistema metafísico de técnicas que eram aplicadas pelos antigos magos e bruxas da Europa, mas que apesar da passagem do tempo, continua muito vivo nos dias atuais.

Wicca é um vocábulo anglo-saxônico de origem celta que quer dizer: "O Ofício dos Sábios". A Wicca não tem nada a ver com o Satanismo e pactos com demônios, como ainda pensa um grande número de pessoas incitadas por líderes religiosos fanáticos e ignorantes, que deveriam pensar duas vezes antes de falar sobre aquilo que não conhecem. Essa linda tradição mágica não tem nenhuma associação com feitiços, encantamentos que visam prejudicar outras pessoas e toda uma série de superstições, que caíam muito bem na época da Inquisição, mas que hoje em dia não tem nenhuma relação com a realidade da Wicca.

Antes de adentrarmos no segundo Arcano, que é uma representação do poder feminino e, portanto, da Wicca, bem como de todos seus praticantes, seria interessante definir a "Antiga Religião". Para isso, vamos utilizar um pequeno texto extraído do livro *A Dança Cósmica das Feiticeiras*, da autora Starhawk:

> *"A Antiga Religião não se baseia em dogmas ou em um conjunto de crenças, nem tão pouco em escrituras ou num livro sagrado revelado por um grande homem.*

A Wicca, ou Grande Arte, é uma religião que retira seus ensinamentos da natureza e inspira-se nos movimentos do sol, da lua e das estrelas, no voo dos pássaros, no lento crescimento das árvores e nos ciclos das estações".

Os símbolos que compõem o arcano da Sacerdotisa

O **crescente lunar** que adorna a cabeça de A Sacerdotisa é o mesmo usado pelas sacerdotisas de Ísis no antigo Egito. Isso tem real valor, uma vez que, segundo outros autores, o templo em que a Sacerdotisa se encontra é o próprio templo de Ísis. O crescente lunar representa uma abertura maior em nível mental, no que diz respeito ao uso da intuição e a todos os poderes relativos à natureza lunar do ser humano.

O **véu** que cobre o rosto de A Sacerdotisa representa silêncio e discrição, simbolizando que a verdade foge aos olhos de uma curiosidade profana. Quando mencionamos que a verdade foge aos olhos de uma curiosidade profana, não queremos dizer que os profanos – os não iniciados nos mistérios – não podem ter acesso a um conhecimento mais profundo sobre o lado esotérico da vida. A verdade está à disposição de quem verdadeiramente a busca, mas não podemos nem devemos confundir busca com curiosidade.

O buscador é aquele que se fecha em caminhos espirituais, de preferência antigos e não muitos ao mesmo tempo (o ideal seria apenas um), procurando atingir uma real e melhor compreensão de quem ele é, por meio das práticas e da filosofia do caminho pelo qual ele optou.

O curioso, ao contrário do buscador, é aquele que se envolve em sua busca espiritual com muitas coisas ao mesmo tempo, às vezes não conseguindo executar bem nenhuma delas. Quando ele se cansa de um caminho que não satisfaz mais sua vã curiosidade, no qual muitas vezes ele entrou pelo modismo que impera bastante hoje em dia em relação às coisas de ordem espiritual, ele parte em direção a um novo caminho, mas sem concluir o que deixou em aberto. Esse comportamento, além de altamente perigoso em nível energético, é de fato muito triste, porque não conduz o ser humano a lugar algum, apenas faz com que ele se iluda e decepcione-se cada vez mais em relação a si mesmo e à vida que o cerca.

A **cruz de quatro braços iguais**, que em alguns Tarôs também pode aparecer como uma cruz Ansata (), representa a fecundação da matéria pelo espírito e, também, a união dos sexos opostos. Está ligada aos quatro elementos que, além de tentarmos dominar externamente como acontecia no Arcano O Mago (os símbolos que representavam os quatro elementos estavam à vista), devemos tentar dominar em nível interior. Por isso que no Arcano A Sacerdotisa não aparece nenhum símbolo exterior que faça menção aos quatro elementos. O único símbolo que os representa é a cruz, indicando que temos que procurar dominar esses quatro elementos dentro de cada um de nós.

O **papiro, ou livro,** em seu colo, escondido pelas suas mãos, pelas quais ela dificulta a nossa visão sobre o que está escrito, representa que os mistérios e a Verdade apenas se manifestam na solidão daqueles que sabem concentrar-se em silêncio, na plena e pura calma posse de si mesmos.

As **duas colunas** estão ligadas as colunas "Misericórdia" e "Rigor" da Árvore da Vida do Judaísmo. A coluna mais clara representa a luminosa ascensão do espírito sobre o plano material. Representa também a Misericórdia. A coluna mais escura representa a prisão do espírito impuro diante dos laços unicamente materiais, tendo relação com o Rigor.

O **piso do templo** à frente de A Sacerdotisa costuma ser, na maioria dos Tarôs, formado por ladrilhos colocados sob a forma de um tabuleiro de xadrez nas cores preto e branco. Isso representa, entre outras coisas, a união dos princípios opostos (masculino-feminino, luz-trevas, yin-yang, etc.). No Tarô Namur, apesar de não termos as cores do piso em preto e branco, podemos notar que dentro das cores utilizadas se procurou fazer uma interligação visual entre um ladrilho e outro, resultando num todo bem harmônico, também relacionado à interligação dos já citados princípios opostos.

Atrás do Trono em que se senta A Sacerdotisa, vemos um **pano violeta** suspenso entre as duas colunas que a ladeiam. O violeta é uma cor associada à transmutação alquímica e ao Mestre Ascensionado Saint Germain (um dos Mestres que compõem uma hierarquia de altíssimas Inteligências espirituais, conhecida pelo nome de Grande Fraternidade Branca, cujo objetivo é a manutenção do equilíbrio não apenas do planeta Terra, mas também de todo o Universo). Esse pano violeta pode representar que, apesar do cenário de paz, reflexão e silêncio que compõe esse Arcano, A Sacerdotisa também tem o desejo de se transformar, mas antes disso é necessário um período de reflexão e meditação no mais profundo recanto interno do seu ser: O "Templo Interior" de cada um.

Significado do 2º arcano – A Sacerdotisa

Véu de Ísis   43

O Arcano A Sacerdotisa está totalmente ligado a características associadas ao sexo feminino. Ela é a mulher, a intuição, a reserva, o silêncio, a diplomacia, a sutileza e o poder. Quando digo poder, muitas pessoas poderão não entender bem o que estou querendo dizer, uma vez que o poder até hoje esteve mais associado ao homem do que à mulher. Na realidade, o homem, como todos sabemos, exerce um poder muito forte dentro da sociedade nos dias atuais, sendo esse um poder mais externo, ligado à razão. Um poder que funciona muito bem para resolvermos as situações adversas do dia a dia e para sobrevivermos neste mundo de concreto, ambição, *status* e ego que nos rodeia. Mas será que esse poder externo e racional associado aos homens é o único tipo de poder que existe? Será que não há nada mais além disso?

Se a resposta do(a) leitor(a) foi não, parabéns! Você consegue enxergar um pouco além da maioria das pessoas, e isso já é um motivo para comemoração. Sempre que preservamos a nossa identidade e não somos engolidos pelo mundo que nos rodeia, deveríamos fazer uma comemoração, pois é cada vez mais difícil manter essa postura hoje em dia.

A Sacerdotisa vem falar sobre o real poder da mulher. Um poder calcado nos sentimentos, na intuição e na capacidade de persuasão – arte esta que é de domínio praticamente exclusivo do sexo feminino. Ela vem nos dizer que a mulher possui um poder tão forte quanto o poder masculino. É um poder interno. Um poder que há muitos milênios já comandou até mesmo sociedades inteiras. O poder Matriarcal. O poder da mulher.

O segundo Arcano representa a diplomacia; o "Caminho do Meio", por assim dizer. A postura ideal que um cliente deve ter ao tirar esse Arcano em uma consulta é jamais agir com base em sua impulsividade e, quando agir, procurar optar sempre mais por equilíbrio do que pelos extremismos, que com a presença desse Arcano em uma consulta não levariam a lugar algum. É necessário que a pessoa aprenda a analisar as situações antes de agir, sempre pesando bem as consequências. Também seria bom que a pessoa colocasse neste processo de análise e reflexão um pouco de sua intuição, pois não somos seres unicamente racionais já programados para agir de uma maneira específica em cada uma das situações pelas quais passamos.

Um dos pontos importantes de A Sacerdotisa é, justamente, a necessidade de mantermos silêncio sobre os nossos desejos e aspirações, a fim de que não os entreguemos de mãos beijadas ao mundo de contradições que nos rodeia e no qual a maioria dos homens está sempre mergulhado. Certa vez, cheguei a ler em um livro sobre o Tarô a seguinte frase, que se referia ao Arcano A Sacerdotisa, no que diz respeito a guardarmos segredo sobre os nossos projetos:

– Lembra-te de que se a palavra é de prata, o silêncio é de ouro!

Como o leitor pode reparar pela frase anterior, é de suma importância que saibamos manter uma posição sempre muito discreta em relação às pessoas ao nosso redor. Com essa afirmação, não estou de maneira alguma querendo dizer que temos de nos tornar antipáticos perante as demais pessoas, e sim que devemos possuir o senso suficiente de precaução para mantermos para nós o que realmente nos interessa, revelando aos demais coisas que não são tão caras ou de suma importância. Existem pessoas que passam a vida inteira a falar de seus projetos para todo mundo e depois se perguntam por que eles não se realizam...

O segundo Arcano também representa o conhecimento e a sabedoria – principalmente conhecimento de natureza esotérica –, sendo que muitas vezes sua presença pode representar até mesmo a necessidade de a pessoa entrar em contato com assuntos mais relacionados à área espiritualista. Na realidade, este contato faria parte de um outro tópico referente à carta A Sacerdotisa, que é a busca silenciosa do indivíduo em relação a ele mesmo.

A diplomacia e a boa educação também fazem parte desse Arcano e talvez por isso as pessoas regidas por ele, em algum momento de suas vidas, possam ser comparadas a conselheiros, nos quais os demais procuram se apoiar, certos tanto de sua sabedoria em relação a seus pareceres, bem como de sua discrição.

Poderíamos sintetizar A Sacerdotisa como a necessidade de ficarmos mais tempo conosco, procurando manter para nós os nossos pensamentos, evitando tanto quanto possível fazer comentários com os outros sobre o que pensamos. Também temos que dar à nossa vida um sentido mais diplomático e mediador, procurando sempre o "Caminho do Meio", evitando a todo o custo as disputas e as discussões. Temos de procurar nos centrarmos em nossos potenciais internos e na nossa intuição, para que, quando estivermos fartos em relação a esses potenciais, possamos compartilhar sábios conselhos com aqueles que necessitarem de nosso auxílio e colaboração.

Capítulo 3

Imperatrix Mundi

Como pudemos perceber até agora pelo que nos foi mostrado nos dois Arcanos anteriores, respectivamente, O Mago e A Sacerdotisa, O Mago possui um potencial totalmente ligado às características masculinas, enquanto A Sacerdotisa está totalmente voltada para o lado feminino.

Estes dois Arcanos, apesar de todo o potencial que apresentam cada qual dentro das suas características, sejam elas masculinas ou femininas, são completamente estéreis enquanto permanecem separados e não podem por si sós gerar coisa alguma. No ato sexual, o homem (O Mago) nada conseguiria se a mulher (A Sacerdotisa) não se encontrasse com ele para completá-lo e vice-versa. Por meio desta breve, porém lógica e consistente observação, podemos notar que está faltando algo que una o potencial masculino de O Mago com o potencial feminino de A Sacerdotisa. Esse algo é justamente o terceiro Arcano: A Imperatriz.

Ela, de certa maneira, seria a filha dos dois primeiros Arcanos, sendo sua diferença mais marcante em relação ao Arcano A Sacerdotisa o fato de ela possuir o potencial da geração, contendo em si elementos do primeiro e do segundo Arcanos. Por isso, no Tarô, A Imperatriz é considerada por muitos estudiosos como sendo a Mãe, o princípio criativo, o poder de gerar novas vidas.

Dentro da Wicca – tradição totalmente matriarcal – citada no Arcano anterior, A Imperatriz seria considerada como sendo a Grande Deusa de todas as coisas vivas, a Grande Mãe. Já A Sacerdotisa seria vista como a avó, a Anciã, com o conhecimento e a sabedoria de todas as coisas criadas por sua filha – A Imperatriz.

Dentro da Tradição Wiccaniana, alguns Wiccanianos acreditam que Deus é mulher, daí por que se referirem à divindade suprema como "A Deusa". Outros Wiccanianos acreditam em duas divindades, sendo uma totalmente masculina e a outra completamente feminina, que se uniram no início dos tempos para a formação de tudo que conhecemos hoje. Crenças à parte, o importante é que tanto para aqueles que acreditam em uma Deusa única como para os que creem em duas divindades de sexos opostos que se uniram para a criação do Todo, o respeito pela Grande Mãe é visto em ambas as correntes. Vamos a mais um texto extraído do livro *A Dança Cósmica das Feiticeiras*, de Starhawk, que também serve para ilustrar o lado criador (em nível de geração) e maternal de A Imperatriz:

"A Deusa é a primeira em toda a Terra, o mistério, a mãe que alimenta e que dá toda a vida. Ela é o poder da fertilidade e geração; o útero e também a sepultura que recebe o poder da morte. Tudo vem dela, tudo retorna a ela. Sendo Terra também e a vida vegetal; as árvores, as ervas e os grãos que sustentam a vida. Ela é o corpo e o corpo é sagrado. Útero, seios, barriga, boca, vagina, pênis, osso e sangue; nenhuma parte do corpo é impura, nenhum aspecto dos processos vitais é maculado por qualquer conceito de pecado. Nascimento, morte e decadência são partes igualmente sagradas do ciclo. Se estamos comendo, dormindo, fazendo amor ou eliminando excessos do corpo, estamos manifestando a Deusa".

Antes de concluir esta breve introdução e passarmos definitivamente para a descrição do terceiro Arcano, eu gostaria de apresentar um dado no mínimo interessante para o(a) leitor(a).

Não é novidade para ninguém o fato de que a Igreja Católica, durante a Idade Média, opôs-se com todas as suas forças contra os cultos pagãos europeus, principalmente os de natureza matriarcal. Agora, uma vez que A Imperatriz é uma das representações mais claras do poder feminino e das inúmeras Deusas que eram cultuadas no paganismo, é de se estranhar que a sua descrição detalhada e fiel se encontre no Apocalipse de São João Apóstolo, Capítulo 12, de forma benigna e não maligna, como essas Deusas e seus seguidores eram tidos nos tempos da Santa Inquisição. Aconselho o(a) leitor(a) a apanhar agora o seu terceiro Arcano, de preferência do Tarô Namur, para acompanhar a descrição de A Imperatriz segundo a Bíblia. É no mínimo bem intrigante:

Apareceu outrossim um grande sinal no céu: uma mulher vestida do sol, que tinha a lua debaixo de seus pés, e uma coroa de doze estrelas sobre a sua cabeça.

Apocalipse de São João Apóstolo, Cap. 12, Vers. 1.

E foram dadas à mulher duas asas de uma grande águia, para voar para o deserto, ao lugar de seu retiro, onde é sustentada um tempo, dois tempos e a metade dum tempo, fora da presença da serpente.

Apocalipse de São João Apóstolo, Cap. 12, Vers. 14.

É interessante que o número do Capítulo do Apocalipse de São João, do qual foram extraídos os dois versículos citados, é 12. Se somarmos a dezena e a unidade que compõem esse número, iremos obter o número três, que é justamente o número do Arcano A Imperatriz.

Mais interessante ainda é sabermos que o Tarô e a Wicca são muito anteriores ao Cristianismo e, portanto, à Bíblia. Bem antes de Cristo, já existia o terceiro Arcano – A Imperatriz – e a Antiga Religião que depois ficou conhecida como Wicca. As perguntas, portanto, são as seguintes:

Por que o Arcano A Imperatriz foi inserido na Bíblia, por ocasião da sua criação?

Estando A Imperatriz, que é uma das representações da Deusa para os Wiccanianos, em destaque na Bíblia de maneira benéfica, e sendo a Wicca e o Tarô muito mais antigos do que o Cristianismo, por que os Wiccanianos foram perseguidos durante a Santa Inquisição?

Os símbolos que compõem o arcano da Imperatriz

As **12 estrelas** que coroam A Imperatriz representam os 12 signos do zodíaco e as 12 casas zodiacais, percorridas pelo sol durante o ano.

O **cetro** segurado pela mão esquerda de A Imperatriz possui o **símbolo de Vênus**, planeta associado ao amor. Isso representa que o poder de A Imperatriz está calcado no amor e ela reina permanentemente sobre as coisas nascidas, as que nascem e as que ainda nascerão, por meio do Poder do Amor.

A **águia** que está no escudo segurado pela mão direita de A Imperatriz representa as alturas a que pode elevar-se o voo do espírito e, também, simboliza que o ato de criar, ou seja, o princípio da criação, atinge as esferas mais elevadas.

A **lua** sobre a qual A Imperatriz repousa o seu pé representa a inferioridade da matéria (mundo sublunar) e sua dominação pelo espírito.

O **trono** que lhe serve de assento tem a forma do sol, que representa o Poder Criador. O sol é o centro que emana vida a todo nosso sistema, daí por que associá-lo à Criação.

As **asas** sobre o colo de A Imperatriz nos lembram da mítica Deusa Ísis Celeste, que está associada à mulher que se senta no trono.

As **quatro cores** que emanam do trono de A Imperatriz representam o Poder (Azul), a transformação e a liberdade (Violeta), a cura e a verdade (Verde), e a sabedoria (Amarelo).

Significado do 3º arcano – A Imperatriz

A Imperatriz é uma mulher madura que encara a vida sem medo. Ela possui para isso o poder da expressão, um forte caráter, uma alta criatividade e, além disso, o carisma e a beleza, que são uma constante em seu ser.

Esse Arcano, quando em jogo, representa a necessidade de encarar a vida e irmos em busca de nossos objetivos e ideais, usando muita criatividade, otimismo e rapidez de raciocínio.

A Imperatriz não gosta de perder tempo com os pequenos detalhes da vida, apesar de ser uma grande apreciadora das artes, muito ligada também ao requinte e ao belo. O seu jogo é mais o de uma visão prática e objetiva em relação às coisas. Dotada de uma inteligência e de raciocínio privilegiados, ela não leva muito tempo para compreender uma nova situação ou projeto com o qual possa vir a ser envolvida; quando menos imaginamos, ela já tem completamente a nova situação dominada de forma abstoluta em suas mãos, sendo por elas guiada com muita graça e habilidade.

No nível da comunicação, as pessoas regidas por esse Arcano são, sem dúvida alguma, as mais encantadoras. Tal como os nascidos sob o signo de Gêmeos, essas pessoas costumam conversar sobre todo qualquer tipo de assunto e fazem da comunicação uma verdadeira arte de expressão, pela qual os mais observadores e sensíveis podem, se prestarem bem atenção aos detalhes da conversa, ter acesso ao fundo de suas almas. Existem dois tipos de Imperatrizes em nível de comunicação. O primeiro fala de pessoas que sabem conversar sobre qualquer tipo de assunto, mas não possuem profundidade dentro dos vários temas que se propõem a discutir. O segundo são pessoas um pouco mais tranquilas e menos afoitas no momento da fala, dominando com profundidade o assunto ao qual se propuseram a debater. Às vezes, esse segundo tipo de pessoa se especializa em uma única área de interesse e, quando em uma conversa, fala apenas de sua área, procurando evitar mencionar o que ela não domina. Não é raro vermos pessoas com esse comportamento se afastarem delicada e sutilmente, quando começamos a falar sobre outros assuntos que não sejam aqueles relativos à sua área específica. Em ambos os casos, tanto os regidos pela Imperatriz que falam um pouquinho sobre cada coisa sem, no entanto, possuir a respectiva profundidade sobre o que estão falando, quanto aqueles regidos mais quietos e reservados, que preferem falar apenas sobre o que conhecem, podemos ter a certeza de que sabem se expressar muito bem e constituem excelente companhia para um jantar entre amigos, uma festa, enfim, para todo o tipo de reunião social.

As artes e o meio artístico também fazem parte do reinado de A Imperatriz. Muitas pessoas regidas por esse Arcano possuem tendências artísticas desde a mais tenra idade. Quando em jogo, o importante é incentivar o cliente a praticar qualquer tipo de arte e, se ele já estiver fazendo alguma atividade nesse sentido, temos que parabenizá-lo e estimulá-lo a seguir em frente. Tal comportamento de incentivo do tarólogo em relação a seu cliente é, no mínimo, muito benéfico, uma vez que, quando as pessoas praticam algum tipo de arte, nem que seja por *hobby*, elas colocam muitas coisas para fora de si por meio da expressão artística, principalmente coisas de natureza emocional. Então, podemos presumir, mediante essa informação, que a arte possui o seu lado terapêutico. Não importa a qual tipo de arte vamos nos dedicar. Pode ser desde a confecção de uma pipa até a execução perfeita de um katá de artes marciais complexo, com todos os seus rápidos e precisos movimentos, saltos e utilização de armas brancas. O que realmente importa é praticarmos alguma coisa, amarmos o que fazemos e nos expandirmos em todos os níveis, por meio da nossa atividade artística.

O lado criativo de A Imperatriz é um dos mais importantes que compõem o Arcano. É fundamental para as pessoas que tiram esse Arcano em uma consulta gerar algo novo, criar algo inédito, não importa o que seja. O cliente tem de ser conscientizado do fato de que ele se encontra em uma fase em que tudo que quiser manifestar pode ser manifestado, porque possui o potencial criativo para isso. Na fase regida por A Imperatriz, o correto seria que nos tornássemos "Semeadores de Fé". Esse termo, "Semeador de Fé", me ocorre agora enquanto escrevo estas linhas. Nada mais justo explicar o que ele significa.

O "Semeador de Fé" é aquela pessoa que tem uma ideia, objetivo ou ideal a ser realizado e, acreditando em si mesma, planta hoje as sementes do seu sucesso futuro. Não importa quando a pessoa vai conseguir atingir o seu objetivo, não importa quando ela vai colher o fruto da semente que foi lançada na terra. O que realmente interessa é que ela criou algo novo, gerou algo novo, sem se preocupar com o tempo da colheita final. O importante, repito novamente, é plantar, gerar, criar o novo. Deixar as ideias fluírem de dentro de você e passá-las para a prática, pois somente assim é possível a colheita no futuro.

Capítulo 4

O Império dos Fatos

O poder, a disciplina, o trabalho, as bases sólidas, a capacidade de concentração e a lentidão são palavras-chave para a descrição do quarto Arcano – O Imperador. Ele representa o poder adquirido por meio de duro e árduo trabalho, contando também com a razão e a lógica para obtenção desse poder. Mas antes de adentrarmos no estudo do quarto Arcano, vamos nos deliciar com uma antiga e sábia história sobre o poder e a sabedoria.

O Rei e o Falcão

Adaptação de James Baldwin

Gengis Khan foi um grande rei e guerreiro.

Conduziu seu exército à China e à Pérsia, e conquistou muitas terras. Em todos os países, falava-se de seus feitos ousados e dizia-se que desde Alexandre, o Grande, não houvera rei igual.

Uma certa manhã longe das guerras, saiu de casa a fim de passar o dia caçando na floresta. Muitos amigos foram com ele. Todos, carregando seus arcos e flechas, seguiam felizes em suas montarias. Acompanhavam-nos os serviçais, conduzindo os cães pela retaguarda.

A partida mostrava-se muito bem-disposta. Seus gritos e risadas retumbavam na floresta. Esperavam abater muitos animais que trariam para casa ao final do dia.

O rei levava ao punho seu falcão predileto, pois naquela época essa ave era treinada para a caça. A uma ordem do dono, o pássaro alçava voo e, do alto, vasculhava a floresta. Ao avistar um cervo ou uma lebre, mergulhava velozmente sobre a presa, qual uma flecha.

O dia inteiro passaram Gengis Khan e seus caçadores a cavalgar pela floresta. Não encontraram, porém, tanta caça quanto esperavam.

À tardinha, decidiram retornar. O rei estava habituado a cavalgar pela floresta, e conhecia todas as trilhas. Tendo o grupo escolhido o caminho mais curto para casa, ele tomou uma estrada mais longa que passava por um vale entre duas montanhas.

O dia fora quente, e o rei tinha sede. Seu falcão amestrado alçara voo, deixando-o só. O pássaro saberia encontrar o caminho de casa.

O rei prosseguia lentamente. Conhecia uma fonte de águas límpidas em alguma paragem perto da trilha. Se ao menos pudesse encontrá-la naquele momento! Mas os dias quentes do verão haviam secado todos os córregos da montanha.

Mas eis que, para a sua alegria, avistou um pouco de água escorrendo pela beira de uma pedra. Haveria de encontrar a fonte logo acima. Na estação chuvosa, as águas corriam ligeiras naquele ponto; mas agora gotejavam lentamente.

O rei apeou da montaria. Tirou do bornal um cálice de prata. Começou a aparar as gotas que caíam lentamente da pedra.

A água demorava para encher o cálice; e o rei tinha tanta sede que mal podia esperar. Finalmente, estava quase cheio. Levou aos lábios e estava prestes a sorver o primeiro gole.

De repente, um zunido cruzou os ares e o cálice foi derrubado de suas mãos. A água derramou-se toda.

O rei procurou ver quem fizera aquilo. Fora seu falcão amestrado.

O pássaro voou de um lado para o outro algumas vezes e acabou pousando nas pedras, perto da fonte.

O rei pegou o cálice e tornou a recolher as gotas de água.

Desta vez, não esperou tanto tempo. Quando estava pela metade, levou-o à boca. Mas antes que o cálice lhe tocasse os lábios, o falcão deu outro mergulho, derrubando o objeto.

Desta feita, o rei começou a ficar zangado. Empreendeu mais uma tentativa, e pela terceira vez o falcão o impediu de beber.

O rei ficou bastante irritado e gritou:

– Como te atreves a fazer isso? Se eu pusesse as minhas mãos em ti, torcer-te-ia o pescoço!

Mais uma vez, o rei encheu o cálice. Porém, antes de levá-lo à boca, sacou da espada.

– Agora, Senhor Falcão, é a última vez – disse ele.

Mal proferira as palavras, o falcão mergulhou e derrubou-lhe das mãos o cálice. Mas o rei já esperava por isso. De um golpe, acertou o pássaro em pleno voo.

E logo o pobre falcão jazia aos pés do dono, sangrando até morrer.

– É o que mereces por teus caprichos – disse Gengis Khan.

Entretanto, ao procurar o cálice, encontrou-o caído entre duas pedras, onde não conseguia alcançar.

– Mesmo assim, vou beber desta fonte – disse consigo mesmo.

E pôs-se a galgar a parede íngreme da rocha para chegar até o lugar de onde a água escorria. A tarefa era árdua; e quanto mais subia, mais sede sentia.

Por fim, atingiu o local. E havia, de fato, uma nascente; mas o que era aquilo dentro do poço, ocupando-lhe quase todo o espaço? Uma enorme serpente morta, e das mais venenosas.

O rei parou. Esqueceu-se da sede. Pensou apenas no pobre pássaro morto ali no chão.

– O falcão salvou-me a vida! – gritou. – E o que fiz em troca? Era meu melhor amigo e eu o matei.

Desceu a escarpa. Tomou cuidadosamente o pássaro nas mãos e o colocou no embornal. Subiu na montaria e partiu ligeiro, dizendo consigo:

– Aprendi hoje uma triste lição, que é nunca fazer coisa alguma com raiva.

Os símbolos que compõem o arcano do Imperador

A **coroa** que vemos sobre a cabeça de O Imperador representa o poder, que teve que ser conquistado pela força. A coroa, portanto, também representa a autoridade de que está investido o personagem.

Na sua mão direita, ele segura o mesmo **cetro** portado pela sua esposa – A Imperatriz – no Arcano anterior. E o cetro, como já sabemos, representa não apenas o poder autoritário, mas também o poder do amor, da diplomacia, da calma, da paciência e dos bons modos. Isso se deve ao fato de o cetro ser encimado pelo símbolo do planeta Vênus, que representa o amor. Trata-se de dirigir com amor, ou como diria uma velha frase:

"Eu comando servindo e sirvo comandando".

O cetro visto de outro modo apresenta em sua composição acima do globo a Cruz de Malta. A **Cruz de Malta** é tida como sendo o símbolo da dignidade imperial, e também representa a unificação do poder terreno com a sabedoria Cósmica, e está ligada aos quatro elementos da natureza.

A **espada** na qual O Imperador repousa o seu braço é instrumento que ele utiliza para nos proteger contra os perigos, uma vez que esse Arcano, para alguns estudiosos, também representa uma espécie de protetor espiritual. Agora, da mesma maneira que O Imperador usa sua espada para nos proteger, ele pode utilizá-la para nos cutucar quando estamos meio parados ou desanimados em relação à vida, quando o necessário seria confiarmos em nosso poder interior e lutar por aquilo que desejamos atingir.

A **águia** pintada no brasão sobre a pedra cúbica representa a elevação do pensamento que se faz necessária na conclusão de qualquer obra, principalmente as de natureza material. Não podemos ser apenas os executores físicos de uma obra, mas também temos que possuir em nós a genialidade do espírito, para que, por meio disso, a nossa obra, seja ela qual for, possa ser mais bem concluída.

A **pedra cúbica** representa o sólido perfeito e a obra humana realizada. Ela ostenta em si mesma o símbolo do planeta Júpiter (4). Uma vez que Júpiter é tratado dentro da Astrologia como o "grande benéfico", podemos deduzir que o fato de Júpiter – símbolo da sorte, prosperidade e plenitude – estar colocado dentro de um cubo, que representa a matéria e a obra humana realizada, faz de O Imperador uma pessoa que sabe conduzir muito bem os assuntos materiais e administrativos, podendo atingir grandes riquezas e tornar-se um benfeitor dos menos favorecidos.

As **pernas cruzadas** de O Imperador formam uma cruz, que representará os quatro elementos – terra, ar, água e fogo – e a expansão do poder humano em todos os sentidos – material, mental, emocional e espiritual.

No Arcano, podemos notar a predominância de **duas cores**, que são **o azul** e o **verde**. Se relacionarmos às cores a Fraternidade Branca, temos que o azul está ligado ao primeiro raio (mestre Ascencionado El Morya) e representa o poder, a fé, a autoridade, a determinação e a vontade de Deus que se deve cumprir no planeta Terra e na vida de todos os homens. O verde, por sua vez, irá representar o quinto raio (Mestre Ascencionado Hilarion) de cura, verdade, lei, rigor e justiça.

Significado do 4º arcano – O Imperador

O quarto Arcano está ligado ao trabalho e à capacidade de realização, principalmente no que diz respeito a assuntos relacionados ao plano material.

O Imperador é a imagem de poder, energia, autoridade e direcionamento. Ele é desconfiado em relação às novidades, pelo menos de início, quando não as compreende totalmente, depois do que as aceitará sem obstáculos nem restrições.

Na obtenção daquilo que deseja muitas vezes é lento, porque prefere trabalhar e agir com os pés bem plantados no chão. As tarefas que realizamos quando estamos sob a sua influência têm que ser realizadas passo a passo, sem pressa para chegarmos às conclusões finais. Na realidade, o que importa para O Imperador não é apenas a conclusão de um objetivo, mas também todo o trabalho que se teve de desenvolver para chegarmos a essa conclusão. Daí advém o fato de que estamos diante de um Arcano que nos vai ensinar alguns valores bem antigos, mas que a maioria de nós infelizmente não desenvolve no dia a dia, principalmente quando temos algo de esfera material para realizar e quando esses valores seriam mais importantes. Quanto aos valores, são eles, em sequência: base sólida, disciplina, paciência e capacidade de concentração. Quando procuramos trabalhar com eles na execução de qualquer projeto, os resultados acabam sendo magníficos. Vamos, nas próximas linhas, comentá-los, cada um de uma vez, para que fique bem clara a maneira pela qual devemos orientar nosso cliente, quando esse Arcano aparecer em uma consulta.

Quando usamos o termo base sólida e o relacionamos ao Arcano O Imperador, queremos mostrar ao cliente que uma vez que O Imperador representa o trabalho, esse trabalho tem que começar de alguma maneira e a melhor forma para se começar alguma coisa é justamente com bases sólidas. Mas, afinal de contas, o que são essas tão comentadas bases sólidas?

Base sólida é a pessoa, antes de iniciar qualquer projeto, procurar se certificar se está certa de que quer realizá-lo, o porquê realizará e, finalmente, por onde essa realização se iniciará. Se esses pontos não ficarem bem esclarecidos desde o início, corremos o risco de apenas iniciar os projetos e nunca conseguir levá-los até o fim, justamente por falta de solidez e objetividade final. Quando temos certeza daquilo que queremos e procuramos nos certificar se todos os detalhes, ou pelo menos a grande maioria, estão em ordem, antes de iniciarmos qualquer ação, nos sentimos até mais seguros em relação a como devemos conduzir os nossos objetivos.

Assim que os nossos projetos começam a caminhar sobre uma base segura, surgem dois valores muito importantes para uma conclusão satisfatória. São eles: a paciência e a disciplina.

A paciência se faz necessária em todos os nossos projetos, ainda mais nos dias de hoje, quando parece que se torna cada vez mais difícil a obtenção daquilo que queremos, pelo menos de maneira imediata. Temos de compreender que, na vida, todas as coisas têm o seu momento para se realizar, e que não adianta ficarmos forçando a realização de algo que ainda não esteja no seu tempo certo de realização. A demasiada preocupação com a conclusão de um projeto nos afasta da beleza do que ocorre antes da conclusão, ou seja, o trabalho em si. E na maioria dos casos, o trabalho que temos antes de realizar um objetivo, muitas vezes, é mais gratificante do que o próprio objetivo. É realmente uma pena que não tenhamos consciência disso, pois se tivéssemos poderíamos aprender bem mais com a vida. A paciência de O Imperador na realização de seu trabalho com cada detalhe faz com que ele seja capaz de realizar trabalhos perfeitos ou, praticamente, próximos da perfeição. Ele é metódico, perfeccionista, e trabalha com total empenho e sentido de entrega (às vezes até em demasia) em relação às tarefas as quais se propôs a executar.

Além da paciência já mencionada, também é fundamental termos em nosso trabalho e em nossa vida a disciplina. E esta deve começar, antes de mais nada, por nós mesmos, uma vez que o homem sem disciplina é igual a um navio à deriva em meio a uma grande tempestade. Como podemos deduzir, brevemente ele encalhará ou será engolido pelas ondas.

Disciplinar-se de maneira alguma quer dizer limitar-se. O homem disciplinado não tem limites para o que ele deseja fazer. Apenas procura fazer as coisas no seu devido tempo e dá sempre prioridade para as mais importantes, agindo sempre segundo a sua consciência.

Por fim, teríamos de observar também como atua um dos elementos que contribuem para o sucesso de nossos empreendimentos segundo o quarto Arcano: a capacidade de concentração. Este último elemento é de fundamental importância para a realização de qualquer trabalho. A capacidade de concentração naquilo que estamos fazendo evita que nós nos dispersemos e nos faz resolver uma coisa de cada vez. Procedendo dessa maneira, temos os melhores resultados, menos complicações e satisfação garantida, quando nos propomos a executar algum projeto, seja ele qual for. Diz-se que a capacidade de concentração tem de estar presente no início, no meio, no fim e até mesmo depois da conclusão de um projeto, que é justamente o momento em que podemos pôr tudo a perder por causa de nossas euforias descontroladas, após o sucesso de uma empreitada bem-sucedida. E pode ter a certeza de que esta última observação possui real valor, é justa e perfeita. Portanto, tome-a como guia em suas ações e será feliz.

Poderíamos dizer que O Imperador é a contraparte masculina de A Imperatriz. Enquanto ela possui criatividade, o seu esposo possui a razão para a manutenção daquilo que foi criado. Ela encara a vida, personifica o movimento e não tem medo de se lançar impulsivamente num novo projeto. Em contrapartida, ele gosta muito de saber onde está pisando, desenvolve os seus projetos com lentidão e mediante planos cuidadosamente traçados, segundo a lógica e a razão. Se para A Imperatriz é fundamental lançar novas sementes ao solo, para O Imperador é de extrema importância saber esperar a semente brotar e, pacientemente, observar o crescimento da nova arvorezinha, cuidando metódica e minuciosamente para que ela não seja atacada por vermes e pragas, a fim de que, no devido tempo, ele possa se deliciar lentamente com os seus frutos, sabendo que a sua missão, ou seja, o seu trabalho, foi cumprida, e que agora ninguém mais poderá derrubar aquela frondosa árvore em que a sementinha bem cuidada se converteu.

O quarto Arcano é símbolo de sucesso garantido em qualquer projeto, para aqueles que souberem se guiar por tudo o que foi colocado nas linhas anteriores. Ele é o nosso protetor, a força de que necessitamos e a responsabilidade que cai sobre os nossos ombros quando nos propomos a executar alguma coisa. O Imperador possui um lado altamente paternal e está sempre disposto a sabiamente ensinar a seus filhos como atingir o sucesso, mediante a justiça, a integridade, a paciência, a retidão, o trabalho e a confiança em si mesmos. Basta saber ouvir e não teimar.

Capítulo 5

O Mestre do Templo ou o Senhor da Tradição

O Papa, ou Hierofante, é o Arcano que está ligado à sabedoria, às tradições, à religiosidade, à moral e a uma gama infinita de palavras relacionadas à fé e ao autoconhecimento.

Como esse Arcano está ligado à sabedoria e sendo a sabedoria uma das coisas mais preciosas ao ser humano, antes de adentrarmos na explicação do Quinto Arcano, vamos falar um pouco sobre a sabedoria e o conhecimento, utilizando para isso a Grande Fraternidade Branca.

Como o leitor deve saber, a Grande Fraternidade Branca, ou Governo Oculto do Mundo como também é conhecida, constitui um grupo de elevadas Inteligências Espirituais, que visa auxiliar o desenvolvimento dos seres humanos, do planeta Terra e de todo o Universo, atuando até mesmo em outras dimensões. Muitas dessas Inteligências Espirituais são Mestres que já passaram pelo planeta Terra e aqui deixaram suas mensagens de Paz, Fé, Esperança, Luz, União e Amor Universal. Entre eles, podemos citar o Ilustre Mestre Jesus – O Cristo–, além de Buda, Conde de Saint Germain, Mestre Kuthumi, Mestre El Morya e tantos outros Mestres Ascensionados que, mesmo já tendo atingido a Perfeição, pelo do aperfeiçoamento que adquiriram por meio das muitas vidas que aqui tiveram, resolveram se dedicar ao auxílio de toda a humanidade, e fizeram o pacto de não descansar enquanto houvesse uma forma de vida que ainda não tivesse atingido a Ascensão e retornado a Deus Pai Todo-Poderoso, O Criador dos Céus e da Terra. Esse pacto firmado há muito tempo, quando o mundo era jovem, continua sendo mantido até os dias atuais, e assim será até que a vontade de Deus se cumpra no planeta Terra e haja apenas Luz, Perfeição e Harmonia no coração dos Homens.

A Fraternidade Branca está dividida em uma hierarquia muito bem definida, com cada ser de Luz trabalhando em seu cargo específico. Existem atualmente Doze Raios de Luz, do quais apenas Sete nos é dado conhecer, pelos quais são enviadas para o planeta Terra as Forças e as Virtudes de que necessitamos para continuarmos firmes no nosso propósito principal, que é a Evolução, O Retorno ao Pai.

Vamos falar um pouco sobre o Segundo Raio da Grande Fraternidade Branca, que é o Raio da Sabedoria, do Conhecimento e da Iluminação – O Raio Amarelo-Dourado.

O Segundo Raio (Dourado) – Sabedoria e Iluminação

"O Segundo Raio, de cor dourada, é o Raio do doutrinador e professor. Até o ano de 1956, o Diretor deste Raio foi o Mestre Ascensionado Kuthumi que, juntamente com o também Mestre Ascensionado Jesus, foi depois elevado à categoria de Instrutor do Mundo.

Damos aqui uma descrição do abençoado Mestre Ascensionado Kuthumi, bem como de Seu Santuário.

Em aprazível colina das cercanias de Caxemira, ao norte da Índia, situa-se o Foco de Irradiação do Bem-Amado Diretor Divino (conhecido há centenas de anos como Senhor Maitreya) e de seu Discípulo Kuthumi, o qual é dedicado ao Santo Amor Divino, conforme é do conhecimento dos doutrinadores da humanidade, em todos os tempos. Nesse santuário espiritual de paz e reflexão, reúnem-se os irmãos e irmãs dos mantos dourados. Aos pés do Diretor Divino, Kuthumi e alguns grupos de Ascensionados estudam a maneira de transmitir a Verdade aos homens, através das religiões atuais.

Seja na luz do sol ou na suave luminosidade da lua, tudo respira brandura nos vales de Caxemira: as flores, as águas azuis dos lagos, o canto das aves; sente-se na natureza a presença do Diretor Divino e dos discípulos de Kuthumi. A irradiação destes dois grandes Seres fortalece o Cristo Cósmico, e todos os discípulos espirituais escutam cada uma de suas palavras com devoção e reconhecimento. É função do Segundo Raio impulsionar o desenvolvimento da consciência daquele que possua aptidão para doutrinar os humanos, o qual poderá empregar para esse fim diferentes métodos e recursos.

Quem serve ao Raio Dourado esforça-se em aprofundar os próprios conhecimentos em relação ao homem, aos anjos prisioneiros, ao pequeno ser elemental, às criaturas que atravessam a suposta "morte" e as que aguardam junto ao portal da reencarnação. Quando a compreensão e a tolerância crescem, naturalmente também aumenta o amor, e um coração compreensivo é revelado. Quem discernir o motivo por trás da ação reagirá com bondade e sabedoria, não mais permitindo que o pensamento seja toldado pela superstição, medo ou fanatismo, conceitos estes comuns às massas. Esses defeitos restringem o pensamento e a consciência a um único aspecto da Verdade; e assim não se podem compreender os semelhantes, nem a razão de suas condições raciais e kármicas, que muito cooperaram para convertê-los no que são.

Os oriundos do Segundo Raio procuram melhorar o seu conhecimento dos países e das raças, dedicando-lhes muita atenção. Só quando na mente externa da humanidade o "coração compreensivo" falar, realizar-se-á a verdadeira fraternidade universal.

Os que pertencem ao Raio da Sabedoria não se preocupam com o aspecto exterior das coisas nem com o próprio intelecto, tampouco se aferram a posições ou sucessos. A verdadeira sabedoria impõe-se quando se reconhece a Presença Divina "EU SOU" no interior e, conscientemente, se admite que a verdade, a beleza e a sabedoria são encontradas somente na Chama do próprio coração; então será proveitoso escutar com humildade e adoração a Voz do Silêncio. Quando mais sábio fordes, mais se aquietará a vossa língua; quanto mais pacífico for vosso centro emocional, menos usareis a palavra.

O Raio Dourado representa a Segunda Pessoa da Santíssima Trindade, também chamada o Filho; e sua atuação constitui para o ser humano uma das etapas mais espinhosas no processo de desenvolvimento; pois embora a sabedoria aparente paz e serenidade (visto que não é provada pela força e sim pela paciência interior), exige a difícil virtude de saber escutar e esperar. Antes que se possa ouvir a Voz do Silêncio vagueia-se pela periferia da vida sintonizados apenas com a voz oca do louvor humano, que deleita e encontra eco somente no próprio ouvido.

O Bem-Amado Mestre Ascensionado Kuthumi encarnou-se muitas vezes antes de sua Ascensão; foi Gaspar, um dos três sábios (os Reis Magos do Oriente, conforme a Tradição) do Oriente que seguiram a estrela até Belém. Foi ainda o matemático grego Pitágoras e, mais tarde, São Francisco de Assis. Juntamente com o Bem-Amado El Morya fundou a Sociedade Teosófica. Quem quiser conhecer as leis espirituais, e desejar ser um bom instrutor de seus semelhantes, receberá grande ajuda se com amor dedicar as suas preces ao Mestre Ascensionado Kuthumi, pedindo-Lhe que participe de seu trabalho voluntário.

Podemos estudar e aprender constantemente, todavia, se o conhecimento não for aplicado, não terá valor".

Extraído do livro, *Haja Luz*.

Como sugestão antes de o(a) leitor(a) se dirigir ao restante das explicações sobre o quinto Arcano, seria bom que durante alguns instantes meditasse em silêncio sobre o que acabou de ler a respeito do **Segundo Raio**, visto que o silêncio também é uma das formas pelas quais podemos alcançar Deus.

Os símbolos que compõem o arcano do Papa

O **Pentagrama** que paira acima de O Papa é um dos símbolos mais conhecidos dentro da Magia. Ele representa o domínio do Espírito sobre os elementos e, em rituais de Magia, é utilizado para submeter as forças elementais à vontade do Mago. É um poderoso símbolo de proteção contra as forças negativas, desde que saibamos como usá-lo. Também representa expansão, dinamismo, movimento e, de acordo com o número de pontas para cima, define a Magia Branca ( ) e também a Magia Negra ( ). No caso do Arcano em questão, podemos notar que o pentagrama possui apenas uma ponta para cima, representando os três chacras que nos conectam à Consciência Cósmica – cardíaco (centro de nosso peito), laríngeo (centro da garganta) e coronário (acima de nossa cabeça, também em posição central) –, dominando o chacra básico (região sexual) situado aproximadamente na base de nossa coluna vertebral. Seria o domínio da Consciência sobre os instintos, a sexualidade, os desejos desenfreados e as nossas paixões mais mundanas. Utilizando a lógica, se invertermos esse pentagrama de maneira que duas pontas fiquem para cima e apenas uma para baixo, teremos o lado instintivo mais animal de nosso ser, dominando aqueles chacras que nos conectam à Consciência Cósmica. Dessa forma, em vez de usar o nosso potencial interior não só para a nossa evolução, mas também para a evolução de toda a humanidade, estaremos utilizando-o apenas para a satisfação de nossos desejos pessoais, às vezes muito egoístas e mesquinhos, sem nos preocupar com os interesses ou o bem dos outros. A este comportamento dá-se muitas vezes o nome de Magia Negra, que seria a utilização de potenciais internos ou conhecimentos Arcanos para a satisfação pessoal, sem nos preocuparmos se estamos interferindo ou não no livre-arbítrio de alguém. Não é nem preciso dizer que tudo aquilo que plantamos, futuramente, colheremos. Portanto, é bom pensarmos se trabalhamos com o pentagrama na sua posição correta ( ) ou decidimos invertê-lo ( ), por nossa própria conta e risco...

O **sinal** que O Papa faz com a sua **mão direita** é ☆o silêncio, que nos convid☆ao recolhimento interno para que possamos, no silêncio de nossos corações, ouvir a voz que vem do Céu, podendo ser guiados pela nossa Essência Interna, completamente livres das interpretações egoicas que ainda nos prendem a este plano material. Também poderia representar a necessidade do silêncio interior para se encontrar o nosso Mestre Interno, que muito pode nos ajudar em nosso processo de Evolução.

A **cruz de três barras** que se encontra na mão esquerda de O Papa é um dos emblemas da Divindade, e representa que ela penetra nos planos físico, mental, emocional e espiritual. É interessante sabermos que a Cruz também exerce uma poderosa influência sobre os seres elementais, pois lhes lembra da composição sintética do homem (o corpo), e lhes recorda de que o homem reina sobre os quatro elementos, portanto, também sobre eles mesmos. Entre os vários significados da Cruz Vermelha de quatro braços iguais dos Ilustres Cavaleiros Templários, encontram-se justamente os quatro elementos: terra, ar, água e fogo, cada elemento representado por um braço da Cruz.

O Papa encontra-se entre as **Duas Colunas Jachin e Boaz,** que representam, entre outras coisas, o Rigor e a Misericórdia. Ele se acha entre as Duas Colunas da mesma maneira que A Sacerdotisa, só que ele é homem e está de pé, indicando a ideia de atividade e movimento, sendo completamente o oposto do Segundo Arcano, que representa apenas a recepção do conhecimento e o recolhimento. Ele não irá guardar o conhecimento apenas para si, mas o repartirá com os demais e, principalmente, o aplicará na vida prática.

Os **dois rapazes** (discípulos), que se acham à frente de O Papa, estão sendo instruídos pelo Arcano, o que já irá relacionar O Papa às ideias de sabedoria, ensino e conhecimento. Estudiosos do Tarô costumam dizer que o rapaz mais claro representa o Gênio do Bem e, o mais escuro, o Gênio do Mal, ambos submetidos ao Senhor dos Arcanos que seria justamente O Papa. Estariam cada qual aprendendo com o Mestre o uso das habilidades e adquirindo o conhecimento necessário para que, depois, cada um possa executar sua obra, em sua devida área de atuação.

Significado do 5º arcano – O Papa

O Papa, como já pôde ser visto pelo leitor pelas informações passadas algumas linhas atrás, representa uma espécie de conselheiro. Muitas vezes, ele nos faz lembrar aquelas pessoas a quem nós recorremos quando temos algum problema, ou área de nossa vida mal resolvida, e necessitamos de orientação tanto física como espiritual.

O Arcano está associado a todo e qualquer tipo de conhecimento que se possa adquirir e à necessidade de mantermos as nossas mentes abertas, sem jamais deixar que preconceitos, ou ideias estabelecidas, nos impeçam de ver o novo que se manifesta a cada dia em nossas vidas.

O dinamismo, a energia e o movimento também são atributos desta lâmina, e representam a ideia de estarmos sempre em movimento, trocando informações e as recebendo daqueles que interagem conosco no dia a dia. É interessante que as pessoas regidas pelo Arcano O Papa são bem diferentes das regidas pelo Arcano A Sacerdotisa. Enquanto ela representa o conhecimento velado e secreto, transmitido apenas a uma elite de iniciados, ele representa a necessidade de se aprender cada vez mais por meio de uma busca incessante pelo conhecimento, mas também a necessidade de compartilhar esse conhecimento com todas as pessoas que o rodeiam.

Normalmente, numa fase regida pelo Quinto Arcano, seria ideal que o cliente pudesse utilizar seu carisma sempre que possível, principalmente no que diz respeito às relações com os outros, pois uma atitude descontraída, confiante e simpática pode levá-lo a uma subida social inesperada e à obtenção de favores de pessoas influentes. O Papa tem as habilidades de conselheiro, juiz, guia espiritual, professor e tudo mais que se refira à instrução do gênero humano. Essas habilidades bem empregadas pelo cliente poderiam colocá-lo no centro de suas atividades, sejam elas quais forem, tornando-o uma pessoa de extrema confiança a quem todos costumariam se dirigir. Estando nesta posição, basta saber mantê-la e colher os frutos que ela oferece.

De modo algum negligenciável é o aspecto místico do Arcano que, de acordo com a figura, até nos passa a ideia de uma Iniciação. O cliente retirando esse Arcano não pode se deixar perder apenas na vida das relações e dos burburinhos sociais. Ele tem que ter plena consciência de que existe trabalho para ser feito em seu eu, quem sabe até mesmo a busca de seu Mestre Interior, o qual poderia, quando alcançado, lhe fornecer sem dúvida alguma a orientação mais segura para a sua realização pessoal em todos os níveis.

O Quinto Arcano, muitas vezes, também nos fala de um Mestre Espiritual, um mediador entre os deuses e os homens. Daí advém a ideia de religiosidade e de Busca Espiritual.

No entanto, a religião para O Papa não pode ser algo imposto como sendo a única Verdade, uma vez que ele é um eterno "Buscador" da Verdade e compreende que ela pode ser encontrada em qualquer religião, filosofia, credo ou sistema metafísico. Ele não perde seu tempo em atacar e agredir os sistemas que não têm relação com as suas crenças e dogmas pessoais, pois uma das palavras fundamentais que compõem este Arcano é Tolerância, capaz de nos fazer chegar a Deus, quando praticada.

Possuidor de um raciocínio muito lúcido e elevadas capacidades mentais, por vezes está à frente de seu tempo. É como se antes mesmo de lhe perguntarmos alguma coisa ele já nos oferecesse a resposta, como se já estivesse esperando a pergunta há algum tempo.

O Papa diz que o homem é livre para usar a sua consciência na realização de seus desejos da maneira que quiser, mas depois ele tem que possuir a responsabilidade necessária para arcar com as consequências.

Apesar da ação e de todo o dinamismo encontrados no Arcano, também é fundamental saber apreciar o valor do silêncio de vez em quando, pois o silenciar da nossa mente racional, para que possamos em nossos corações ouvir a voz que vem dos céus, é de fundamental importância para aqueles que buscam iluminação, paz interior ou, simplesmente, uma melhor qualidade de vida em todos os sentidos.

Dotado de grande força moral, ética e apego às Tradições, muitas vezes O Papa faz com que entremos numa fase em que queremos impor as nossas opiniões aos demais, sem nos importarmos com os pontos de vista alheios, o que é sempre negativo, porque quando nos achamos os "donos da verdade", deixamos de crescer para nos tornarmos escravos de nossa própria ignorância que, controlada pelo nosso ego, não reconhece que a Verdade possui muitas faces, cabendo a cada um buscar a que melhor lhe convenha para sua Evolução.

O correto quando da saída deste Arcano seria que nós utilizássemos toda a versatilidade da nossa inteligência e aproveitássemos a boa fase para nos relacionarmos melhor com os outros e, principalmente, com nós mesmos; jamais nos esquecendo do valor do respeito, do silêncio e da tolerância para conosco e com as demais pessoas. Seria bom que procurássemos crescer e nos expandir em todos os sentidos, buscando sempre, por nossos Pensamentos, Palavras e Ações, manifestar a vontade de nosso Mestre Interno, o Deus de nossos Corações!

Capítulo 6

Ser ou não Ser?
Eis a Questão!

O sexto Arcano, *Os Amantes*, conhecido mais tradicionalmente pelo nome de *Os Enamorados*, representa a dualidade e também a luta entre a consciência e as paixões. Significa termos de unir os aspectos opostos, que muitas vezes se encontram dentro de nosso próprio ser. Antes de adentrarmos mais enfaticamente no Arcano, vamos agora utilizar um outro Oráculo tão respeitado quanto o Tarô, o Oráculo das Runas.

As Runas são signos alfabéticos que datam aproximadamente do século II d.C. Entre as várias definições da palavra Runa, temos que ela significa "sussurro" e, por derivação do termo, coisa secreta ou misteriosa. A palavra Runa também significa alfabeto, e qualquer sistema que servisse para que os antigos povos que habitavam a Europa pudessem escrever era chamado de Runa.

As Runas possuem várias aplicações em nível esotérico, além de constituírem um poderoso Oráculo para todos aqueles que estejam buscando o autoconhecimento. Elas podem ser utilizadas como talismãs; podemos exercitar o nosso corpo e captarmos energia direto da natureza (como faziam os antigos druidas) por meio de posturas rúnicas e entoarmos mantras (sons) específicos de cada Runa, que nos garantem um melhor equilíbrio físico, mental, emocional e espiritual.

Exemplificando o grande alcance e profundidade contidos nesse Oráculo, nos remetamos agora à Runa de Raido, que poderá nos dar boas dicas a respeito de como unir os aspectos opostos dentro de nós mesmos. Após examiná-la, falemos um pouco sobre a Runa de Gebo, que nos dirá sobre o que é a verdadeira união e como ela deve se manifestar em nossas vidas.

Quando consultamos as Runas, queremos saber qual o melhor caminho a seguir, de modo que possamos agir sempre da melhor maneira possível. Prestemos então bastante atenção a Raido e Gebo, pois elas são de grande valia na interpretação do sexto Arcano do Tarô.

Raido -

"Esta Runa diz respeito à comunicação, à sintonia de algo que possua dois lados, dois elementos, e também à reunião definitiva que ocorre no final da viagem, quando o que está acima e o que está abaixo ficam unidos e com uma só mente.

O mérito interior se instala aqui e, neste momento, você precisa recordar que não foi destinado a confiar unicamente nos próprios poderes, mas antes a querer saber o que constitui a ação correta. Procure descobrir isso pela prece, dirigindo-se ao seu conhecimento pessoal, ao Eu Testificante, ao Professor Interior. Não se ponha em movimento, mostre-se contente em esperar; enquanto espera, mantenha-se removendo resistências. À medida que as obstruções forem desaparecendo, desaparece todo compadecimento oriundo da "tentativa de fazer com que aconteça".

A viagem é em direção à cura pessoal, à automodificação e à união. Aqui, você se preocupa com nada menos do que a união perfeita e desobstruída. Entretanto, a União do Céu e da Terra não pode ser forçada. Regule todo e qualquer excesso em sua vida. As vantagens materiais não devem pesar demasiadamente nesta jornada do eu para o Eu. Inclusive, mantenha-se distanciado de outros com opinião idêntica; a noção de força em números não é válida neste momento, porque esta parte da jornada não pode ser partilhada.

Raido é mais uma Runa do ciclo de autotransformação e representa a viagem da alma, possuindo dentro de si o elemento de Alegria, porque o final está à vista. Não mais sobrecarregado pelo que deixou para trás, tem o Céu acima e a Terra abaixo, unidos dentro de você para ampará-lo em sua caminhada.

Uma prece singela para a jornada da alma é:

Eu quero querer a Tua Vontade!

Gebo -

"A retirada de Gebo em um jogo indica que, de alguma forma, uma associação está ao alcance do consulente. Entretanto, é importante não sucumbir a essa união. A verdadeira associação é alcançada apenas por seres separados e inteiros, que retenham sua unicidade, mesmo estando unidos. Lembre-se de dar um espaço para que os ventos do céu dancem entre você e as pessoas que ama.

Existe outro domínio da Associação para o qual somos chamados à consideração. Isso porque o caminho da Associação pode conduzi-lo à realização de uma união ainda maior – a união com o Eu Superior, a união com o Divino. A dádiva definitiva dessa Runa é a percepção do Divino em todas as coisas: Deus sempre entra em associações igualitárias.

Gebo, a Runa da Associação, não tem posição invertida: ela significa a dádiva da liberdade, da qual fluem todas as demais dádivas".

Textos extraídos do Livro de Runas – Ralph Blum

Como pudemos notar, as Runas de Raido e Gebo falam sobre a União. Raido se refere a uma união mais interna; uma união com nós mesmos que visa principalmente a uma espécie de encontro com o nosso Mestre Interior. Quando esta conexão interna é realizada, estamos prontos para vivenciar a união proposta por Gebo, que seria uma união mais externa – a união com outras pessoas. Agora, é bom lembrar que o sucesso em qualquer tipo de associação depende muito de como estamos nos sentindo em relação a nós mesmos, pois sem um perfeito equilíbrio entre o nosso Eu Interior e o nosso Eu exterior, fica simplesmente impossível nos relacionarmos de maneira harmoniosa com quem quer que seja.

Os símbolos que compõem o arcano dos Enamorados

O jovem na junção dos dois caminhos é um adolescente tendo que optar entre o vício, colocado à sua direita na figura da *jovem com vestes vermelhas e sedutoras*, e a virtude, colocada à sua esquerda, representada pela *moça de vestes simples, brancas* e com ares mais recatados. *A mocidade* do rapaz representa que as escolhas somente podem ser feitas num tempo adequado, após o indivíduo ter atingido a maturidade necessária. Em outras palavras, cada coisa tem o seu momento certo para ser decidida.

A **estrela de seis pontas**, conhecida pelos profanos como Estrela de Davi e pelos iniciados como Estrela de Salomão, pois essa estrela é na verdade o selo do rei Salomão, é composta por dois triângulos, estando eles associados às duas jovens que aparecem na cena. Assim, o *triângulo ascendente* associado à real evolução representa a moça de aparência casta e virginal, que convida o rapaz a tomar o caminho à sua esquerda e descobrir o amor de forma doce e pura. O *triângulo descendente* representa uma fogosa jovem que está pronta a satisfazer os desejos mais secretos do rapaz; todos os seus vícios e desejos podem ser agora realizados, iniciando-o assim na vida sexual. Ela o convida a seguir pelo caminho da direita.

O **arco** pode ter dual representação, simbolizando ao mesmo tempo a "flechada do cupido", que fará com que o rapaz se perca completamente nos braços da volúpia, da paixão e do tesão; mas também pode representar o arco do Gênio da Justiça que ferirá fatalmente o rapaz, caso ele se entregue de maneira descomedida a suas paixões e desejos.

O **caminho duplo** representa a necessidade da escolha, da qual nenhum de nós está livre em alguma área de nossas vidas. Ele simboliza as encruzilhadas da vida e o momento das tomadas de decisões, sejam elas materiais, mentais, emocionais ou espirituais. Que nós tenhamos sempre um grande bom senso em tudo aquilo que decidirmos, e que nossas decisões sejam sempre guiadas pela voz de nossa consciência, nunca pelo nosso ego, pois somente assim manifestamos a vontade Dele sobre a face da Terra.

Significado do 6º arcano – Os Enamorados ou Os Amantes

Dúvida, confusão, insegurança, indecisão, instabilidade emocional e incerteza são apenas algumas das palavras que os estudiosos sobre o Tarô utilizam já há alguns séculos para definir o sexto Arcano.

A cena nos mostra um rapaz na junção de dois caminhos opostos, guardados cada um por uma figura feminina. À sua direita, ele possui uma moça com vestes vermelhas que representa o Vício e, à sua esquerda, uma moça trajando vestes brancas, que é a personificação da Virtude. Ele está indeciso e não sabe para onde seguir. Acima de sua cabeça, podemos notar um arco pronto para disparar e parti-lo ao meio, caso ele decida seguir o caminho errado. Esse arco também poderia representar "O Arco do Cupido" associado também a Eros, o deus do amor, pronto para ferir o rapaz e deixá-lo completamente apaixonado e perdido diante das várias ilusões do mundo afetivo. Ilusões com as quais devemos sempre tomar cuidado, porque apesar da beleza e do romantismo que dominam toda a cena, não podemos nos deixar iludir nem nos afogarmos em nossas próprias ilusões emocionais, uma vez que o homem deve sempre ser o senhor de suas paixões e nunca seu escravo.

A grande questão que surge em nossas mentes quando nos deparamos com esta cena é: Qual é o caminho errado? Qual o caminho que o jovem rapaz jamais deveria seguir?

Se meditarmos mais profundamente sobre essas questões, apesar de discordar dos inúmeros puritanos e falsos moralistas que infestam a nossa sociedade, veremos que o caminho errado não é o do vício e, muito menos, o da virtude. Não existem caminhos errados[1] e, provavelmente, quando tivéssemos de tomar alguma decisão semelhante a que o rapaz do Arcano está tomando, se parássemos de nos preocupar em querer acertar – não segundo o que nós realmente queremos fazer, mas sobre o que a sociedade nos cobra e espera que façamos – e nos preocupássemos apenas em seguir a nossa "verdadeira consciência", ou o nosso Mestre Interno, como é dito na Runa de Raido, acertaríamos bem mais do que erraríamos; e mesmo que errássemos, pelo menos uma vez na vida estaríamos seguindo a voz de nossa consciência, sem dar ouvidos ao que a sociedade espera que realizemos.

Muitas vezes, esse Arcano também está associado à luta entre a consciência e as paixões, sendo que essa luta não precisa necessariamente se dar na área emocional de nossa vida, podendo aparecer até mesmo em áreas bem materialistas ou altamente espiritualistas. A luta entre a consciência e as paixões, em várias ocasiões, surge quando nos deixamos envolver demais pelos problemas de outras pessoas, ou quando voltamos os nossos olhos radicalmente para o nosso mundo material, esquecendo-nos completamente de que não somos compostos apenas pela matéria, negócios e trabalho, sendo necessário um tempo para o nosso relaxamento, repouso, boa alimentação e meditação.

Às vezes, estamos tão envolvidos por questões que não nos dizem respeito e por problemas que não são os nossos, que quando damos por nós completamente cansados, exaustos e confusos diante de nós mesmos e de nossas vidas, vemos nitidamente que nos últimos tempos não estivemos vivendo a nossa vida intensamente, mais sim a vida de nosso patrão, sogra, vizinho, filhos, marido, esposa, etc. Com isso que acabo de dizer, de maneira alguma estou afirmando que não temos de nos preocupar com os outros, porque isso seria de um extremo egoísmo; mas antes de mais nada, em uma fase em que nossa vida está confusa, se tentarmos resolver em primeiro lugar as confusões das outras pessoas e depois as nossas, jamais sairemos da "grande encruzilhada dos delirantes" que acham soluções para todo mundo, enquanto suas próprias vidas permanecem sempre um caos. Se você estivesse em um navio afundando, seria louco o

---

1. Talvez realmente haja um caminho errado, que é negar a voz de nossa consciência. A consciência sabe que o destino do ser humano é a evolução, e que o ser humano tem que lutar pela sua ascensão gradativa em direção unicamente à Perfeição. O fato de às vezes não nos concentrarmos em nossa evolução e nos preocuparmos em atender às exigências de nosso ego não indica que estamos no caminho errado, mas sim que, no mínimo, estamos perdendo muito tempo, pois com certeza procedendo assim, ainda teremos que encarnar muitas as vezes até que resolvamos retornar ao Pai.

suficiente de salvar os demais tripulantes estando sua cabeça abaixo das águas?

Coloque um pouco as preocupações dos outros para fora de sua casa (mente) e ocupe-se de você. Numa fase de indecisão e instabilidade, em que você tem que tomar medidas rápidas e não pode ficar em cima do muro, pare um pouco e medite sobre o que realmente gostaria de fazer e aja! Seja franco consigo e peça o auxílio do seu Anjo da Guarda, guia espiritual, mestre interior, santo de sua confiança, Deus Pai Todo-Poderoso, e confie que a sua intuição para decidir pelo melhor jamais falhará, ainda mais quando você conta com o apoio de tão poderosos protetores e, principalmente, quando age inspirado por Deus, permitindo que a Sua Vontade flua por você por meio da ação que pretende executar.

Procure não se identificar demais com as coisas ou se apegar a elas. Viva a vida da maneira mais natural possível, sem tentar controlar, possuir ou manipular quem quer que seja, ou qualquer situação. Você já reparou como nós, seres humanos, sempre estamos tentando controlar as situações ou as demais pessoas ao nosso redor? Por que pelo menos uma vez em nossas existências não aceitamos o que a Vida nos oferece e permitimo-nos sermos navegados pelo Grande Arquiteto do Universo, que sempre sabe onde estão as águas mais calmas para ancorarmos nossos frágeis barquinhos, que somos nós mesmos?

Evidentemente, quando algo nos foge ao controle, ficamos desesperados, desorientados e sem saber o que fazer, e aí cometemos um dos maiores erros, que é o de abrir as nossas vidas privadas às demais pessoas, achando que a solução de nossos problemas está no fato de todas as pessoas ao nosso redor terem acesso a eles. Este comportamento não resolve coisa alguma, uma vez que a maioria das pessoas ao nosso redor está mais desorientada do que nós. Por mais belas que sejam as suas intenções de auxílio a nosso respeito, isto quando elas têm a intenção de nos auxiliar e não fazem de nossos problemas objeto da primeira página do jornal da cidade em que residimos, elas nos farão agir segundo o que acham e, mais uma vez, teremos perdido a oportunidade de ouvir a nossa Voz Interior e agirmos segundo o que realmente importa, ou seja: a Nossa Consciência.

Perante as dúvidas e as incertezas do sexto Arcano, a pessoa deve, em primeiro lugar, se posicionar, de tal modo que realmente saiba o que quer dentro do atual momento obscuro que está atravessando, pois se nem a pessoa sabe, de fato, o que deseja de sua vida, fica muito difícil achar uma luz no fim do túnel. Túnel este em que a pessoa entrou por sua falta de firmeza e de força de caráter perante a vida.

Como último e belo conselho para que possamos, tirando este Arcano em consulta, não nos vermos numa situação confusa, vale lembrar as sábias palavras do quinto Arcano – O Papa:

"No silêncio do teu coração, procura ouvir a voz que vem dos Céus. Lembra-te que o gênio do Mal está à tua esquerda, o do Bem à tua direita. Tua voz só é ouvida pela tua consciência... Recolhe-te em ti mesmo e ela te responderá".

Capítulo 7

O Guerreiro Mago. Monge Combatente ou Filho da Luz

O Carro, sétimo Arcano do Tarô, é representado por um guerreiro conduzindo uma carruagem ou biga puxada vigorosamente por dois cavalos ou esfinges. Na realidade, ele é a imagem do espírito heroico e guerreiro que habita dentro de cada um de nós. Espírito este que, quando desenvolvido e bem orientado para os bons ideais, nos conduz à vitória suprema em relação aos nossos objetivos e a um real Domínio sobre a Vida.

Este Arcano, como todos os 22 Arcanos do Tarô, está relacionado a um caminho espiritual, Ordem Iniciática, ou filosofia de vida, pela qual o ser humano poderia tomar um real contato com o seu potencial interno e, a partir daí, se melhorar, contribuindo assim para a evolução de toda a humanidade. Mais para frente, daremos a relação dos Arcanos maiores e suas respectivas tendências espiritualistas, mas agora seria interessante já comentarmos os caminhos espirituais a que está ligado o sétimo Arcano. Realmente, será com muito prazer que faremos isso, pois se trata de duas grandes Ordens Iniciáticas mui veneráveis e respeitadas, que também possuem muitas coisas em comum. São elas:

. **Os Cavaleiros Templários;**
. **A Maçonaria.**

Comentaremos agora brevemente alguns dados que nos foram passados por pessoas ligadas a essas Ordens, para que possamos entender o **Real Espírito Cavaleiresco**[2] que se oculta por trás do sétimo Arcano.

---

2. **Espírito Cavaleiresco**: união do Oriente com o Ocidente, visando ao crescimento da humanidade, à educação espiritual, à transformação social, às curas, ao apoio ao mais fraco e à liberdade política.

Os Cavaleiros Templários

Falar sobre os Cavaleiros Templários é falar sobre o Cavaleiro Perfeito. É falar de homens que estavam muito à frente de seu tempo, embora possuíssem em seus ritos e doutrinas práticas milenares, extraídas das antigas Escolas de Mistérios do Oriente. É falar de uma elite de seres humanos que buscava e busca até hoje a verdadeira Verdade; verdade esta livre de dogmas e estúpidos preconceitos, pelos quais as religiões dominantes vêm mantendo grande parte da humanidade debaixo de suas botas durante todos esses séculos; verdade pela qual muitos Templários deram suas vidas para que pudesse chegar até nossos dias atuais.

Os Templários, ou Pobres Cavaleiros de Cristo, como eram conhecidos no início de sua criação, tiveram origem no ano de 1111, ou 1112 d.C., ao contrário do que dizem a maioria dos historiadores que se baseiam em Guillaume de Tyre, que insistia erroneamente em dizer que os Templários nasceram no ano de 1118.

Segundo o que nos conta a história oficial, os Templários iniciaram com apenas nove cavaleiros, comandados por Hugues de Payens, os quais tinham por missão proteger os caminhos que levavam à Terra Santa, (algo estranho, pois como poderiam apenas nove cavaleiros cobrir todos os caminhos e rotas que levavam à Terra Santa e ainda lutar nas cruzadas?), onde os cristãos sofriam constantes ataques por parte de muçulmanos e sarracenos, considerados bárbaros e infiéis pela Igreja Católica. Um dia, sem ter sido chamado, Hugues de Payens surgiu do nada em Jerusalém e apresentou-se ao rei Baudouin I que, juntamente ao Patriarca de Jerusalém, o recebeu e aos demais oito cavaleiros com todas as honrarias e cortesias (algo realmente estranho, porque quando da chegada dos Templários na Terra Santa, esta já fervilhava de centenas de outros cavaleiros, entre eles alguns nobres, aos quais jamais havia sido dispensada qualquer tipo de homenagem ou honrarias). O rei logo de cara tratou de instalar os Cavaleiros confortavelmente em seu próprio palácio (algo realmente muito estranho, uma vez que os cavaleiros para serem admitidos na Ordem Templária tinham que fazer voto de pobreza e abdicar de qualquer tipo de luxo), cedendo para eles uma área debaixo da qual se situava nada mais, nada menos do que as fundações do Templo de Salomão, onde os Templários erigiram seu quartel-general, estando explicado o porquê do nome *Templários*.

Com o passar dos tempos, os Templários passam a fazer bonito na Terra Santa e começam, por causa de sua valentia e ousadia em combate, a ser aclamados como os mais Perfeitos Cavaleiros cruzados em toda a Europa. A disciplina na Ordem é rigorosíssima, e ela possui uma das mais bem definidas hierarquias militares e Iniciáticas da época – Iniciáticas, porque os Templários, ao que parece, teriam gostado muito do contato com os "infiéis" e aprendido com os seus inimigos ("inimigos" de fachada...), judeus, muçulmanos e sarracenos, segredos relativos ao Templo de Salomão (tanto arquitetônicos como Iniciáticos), à Kabbalah, à Alquimia, à utilização de ervas medicinais (os ataques epilépticos considerados na época um sinal de possessão demoníaca eram "milagrosa e cientificamente" curados pelos Templários, com os conhecimentos medicinais que eles possuíam) e o mais importante: a verdadeira história de Cristo e do Santo Graal, Taça Sagrada, cujos Templários até hoje são os Reais Guardiães. Os Templários guardam tanto a Taça quanto o *Sangreal...*

Fala–se que a badalação em torno dos Templários era tanta, que quando a maioria dos nove Cavaleiros que haviam dado início a tudo retornou à Europa, no ano de 1127, foram recebidos com uma fervorosa acolhida orquestrada por São Bernardo, abade de Clairvaux e principal porta-voz de toda a cristandade. São Bernardo escreveu um panfleto intitulado *Elogio à Nova cavalaria*, no qual declarava os Templários como sendo a epítome e a apoteose dos valores cristãos. Depois de todo esse alarde, não era de estranhar o fato de todas as autoridades eclesiásticas se referirem aos Templários com louvor e, até mesmo, os mais poderosos reis curvarem suas cabeças perante a Ordem, que ficava cada vez mais rica em razão do alto número de nobres e filhos da nobreza que acorriam às suas fileiras, vindos de todas as partes da Europa. Conta–se que quando Hugues de Payens visitou a Inglaterra no final de 1128, foi acolhido com "grande adoração" pelo rei Henrique I. Hugues de Payens teria doado todos os seus bens à Ordem e todos os novos recrutas, alguns filhos da mais alta nobreza europeia, faziam a mesma coisa quando de sua entrada para a Ordem. Esse fato também auxilia a explicar como os Templários obtiveram tanto poder financeiramente.

Castelos, fortalezas e casas templárias se espalhavam por todo o continente europeu, fazendo da Ordem dos Pobres Cavaleiros de Cristo (se é que realmente algum dia os Templários foram pobres...) a mais poderosa Ordem Monástica de toda a Europa. Ela controlava até mesmo o dinheiro dos reis que, muitas vezes, preferiam guardar os seus valiosos bens em mãos Templárias, pois sabiam que ninguém ousaria roubar a Ordem. O poder dos Templários chegava a tal grau, que eles eram muitas vezes os mediadores de batalhas internas entre reis europeus e senhores feudais, em diversas ocasiões fazendo o curso das batalhas se alterar drasticamente apenas mandando informar que iriam apoiar este ou aquele feudo juntamente ao seu senhor.

Podemos ter uma ideia sobre o poder dos Templários, até mesmo sobre alguns reis, pelo que nos conta o magnífico e excepcional livro *O Santo Graal e a Linhagem Sagrada*, escrito pelos brilhantes Michael Baigent, Richard Leigh e Henry Lincoln:

> *Os templários agiam como árbitros oficiais de disputas em quase todos os níveis políticos. Até os reis se submetiam à sua autoridade. Certa vez Henrique III, da Inglaterra, ousou desafiá-los em 1252, ameaçando confiscar alguns de seus domínios: "Vocês templários [...] têm tanta liberdade e tantas concessões que suas enormes posses fazem com que esnobem com orgulho e insolência. Aquilo que foi imprudentemente dado deve, portanto, ser prudentemente retomado; e aquilo que foi desconsideradamente oferecido deve ser consideradamente recuperado". O Mestre da Ordem replicou: "Que dizeis vós, oh rei! Longe esteja vossa boca de pronunciar tão desagradáveis e tolas palavras. Enquanto exercerdes justiça, reinareis. Mas se vós a infringíreis, cessareis de reinar". Uma mentalidade moderna dificilmente pode conceber a enormidade e a audácia desta afirmação. O Mestre estava implicitamente reclamando para a sua Ordem e para si um poder que nem mesmo o papa ousaria reclamar explicitamente: o poder de coroar e depor monarcas.*

Tudo ia muito bem até que, em nossa história, surgem dois personagens que sem dúvida estão entre os maiores canalhas e crápulas que a história já conheceu. São eles: Felipe, o Belo, rei da França (1306); e o Papa Clemente V, que era o seu marionete. Esses dois senhores tramaram um sórdido plano para fazer com que os Templários caíssem em desgraça e fossem extintos de uma vez por todas da face da Terra. Agora, o leitor deve estar se perguntando: se eram os Templários tão bons, tendo havido colaborado para um real desenvolvimento do continente europeu, a ponto de alguns historiadores dizerem que se não fossem a Ordem Templária e alguns outros grupos Iniciáticos na Europa, a sua história seria um tanto o quanto vazia, por que alguém ou algumas forças queriam ver os Templários extintos de uma vez por todas? Por que estes homens que tanto bem fizeram para diversas pessoas incomodavam tanto, a ponto de Felipe, o Belo, rei da França, querer vê-los mortos? A resposta se encontra retornando um pouco na história.

Dizem que o ódio de Felipe pelos Templários começou quando, tendo tentado entrar para a Ordem, o rei teria sido desdenhosamente rejeitado, por não possuir as "condições morais" necessárias para nem sequer pisar na frente de um Cavaleiro Templário, quanto mais para se juntar a este. Não bastasse isso, um outro episódio muito interessante ocorreu entre o rei francês e os cavaleiros da famosa cruz vermelha de quatro braços iguais, emblema este adotado pelos Templários em 1146.

Conta–se que Felipe, o Belo, para fugir de uma rebelião em Paris por causa de suas inúmeras falcatruas dentro do trono francês teria pedido asilo aos Templários, no que foi imediatamente auxiliado, tendo a seu lado espadas Templárias para sua defesa. Na ocasião, consta que um Mestre Templário, juntamente a alguns Cavaleiros, teve que se colocar entre Felipe e o povo que queria a cabeça deste, fazendo a massa entender que deveria dar uma segunda chance ao seu rei. Nessa época em que Felipe esteve entre os Cavaleiros, pôde constatar com os seus próprios olhos a riqueza e a opulência que circulavam dentro da Ordem; ao invés de ser agradecido àqueles que haviam lhe prestado auxílio, começou a voltar o seu olhar em direção a essas riquezas, pensando em como poderia se apropriar delas o quanto antes. Dizem também que Felipe não tinha nenhum tipo de controle sobre a Ordem e temia constantemente que ela lhe tomasse o poder, que cá para nós seria usado de maneira bem mais justa e benéfica para o povo francês se estivesse nas mãos dos Cavaleiros desde o início.

Juntando todos estes dados, Felipe, se quisesse exterminar os Templários, teria que contar com o apoio da Igreja e da cristandade para conseguir isso, e foi justamente o que ele tratou de obter junto a seus ministros que tramaram o rapto e o assassinato do Papa Bonifácio VIII e a morte por envenenamento de um outro Papa, Benedito XI. Com isso, Felipe, o ilustre rei assassino da França, conseguiu que em 1305 o arcebispo de Bordeaux, seu candidato ao trono papal vago, fosse eleito. Após ter sido eleito o também ilustre arcebispo de Bordeaux, tão canalha quanto Felipe, assumiu o nome de Clemente V e junto ao rei francês começou uma campanha contra os Templários, que até então tinham sido extremamente fiéis à Igreja quando esta precisou deles.

Essa campanha fez com que muitos Cavaleiros perdessem as suas vidas e muitos fossem torturados por tribunais inquisitórios, diabolicamente formados para acusar os Templários de inúmeras práticas sórdidas, tendo como alguns exemplos: o homossexualismo entre os seus membros; o pacto diabólico; e o renegar de Cristo e da Cruz. Evidentemente, os Templários jamais fizeram ou fazem coisas desse tipo, tendo esses tribunais sido maquiavelicamente orquestrados por Felipe, o Belo, por Clemente V e outras ordens monásticas invejosas (principalmente os Cavaleiros Teutônicos) que queriam realmente exterminar com os Templários para dividir entre si suas riquezas e propriedades.

Existem coisas muito interessantes e misteriosas sobre a perseguição aos Templários.

Parece que os Cavaleiros já sabiam o que iria acontecer com eles, ninguém sabe como nem por quê. As especulações vão desde a elevada espiritualidade que estes homens possuíam e que pode ter lhes servido por meio de avisos intuitivos, até mesmo as teorias que dizem que eles teriam sido avisados por gente da própria casa de Felipe, o Belo, que percebendo as injustiças que estavam sendo feitas contra os Cavaleiros, resolveu alertá-los. Estranhamente, na madrugada de 13 de outubro de 1307, quando se deu a ordem de que todos os Templários em solo francês deveriam ser presos e os seus bens confiscados, nenhum Templário, quando os homens do rei chegaram para prendê-los, se opôs à prisão, como se eles tivessem previamente sido orientados para agirem dessa maneira. Mais estranho ainda é que parece ter havido uma audaciosa fuga Templária com relação aos seus inúmeros tesouros, entre eles o Santo Graal e a Arca da Aliança, uma vez que quando os homens de Felipe começaram a abrir os cofres das casas Templárias francesas, encontraram-nos completamente vazios. Segundo obscuras teorias obtidas de fontes ainda mais obscuras, a Ordem Templária possuía uma base naval em La Rochelle, onde 18 galeras estariam aguardando pelos tesouros que se encontravam na França. Após terem sido embarcados os tesouros nas galeras, elas desapareceram completamente sem deixar vestígios, tornando impossível qualquer tentativa de recuperação dos bens Templários por parte de Felipe, o Belo. Juntamente aos tesouros, teriam sido embarcados nas galeras todos os documentos relativos à Ordem, bem como os seus rituais, práticas esotéricas e revelações surpreendentes, que pouco a pouco estão surgindo para sacudir as nossas frágeis crenças. Afinal de contas, já era hora!

O rei Felipe, não contente com a ilegal posse que tomou pelo menos das propriedades Templárias, continuou maquinando a extinção total da Ordem na França. É claro que o rei francês também tentou extinguir a ordem além do seu território, instigando outros monarcas europeus a serem tão cruéis e rigorosos quanto ele o tinha sido contra os Templários de seu país. Como já era de se esperar, Felipe viu seus planos frustrados, pois os outros reis, em vez de condenarem os Cavaleiros do Templo, passaram a acolhê-los e protegê-los contra o vil tirano. Os Templários foram protegidos por Eduardo II da Inglaterra; purificados em Portugal, apenas mudando o nome da Ordem, para Ordem dos Cavaleiros de Cristo, que teve como membros Vasco da Gama, o infante Henrique, o Navegador, e Cristóvão Colombo (procure reparar na forma e na cor da cruz das inúmeras caravelas que circulavam no século XVI); na Escócia jamais foram dissolvidos, sendo que o Clã Stuart recebeu, abrigou e integrou alguns Templários fugitivos da perseguição na França em seu meio e alguns Templários chegaram até mesmo a lutar ao lado do rei Robert de Bruce na batalha de Bannockburn contra os ingleses, pela independência do país; na Espanha, resistiram contra os seus perseguidores e encontraram refúgio em outras ordens, como a Ordem de Santiago de Compostela; na Alemanha, desafiaram abertamente aqueles que os acusavam ameaçando pegar em armas, o que fez com que os juízes os declarassem inocentes (o que os Templários sempre foram!).

Felipe, o Belo, tanto fez que em 1312 conseguiu com que o seu pau-mandado, o Papa Clemente V, dissolvesse a Ordem do Templo que, a esta altura, como já foi citado, tinha encontrado refúgio em outros países e dentro de outras Ordens, como os Hospitalários, a Ordem do Santo Sepulcro, a Ordem de Santiago de Compostela, etc. Não cansado das inúmeras atrocidades que tinha cometido contra os Cavaleiros da Cruz vermelha de quatro braços iguais, Felipe resolveu cometer um último ato de desatino inconsciente que acabaria culminando com a sua própria morte.

No dia 18 de março de 1314, Felipe, o Belo, e Clemente V propiciaram à humanidade o assassinato de dois dos mais notáveis homens que já pisaram na face da Terra, o último Grão-Mestre Templário do 1° ciclo de atividades da Ordem do Templo 1111/1314, Jacques de Molay, e seu leal companheiro, Geoffrey de Charnay, Grão-Mestre Templário provincial da Normandia, que junto a Molay declarou serem falsas e diabolicamente arquitetadas todas as acusações feitas contra a Ordem.

Uma pira foi erigida na ilha de Senna, que se situava entre os jardins do palácio real e a Igreja de Santo Agostinho, e nela foram lentamente queimados Jacques de Molay e Geoffrey de Charnay. Segundo nos conta a tradição, antes de morrer consumido pelo fogo, Jacques de Molay teria lançado uma terrível maldição sobre os seus carrascos, mais ou menos com estas palavras:

> *"Vou morrer e Deus sabe que injustamente. Logo cairão em desgraça os que nos condenam sem justiça. Deus vingará nossa morte,*

morro com essa convicção. Senhor, rogo que dirijais vosso olhar à Nossa Senhora para que ela nos acolha... Clemente V, papa, eu o condeno a comparecer perante o Tribunal de Deus em 40 dias. E a você, rei Felipe, antes de completar um ano!".

Como podemos constatar pela história, no dia 20 de abril de 1314, o Papa Clemente V morreu com uma infecção intestinal, o que nos dá exatamente um prazo de 32 dias, como havia falado Jacques de Molay em sua maldição. O rei Felipe, o Belo, sofreu no dia 4 de novembro, quando passeava a cavalo, um ataque de apoplexia, morrendo paralítico 25 dias depois, também próximo ao prazo que Molay havia determinado (oito meses após a maldição, que tinha estabelecido que Felipe morreria em menos de um ano). Dizem que não foram apenas o rei da França e o Papa que tiveram um final de vida infeliz. Várias pessoas que haviam forjado pistas falsas contra os Templários, que culminaram com a sua condenação e perseguição tiveram fins trágicos. Algumas foram assassinadas, outras enforcadas e o rei Luís XVI, último rei da dinastia dos Capetos, a qual pertencia Felipe, o Belo, foi levado à guilhotina, sendo decapitado no dia 21 de janeiro de 1793. Segundo testemunhas, na decapitação de Luís XVI, um fato no mínimo curioso ocorreu: após a decapitação, um espectador desconhecido subiu ao cadafalso e, tendo molhado os seus dedos no sangue do monarca morto, aspergiu-o sobre o povo e gritou: *"Eu te batizo, povo, em nome da liberdade de Jacques de Molay!"* Após isso, dizem as testemunhas que um coro respondeu: *"Jacques de Molay está vingado!"*

Felipe e Clemente V acreditaram que por meio da perseguição, das mentiras e das acusações que foram lançadas contra a Ordem Templária, ela se extinguiria. Estavam completamente enganados, pois como a verdade sempre prevalece, de vilões, que o rei francês quis tornar os Templários, eles se converteram em mártires, heróis, Cavaleiros Perfeitos e homens justos e bons que, hoje em dia, uma vez que a ordem jamais foi extinta, inspiram pelos exemplos vários grupos ocultistas que empregam suas práticas esotéricas.

Mistérios, magia, lendas, castelos, bandeiras, o mistério do Santo Graal, coragem, tesouros inimagináveis e segredos que poderiam, se viessem à tona, abalar totalmente a Cristandade constituem a história dos Templários – invejados por muitos, temidos por todos e admirados por aqueles que buscam verdadeiramente a Espiritualidade!

A Maçonaria

A Maçonaria foi, é e sempre será uma Escola Iniciática que visa ao aperfeiçoamento do ser humano em nível moral, cultural e espiritual. Seus membros são escolhidos por uma rigorosa seleção que visa justamente formar um grupo seleto de homens, que realmente desejem trabalhar pelo desenvolvimento da sociedade em todas as áreas possíveis, oferecendo o melhor de si em prol daqueles que necessitam.

Até a sua admissão pela Sublime Instituição, o candidato é considerado um "profano", ou seja, aquele que ainda não foi iniciado nos mistérios da Ordem. Após a iniciação, na qual o candidato passará por inúmeras provas que têm por objetivo testar sua coragem, moral e real desejo de evolução espiritual, ele é admitido na Ordem com todas as formalidades ritualísticas e passa a ser chamado pelos Maçons de "irmão", se tornando um Maçom. Enquanto o novo Maçom viver por este termo, ele será assim conhecido, não importando em que parte do mundo se encontre, uma vez que a Maçonaria é uma Instituição de caráter Universal, possuindo Lojas em toda a face da Terra e além dela.

O local em que os Maçons se reúnem é chamado de Loja ou Oficina. E nestes lugares, juntos como verdadeiros irmãos, os Maçons realizam atividades culturais, sociais e principalmente espirituais, que têm por objetivo o seu aprimoramento moral. Quando aceitos pela Maçonaria, os neófitos são simbolizados como uma Pedra Bruta, que precisaria ser desbastada e se tornar uma Pedra Polida, podendo então ser utilizada dentro da construção da Grande Obra. Essa Obra tem por objetivo levar o Maçom a uma real tomada de consciência a respeito de quem ele é e de seus potenciais, para que possa melhor servir e glorificar O Grande Arquiteto do Universo, manifestando a Sua Vontade sobre a face da Terra em todos os seus pensamentos, palavras e ações.

A Maçonaria aceita em suas fileiras homens de todas as raças, credos e tendências filosóficas e políticas. Um dos aspectos mais bonitos dentro da Instituição é justamente o fato de que, apesar das várias tendências nos aspectos anteriormente citados, todos conseguem viver numa perfeita União, estreitando a cada dia os laços de fraternidade, que os unem como verdadeiros Irmãos.

Responsável por grandes mudanças dentro da História Mundial em diversas épocas e em diversos países, a Maçonaria sempre interferiu na sociedade quando se viu ameaçada de alguma maneira a raça humana. Quando o fez, foi sempre visando acima de tudo ao bem do planeta e de todos que nele vivem, agindo sempre de forma sigilosa, tendo, portanto, a Terra muitos heróis incógnitos, que permanecem para sempre na memória de todos aqueles que lutam por Liberdade, Fraternidade e Igualdade.

De ideais altamente filantrópicos, a Ordem também pratica a caridade dentro dos mais diversos segmentos da sociedade, mas com a diferença de nunca se pronunciar como a "grande benfeitora", pois isso seria humilhar o necessitado, e este comportamento de beneficência ostensiva não corresponde à real caridade.

Em alguns Ritos Maçônicos, pode ser notada claramente uma certa influência Cavaleiresca, principalmente ligada aos antigos ritos dos Cavaleiros Templários. Os Maçons, bem como os Cavaleiros Templários, compartilham em suas ritualísticas muitos símbolos em comum, que fazem parte há milênios de várias Egrégoras Iniciáticas da Tradição, pelos quais os seus membros, dentro de uma linguagem altamente simbólica e alegórica, podem compreender melhor a si mesmos em nível interior.

Ordem temida e até mesmo em alguns tempos perseguida em razão da ignorância de algumas religiões dominantes, e também em virtude dos segredos que ela guarda, que poderiam fazer muitos contextos religiosos tremerem em suas bases, a Maçonaria segue hoje soberana o seu caminho, trazendo a muitos homens de bem a Luz da Verdade e trabalhando incessantemente pelo aperfeiçoamento Moral, Cultural e Espiritual do homem, e, por consequência, de toda a Humanidade.

Liberdade, Igualdade e Fraternidade ontem, hoje e sempre a todos os Maçons e demais Homens de Bem, que caminham sobre a face da Terra!

Os símbolos que compõem o arcano do Carro

A **chuva de estrelas** que cai sobre a carruagem pode representar que o guerreiro que guia o veículo tem profundas conexões com uma sabedoria de natureza cósmica, o que já faria com que esse guerreiro em suas batalhas não fosse unicamente guiado pela razão. Por outro lado, o baldaquim que jaz acima da carruagem, de cor azul, ornado por pentagramas dourados, simbolizaria os planos superiores do astral; neste caso, os pentagramas (estrelas), que em profundo estudo representam um poder superior ao poder humano, também serviriam para o guerreiro como um símbolo de proteção contra as forças maléficas do astral inferior. Além destes dois significados, este dossel paramentado por inúmeras estrelas, pois é visto que ele se estende em direção ao infinito, também representa a Abóbada Celeste que existe nos tetos das Lojas Maçônicas, onde estão contidos vários astros e alegorias estelares, com a função de auxiliar o Maçom na sua Busca espiritual por meio do estudo e da reflexão.

Existem **quatro colunas** que sustentam o dossel, cujos significados são: Saber, Ousar, Querer e Calar. Sem estas Quatro Virtudes Herméticas é realmente impossível a realização de qualquer operação mágica verdadeira, e o guerreiro – Mago que conduz o carro de forma triunfante –, deixa de ser reconhecido por este título e passa a ser um fanfarrão aventureiro que mais fala do que realiza. As colunas também representam os quatro elementos da natureza, que se submetem ao Senhor do Cetro e da Espada, O Mago Vencedor, que triunfou de suas provas e atingiu a real Consciência e Sabedoria da Vida.

Na cabeça do guerreiro, notamos uma **coroa de ouro**, que representa o elevado grau de consciência que este personagem possui, o qual permite que ele possa penetrar profundamente nos mistérios dos três planos existentes do Universo. Os **três pentagramas** existentes na coroa representariam o Poder, equilibrado pela Inteligência e pela Sabedoria. Podem também representar os três primeiros Raios da Grande Fraternidade Branca: Azul, Amarelo e Rosa, que representam, consecutivamente, o Poder, a Sabedoria, e o Amor.

A **couraça** que se encontra no peito do guerreiro representa a força, mas também, em linguagem esotérica, indica a Sabedoria da qual está revestido O Mago, sem a qual ele não teria a mínima proteção durante suas operações mágicas, o que seria muito perigoso. Em alguns tarôs, existem três esquadros na couraça que representam a retidão do Juízo, da Verdade e da Ação, pela qual o homem pode realizar as suas obras sem correr riscos desnecessários.

O **crescente lunar branco,** em linguagem Alquímica, representa o poder "Solve", ou seja, o poder de manifestar coisas evoluídas e sutis. O **crescente lunar negro** irá representar dentro dos mesmos parâmetros o poder "Coagula", ou seja, o poder de tornar denso aquilo que está no astral e manifestá-lo no plano físico.

A **espada** que o guerreiro traz na mão esquerda com sua ponta voltada para cima representa a vitória. É interessante dizer que sobre a simbologia da espada daria para se escrever um livro inteiro e, ainda, sobraria assunto.

O **cetro** que o guerreiro porta na sua mão direita está encimado por três símbolos, a saber: um **globo**, um **quadrado** e um **triângulo**. Damos a seguir alguns dos significados desses três símbolos:

- *o globo, ou círculo, representa a esfera terrestre, mas também pode representar a Eternidade;*
- *o quadrado representa a forma, a matéria e também a personalidade humana composta pelo físico, pelo duplo etérico, pelo emocional e pela mente concreta ou objetiva;*
- *o triângulo equilátero representa o espírito composto pela mente abstrata, ou subjetiva, pela intuição e pela Mente Crística ou o "EU SOU" de cada um.*

Além de ser um símbolo de autoridade pelo qual o guerreiro domina o território atual em que ele se encontra, bem como aqueles que ele já conquistou, o **cetro**, se juntarmos todas as explicações sobre a simbologia do globo, do quadrado e do triângulo que foram dadas, nos oferece o seguinte significado:

> *"O Espírito, domina a forma que, por sua vez, está manifestada no globo terrestre, que seria o plano físico".*

As esferas aladas que vemos na parte frontal de O Carro representam, entre outras coisas, o **Tetragrammaton**, ou seja, o **Iod – He – Vav – He**. Poderá também representar as aspirações elevadas.

O **Yoni** e o **Lingam**[3] logo abaixo da esfera alada representam a sexualidade controlada pelo homem, que pouco a pouco vai se tornando o senhor de seus desejos e paixões, sem, no entanto, reprimi-los.

As **duas esfinges** que puxam o carro e são dominadas pelo guerreiro representam forças opostas, mas que podem ser submetidas e trabalhar em união, fazendo triunfar o condutor da carruagem. A esfinge branca representa o bem conquistado e a negra, o mal vencido.

Entre as duas esfinges do Tarô Namur, podemos notar o **símbolo do Taoismo**, que é composto por dois polos, os quais são denominados como Yin e Yang. Este é um símbolo de equilíbrio, sugerindo os inúmeros aspectos duais que existem em todo o Universo. Também nos lembra do chamado caminho do meio, sobre o qual está fundamentada toda a filosofia taoista. Trata-se de um caminho composto com o melhor das duas metades, gerando um terceiro caminho, que seria a síntese equilibrada dos dois caminhos (Yin/Yang) onde haveria, por assim dizer, o real Equilíbrio e Harmonia.

É interessante observarmos o conjunto formado pela **carruagem, pelas quatro colunas e pelo triângulo acima delas**. Como podemos

---

3. O Yoni representa o órgão sexual feminino, enquanto o Lingam representa o órgão sexual masculino dentro do Hinduísmo, mais precisamente no Tantra.

verificar, temos um quadrado encimado por um triângulo. Esta figura geométrica representa a **Pedra Filosofal**, um símbolo de perfeição que apenas pôde atingir essa forma perfeita depois do exaustivo trabalho de equilíbrio de opostos, silêncio e dedicação, ao qual se dedicou o guerreiro acima do carro, submetendo os seus erros e paixões a serviço de algo maior. Em linguagem bem esotérica e para aqueles que gostam do estudo da simbologia, o Quadrado representaria a *personalidade* humana, formada por quatro níveis ou aspectos, a saber: o físico, o duplo etérico, o emocional e o mental concreto. O quadrado também representa os já conhecidos quatro elementos da natureza: fogo, água, ar e terra. O triângulo, por sua vez, irá caracterizar o *Espírito* do ser humano como ser individual que ele é, e apresentará três níveis, a saber: mente abstrata, intuição e Mente Crística. A Mente Crística também pode ser chamada de Divina e Poderosa Presença de Deus em Mim, o "EU SOU", ou Atmã, segundo os Teósofos.

Ainda dentro da simbologia da carruagem, o leitor, que já entrou dentro de uma Loja Maçônica, com certeza observou que o Venerável Mestre senta-se bem abaixo de um dossel muitas vezes sustentado por quatro colunas, tendo à sua frente uma mesa, que representaria o quadrado. Olhando para cima, o leitor pôde ter atentado para um teto pintado representando o Céu, ou Abóbada Celeste, como dizem os Maçons. Depois de todos estes detalhes ainda existem pessoas, inclusive Maçons, que dizem sem nenhum conhecimento de causa que a Maçonaria não tem nenhuma ligação com o misticismo e o esoterismo. A respeito deste comentário, que é muito comum se ouvir, inclusive da boca de Maçons não muito observadores, eu sugeriria um pouco mais de estudo e atenção em relação à vasta simbologia que cerca não apenas a Maçonaria, mas também todas as demais Ordens Iniciáticas sérias que existem sobre a Face da Terra.

Significado do 7º arcano – O Carro

O sétimo Arcano, O Carro, um dos mais ricos em nível de simbologia, é conhecido por aqueles que estudam o Tarô como sendo um Arcano que representa vitória, conquista, triunfo e realização, entre outras coisas de aspecto benéfico. Além destes significados positivos, é bom que se saiba que esse Arcano vai muito além disso.

O Carro representa a que ponto pode chegar uma pessoa que baseie sua vida numa conduta reta, digna e justa. Ele nos faz lembrar dos valores mais elevados que existem dentro dos seres humanos, que quando bem exercitados levam o homem à conquista de todas as vitórias e triunfos que a vida pode lhe oferecer.

Com a presença desse Arcano numa consulta, temos que refletir sobre a ilimitada força e potencial de realização que possuímos, e colocar este poder em movimento no sentido de atingirmos os nossos objetivos e ideais de vida, lembrando-nos de que quando evoluímos sempre levamos algumas pessoas que estão ao nosso redor conosco. Daí por que nossos desejos e aspirações jamais poderem ser egoístas e mesquinhos visando unicamente ao nosso engrandecimento pessoal e a benefícios próprios. É claro que para atingirmos as nossas realizações temos que, em primeiro lugar, pensar em nós mesmos, mas esse "pensar em nós" se refere a uma conduta de autoanálise em nível interior, para que possamos refletir a respeito de nossos potenciais, e baseados em nossa força interna bem dirigida e focalizada, atingirmos os nossos ideais. No entanto, após atingidos esses ideais, jamais devemos esquecer ou menosprezar aqueles menos favorecidos, os quais muitas vezes não tiveram por escolha própria, antes de encarnar neste planeta, as mesmas chances e potenciais que nós possuímos, esperando, portanto, por meio destas limitações que se impuseram, atingir em vidas futuras uma posição mais favorecida. A essas inúmeras almas temos que estender as nossas mãos, evidentemente na medida em que elas também queiram aceitá-las, para que todos nós possamos crescer juntos, manifestando assim um dos maiores desígnios do Grande Arquiteto do Universo, que é justamente ver os seus filhos crescendo e evoluindo em união, logo, manifestando Sua Vontade sobre a face da Terra.

Dotado de extrema determinação, força e poder, lá vai o guerreiro encouraçado trilhando o seu caminho de conquistas e perdas, vitórias e derrotas, alegrias e tristezas mundo afora, numa busca incessante por aprimoramento em todos os níveis, desde o mais mundano até o mais sagrado. Ele tenta controlar duas esfinges, que tentam por sua vez ir em direções opostas, simbolizando as inúmeras contradições, desvios e desencontros que o esperam em sua jornada, compondo até mesmo umz de forças astrais opostas que precisam ser colocadas a trabalhar juntas para que possam ser realizados os ideais, e por que não dizer também, a Grande Obra.

Ele, o Guerreiro-Mago que conduz o carro, é o senhor de si em constantes batalhas consigo mesmo, já tendo compreendido que não conseguirá alterar o seu mundo exterior para melhor enquanto não começar pelas reformas internas. O cetro que porta, além de simbolizar domínio sobre os territórios que ele já conquistou, conquista e ainda vai conquistar, poderia representar também a responsabilidade que o poder cobra de todo aquele que o possui. A espada pode ser considerada uma ferramenta que o guerreiro utilizará para cortar antigos padrões de comportamento obsoletos, restritivos e limitadores os quais o impedem de atingir a sua meta, talvez pelo falta excessiva de segurança, que o impede de romper com o velho para que possa atingir o novo. É uma espada "discriminadora". Uma poderosa arma que se mal utilizada produzirá profundos e dolorosos cortes no âmago de nossos seres. Uma vez que a espada também representa o ar e estando o ar ligado ao plano mental, é preciso ter muito cuidado também em relação à qualidade de nossos pensamentos, bem como a respeito da qualidade daquilo que expressamos, se não quisermos que a espada que, por ora nos protege, se volte rápida e violentamente contra nós mesmos.

Acreditar. Crer que podemos atingir qualquer meta e qualquer objetivo é um dos requisitos fundamentais para que possamos nos harmonizar com esse Arcano. Como nos diz a sábia Runa de Algiz, muitas vezes a maior proteção do guerreiro espiritual em sua jornada se baseia em duas coisas: a certeza de que ele não fracassará e o caminhar com base em atitudes corretas. Seguindo estes dois padrões comportamentais, podemos ter a certeza de que, se não vencermos sempre, o que tirando o Arcano O Carro só ocorreria por pura negligência de nossa parte, pelo menos jamais perderemos coisa alguma, uma vez que sempre podemos tirar experiência de vida das nossas empreitadas, tanto das bem quanto das malsucedidas.

O Arcano O Carro coloca que todos nós temos um destino, mas se por meio da utilização da real consciência interior intervirmos, posicionarmos e dirigirmos sabiamente a qualidade de nossos potenciais internos e de nossos desejos, não ficaremos submetidos a nenhum vaticínio, encontrando o caminho da liberdade. O caminho pelo qual possamos ser livres física, mental, emocional e espiritualmente.

Capítulo 8

Atena

Estamos agora entrando nos austeros domínios do oitavo Arcano intitulado: A Justiça.

Quando falamos em justiça, normalmente, as pessoas formulam em suas mentes a imagem de tribunais, julgamentos e juízes, que na maioria das vezes têm sempre uma sentença implacável e até mesmo punitiva para nos aplicar. A simples menção da palavra justiça faz a maioria das pessoas se colocar no banco dos réus e começar um processo de autoanálise, que tem por objetivo averiguar se elas não estão devendo nada para ninguém. E é realmente curioso analisarmos esta preocupação que assalta a maioria dos indivíduos. Por que em geral algumas pessoas se colocam tão facilmente na posição de réus que teriam cometido algum delito? Por que a maioria delas receia se deparar com um juiz à sua frente? O que existe de tão forte no arquétipo de juiz, que faz com que as pessoas baixem as cabeças como que envergonhadas e querendo esconder alguma coisa?

Apesar das muitas perguntas que foram propostas e das inúmeras respostas que podem ser dadas a elas, somente uma resposta é verdadeira e explica o porquê do receio da maioria das pessoas em ter que algum dia se deparar com a justiça e enfrentá-la. A resposta é muito simples:

Todos nós que atualmente vivemos no planeta Terra somos culpados por alguma coisa em maior, ou menor grau, em alguma das inúmeras situações que a vida nos apresenta.

O(a) leitor(a) que agora está lendo esta página deverá estar pensando: Do que eu sou culpado(a) e em que área de minha vida foi cometido o erro? Será que eu sou realmente culpado(a) de alguma coisa? Teria eu chances de me redimir perante aqueles a quem devo algo?

Veja bem, amigo(a) leitor(a). Ninguém o(a) está acusando de coisa alguma, e quando dizemos que todos nós temos em maior, ou menor grau, algum tipo de culpa, isto é apenas a constatação de um fato. Mesmo que nesta existência não tenhamos cometido nenhum erro durante toda a nossa vida, o que dizer dos erros que trazemos de vidas passadas e que ainda não foram saldados? Ah! Já sei! Vai me dizer que você não acredita em vidas passadas, reencarnação e toda esta conversa? Bom! Tudo bem! O que você acredita ou deixa de acreditar é problema seu. Mas o interessante é sabermos que algumas coisas, por exemplo, a reencarnação, a Lei de Causa e Efeito e o *Karma*, apenas para citarmos alguns elementos, independem da sua crença ou não crença e agem sobre todos nós, seres humanos, encontrando-nos todos sujeitos a algum tipo de julgamento.

O que nós temos que tirar de nossas cabeças é o arquétipo negativo já formado em nossas mentes que imagina a cena do julgamento como uma sala circular, onde a pessoa se encontra diminuta e ajoelhada no chão, cercada por um círculo de pedras, atrás do qual se sentam figuras encapuzadas, deixando por debaixo de seus capuzes transparecerem apenas os olhos vermelhos soltando fogo e prontas para mandá-lo(a) para o inferno, o purgatório, o fogo eterno ou alguma coisa desse tipo.

Segundo uma visão muito interessante do movimento Ponte para a Liberdade, que se dedica a estudar exclusivamente a Grande Fraternidade Branca, seus Mestres Ascensionados e respectivos Raios, quando de nossa passagem deste plano terreno para a outra vida ocorre que somos de fato levados à frente de uma espécie de tribunal, conhecido pelo nome de Conselho do Karma. A função desse tribunal, apesar de a maioria das pessoas por falta de informação atribuir à palavra Karma uma conotação negativa, não é julgar-nos para depois nos punir pelos erros e pelas faltas cometidas em nossas várias vidas, e sim por meio da franca análise de tudo aquilo que fizemos, não apenas em nossas vidas passadas, mas também nesta última que vivemos, analisar para qual dos Sete Raios de Luz seremos mandados, a fim de que possamos neste determinado Raio aperfeiçoarmo-nos dentro de sua virtude específica, para que quando retornemos à Terra possamos desempenhar melhor o nosso *Dharma*, ou seja, a Missão de Vida que escolhemos para nós antes de reencarnarmos. E é somente esta a função do "temido" Conselho do Karma que apenas irá nos direcionar melhor dentro do nosso espaço de vida espiritual, entre uma encarnação e outra, para que quando reencarnemos possamos cumprir melhor a nossa Missão de Vida, procurando perpetuar em nossos pensamentos, palavras e ações a vontade do Deus de nosso Coração e de nossa Compreensão.

Após as breve considerações citadas anteriormente sobre julgamento, culpa, Dharma e Karma, podemos observar nitidamente que qualquer tipo de autocensura de nós em relação a nós mesmos e em relação à vida advém do fato de não tomarmos consciência de qual é a nossa Missão de Vida nesta vida (Dharma). Justamente por este motivo realizamos inúmeras besteiras em todos os níveis, que nos afastam de nosso real caminho, originando, assim, erros atrás de erros, que não poderão passar desapercebidos pela Lei de Causa e Efeito, fazendo com que mais dia, menos dia, tenhamos que responder por nossos atos em nível físico e até mesmo extrafísico. Reflita...

Antes de adentrarmos propriamente no Arcano A Justiça, falemos um pouco de uma pessoa que entende tudo em matéria de justiça, que é justamente a deusa Atena, sem dúvida alguma uma das mais populares e respeitadas divindades de todo o Olimpo.

Atena

Segundo a mitologia, Atena seria filha de Zeus, o rei de todos os deuses, e teria por mãe Métis, a deusa da Prudência, que teria sido a sua primeira mulher. Quando Métis ainda estava grávida, Urano previu que aquela criança seria mais poderosa que o pai. Consta que, para impedir que a profecia se realizasse, Zeus engoliu a mulher antes de a criança nascer. Logo depois teria sido acometido por uma forte dor de cabeça, tão forte, que quase o enlouqueceu. Para curá-lo Hefesto, o deus-ferreiro, abriu-lhe a cabeça com um machado de bronze e, para espanto de todos, da ferida aberta saltou, vestida e armada, dançando uma dança de guerra, Atena, que soltou um grito de guerra triunfante. Diante da visão, todos os imortais ficaram pasmos. Mais tarde, a deusa tornou-se a filha favorita de Zeus, preferência esta que teria suscitado o ciúme e a inveja dos demais deuses.

A inclinação para as artes de guerra que possuía Atena foi reconhecida a partir do seu nascimento, entretanto, a deusa era diferente de Ares, o deus da guerra, em muitos aspectos. As artes que Atena cultivava não tinham como base o amor e a batalha sangrenta. Na verdade, toda sua postura era devida a seus altos princípios e frieza, bem como à ponderação sobre a necessidade de lutar para preservar e manter a Verdade. Atena era uma estrategista e não uma simples guerreira, equilibrando a força bruta de Ares com sua lógica, diplomacia e sagacidade. Protegia os valentes e os corajosos, tornando-se com isso a guardiã de muitos heróis, entre eles, Perseu e Ulisses. Entretanto, a proteção que Atena oferecia a todos estes famosos guerreiros consistia em armas, que deveriam ser utilizadas com inteligência, maestria e planejamento.

Atena foi uma exceção dentro do Olimpo, principalmente por causa de sua castidade. Além disso, deixou um importante legado à raça humana ao ensinar os homens como domar cavalos e as mulheres como tecer e bordar. As atividades de Atena não estavam apenas ligadas às coisas práticas e úteis da vida cotidiana, mas também às artes e à criação de um modo geral.

Atena foi uma deusa civilizada, ao mesmo tempo que foi guerreira para proteger e preservar a pacífica civilização que ela presidia.

Os símbolos que compõem o arcano da Justiça

A **balança** segurada pela mão esquerda da deusa Atena, ou Thêmis, é um instrumento de medida pelo qual serão pesados todos os nossos pensamentos, palavras e ações para que, após esse julgamento, possamos receber o que por direito nos pertence e, também, o que temos de pagar pelos erros cometidos no passado. Dizem que: *"O que a balança pesa, a espada executa"*. Esta afirmação traduzida para a nossa vida seria a tão conhecida Lei de Causa e Efeito, da qual nenhum ser humano pode escapar.

A **espada** de duplo fio é a arma pela qual Atena coloca o mundo em ordem, protegendo com sua lâmina os bons e derramando o sangue dos maus. Seria uma espada discriminatória, porém imparcial; medite sobre a expressão "discriminatória, porém imparcial", que secciona o que é velho, obsoleto e atrasado dentro de nós para que possamos operar em nossa vida com o lado mais positivo de nosso ser, manifestando, assim, nosso Dharma ou Missão de Vida. Às vezes, por mais duros e profundos que sejam os golpes e os cortes que esta espada produz em nós quando erramos, de maneira alguma recebemos um golpe mais forte do que possamos suportar e apenas aquilo que merecemos é direcionado contra nós, para que, por meio das adversidades, aprendamos a crescer em direção à Luz e valorizar os momentos em nossa vida em que tudo caminha bem.

A **cruz solar** que se encontra no pescoço de A Justiça representa a fecundação da matéria pelo Espírito e também a união dos sexos opostos. Como já vimos no Arcano A Sacerdotisa, essa cruz é um símbolo dos quatro elementos que estavam representados no Arcano A Mago pelo bastão, pel taça, pela espada e pela moeda de ouro, depositados sobre sua mesa cúbica. Tanto no Arcano A Sacerdotisa como em A Justiça, esses elementos passam a estar dentro de nós. Daí por que nesses dois Arcanos não haver nenhum desses elementos tão evidentemente à vista. A única menção aos quatro elementos é a cruz de quatro braços iguais, e mesmo a espada portada pela Justiça não representará tão enfaticamente o elemento ar, como acontecia no Arcano O Mago, e será, como já foi dito, um símbolo de expiação, justiça e expurgação daquilo que é velho. A bem da verdade, talvez a única diferença em relação à cruz solar que existe entre o Arcano A Justiça e A Sacerdotisa seja o fato de, no segundo Arcano, Ísis estar tentando colocar os quatro elementos em harmonia dentro de si, enquanto no oitavo Arcano, Atena, ou, Thêmis, já os domina completamente, uma vez que esses quatro elementos estão ligados ao ser humano de forma integral, o que explicaria por que Atena sabe julgar-nos tão bem.

As **duas colunas** são as já conhecidas *Rigor e Misericórdia*, segundo a Árvore da Vida do Judaísmo. A coluna mais clara representa que, para evitarmos problemas com o Karma, existe uma Lei Divina a ser seguida, devendo ela ser cumprida. A coluna mais acinzentada representa o livre-arbítrio do ser humano, sobre o qual nenhum ser pode intervir, mas que quando utilizado de maneira a corromper a Ordem do Universo gera para o usuário corruptor problemas, por muitas vezes, desagradáveis.

O **pano violeta**, cor que representa transformação e liberdade, atrás de Atena, representa que a transmutação do negativo no positivo apenas pode se dar quando estamos em perfeito equilíbrio e harmonia com nós mesmos. Atena, apesar de estar sentada, não sugere passividade, e sim neutralidade, uma vez que a sua postura na cadeira não é de total relaxamento, mas de atenção, contudo, uma atenção não forçada, apenas natural. Aliás, essa é uma postura muito adequada àquela que julga os destinos da humanidade. Mas isso não quer dizer que a pessoa que tirou esse Arcano numa consulta sinta o desejo de permanecer passiva e neutra diante da vida. Pode ser que o que a pessoa deseje realmente seja uma mudança que lhe propicie mais liberdade de movimento, o que só ocorrerá quando ela resolver se colocar em perfeito equilíbrio e harmonia consigo mesma.

A misteriosa **luz** que está por trás do pano violeta seria a luz dos grandes Mistérios, que apenas se revelam àquele que atingiu um perfeito equilíbrio consigo, com os seus semelhantes, com a natureza e com o Cosmos. Tarefa que, apesar de parecer impossível, somente o é para aqueles que não têm coragem suficiente para lutar pelo que querem de forma Justa e equilibrada.

Significado do 8º arcano – A Justiça

Antes de mais nada, o importante em relação ao oitavo Arcano é termos plena consciência de que com a sua presença no jogo será indispensável uma postura correta, justa, franca e leal perante a vida e nós mesmos. Com esse Arcano vem à tona a necessidade de sermos íntegros, honestos e verdadeiros conosco e com o nosso passado, uma vez que o que passamos no momento presente nada mais é do que um reflexo de nossas ações passadas. Quando refletimos a respeito do que fizemos e, caso tenhamos cometido algum erro, nos perdoamos por meio deste ato de reflexão, reclamamos para nós o poder de libertação de tudo aquilo que nos oprimia. Então, podemos seguir livres em relação ao nosso futuro, usando francamente o nosso livre-arbítrio, que necessita ser utilizado com sabedoria para que não geremos Karmas futuros e tenhamos que pagar por isso amanhã.

O Arcano A Justiça indica que todas as situações pelas quais a pessoa está passando no presente foram geradas em um passado recente e, até mesmo, quem sabe, num passado que trazemos de outras vidas. Nada de injusto ocorre com o ser humano. A sorte ou o azar são a desculpa dos covardes que negam tomar para si as responsabilidades dos seus atos, preferindo ficar num estado de autopiedade, em vez de se resolverem como seres humanos dotados de um potencial Divino do qual todos nós somos providos.

Muitas pessoas não acreditam que existe livre-arbítrio em virtude do fato de que se elas fizerem alguma coisa terão que responder por isso no futuro, por causa da Lei de Causa e Efeito. Esta visão é totalmente equivocada e vem do fato de as pessoas não saberem como utilizar o seu livre-arbítrio, pensando que ele está desassociado do passado, juntamente com todos os erros que cometemos. Para que possamos utilizar o nosso livre-arbítrio de maneira incondicional e irrestrita no futuro, temos que nos desfazer dos erros do passado, tornando-nos livres de nós mesmos, de nossas culpas e ansiedades que carregamos em nossos corações. Então, a partir deste momento nos damos conta do maravilhoso presente dado pele Criador unicamente a nós, seres humanos: o livre–arbítrio, o Privilégio de escolher!

Esse Arcano nos obriga a tomarmos decisões, ou seja, nos obriga a realizar uma ação. Essa ação deve ser executada segundo a força de vontade que nos impulsiona para frente, tirando-nos de um estado de letargia, mas também segundo a sabedoria interna, que é o nosso melhor guia e conselheiro na hora em que temos de decidir alguma coisa. Do que acabamos de dizer, surgem algumas perguntas, por exemplo: Como tomar as decisões certas? Como saber se estou agindo corretamente sem me prejudicar e sem prejudicar ninguém?

A essas perguntas dizemos ao(à) leitor(a) que, no fundo, no fundo, você, em seu interior, tem todas as respostas e o discernimento de sua consciência para dizer o que é certo ou não. Qual é o seu medo? Por que vacila em se decidir? Por que não se solta e ouve a sua voz interna, a voz do seu Coração, permitindo que ela o guie em meio às inúmeras vicissitudes de sua vida? Quando vai aprender a se soltar? Quando vai permitir inundar-se pela sua Luz Interna e deixar que ela ilumine os caminhos da sua vida para que você não tropece mais?

O Grande Juiz está diante de si no Arcano A Justiça. A sua consciência interna finalmente o encontrou depois de tanto tempo que esteve a fugir dela. A sua função no momento atual nem é tanto julgá-lo(a), mas libertá-lo(a) do passado por meio da aceitação de quem você foi, para que no presente possa realmente ser quem é e, finalmente, num futuro não muito distante, tornar-se um deus, parte integrante do Grande Arquiteto do Universo, perpetuando, assim, Sua Divina Vontade.

Capítulo 9

O Iniciado

Um dos caminhos que conduzem à Perfeição é o Caminho do Silêncio, que mais precisamente pode ser encontrado dentro do Taoismo. O Tao ficou muito conhecido por causa do famoso símbolo do Yin/Yang, hoje em dia colocado até em marcas de roupas por pessoas que não têm o mínimo senso de respeito pelas tradições herméticas, uma vez que símbolos sagrados jamais deveriam ser utilizados em qualquer tipo de comércio. Em nível de vestimentas, quem atualmente pode usar o símbolo do Tao em camisetas ou calças são os praticantes de Kung-Fu e Tai Chi Chuan, visto que estas duas artes marciais chinesas, que na verdade são uma só, estão completamente baseadas na filosofia do Taoismo.

O Taoismo, entre outras coisas, prega o equilíbrio dos opostos representados pelas polaridades Yin/Yang. Para haver equilíbrio no universo, sempre existirão o positivo e o negativo, o feminino e o masculino, a luz e as trevas, numa contínua dança cósmica representada no símbolo do Tao, que em sua polaridade Yang (branca) contém um pequeno círculo negro Yin, representando que, no futuro, esse pequeno círculo negro irá se alastrar, tornando Yang totalmente Yin, e vice-versa em relação à polaridade Yin, que também contém um pequeno princípio de Yang a se alastrar no futuro, invertendo a sua polaridade Yin totalmente para Yang, o seu oposto natural.

No Tao, não se procura fixar em uma das duas polaridades existentes, mas sim captar a essência, ou seja, o que de melhor podemos encontrar em Yin/Yang, gerando assim um terceiro caminho completamente equilibrado, conhecido como o Caminho do Meio. Um caminho que foi atingido pelo sábio que se concentrou em plena posse de si mesmo, precisando para isso se afastar um pouco, ou até mesmo totalmente, da sociedade comum. Por meio do seu isolamento e fechamento em si mesmo, espera atingir um grau tal de sabedoria, e não apego, que lhe permita agora retornar ao seio da sociedade para aconselhar, sem, no entanto, se identificar com as lamúrias externas, uma vez que ele, em nível interno, se tornou o Grande Iniciado dentro do Templo de seu Coração, podendo juntar as polaridades opostas de sua vida e dar um novo sentido à sua existência, influindo pela sua ação no destino de todos aqueles que o cercam.

O Caminho do Silêncio que requer um isolamento total, mesmo que momentâneo, tem sua validade comprovada por grandes Mestres do passado, como Cristo, Buda e Krishna, os quais, antes de iniciarem suas pregações, que produziriam radicais mudanças no modo de pensar das pessoas, tiveram de passar por um período de isolamento em montanhas, desertos e locais onde realmente pudessem estar em contato com a voz do seu Mestre Interno. O interessante é que nenhum desses Mestres e muitos outros, ao final de sua Missão aqui na Terra, levaram alguém ou algum discípulo consigo. No entanto, todos eles deixaram um Caminho que deveria ser seguido por aqueles que desejassem atingir a Maestria. Esse caminho, em algum ponto, passará por uma fase em que teremos que nos isolar para meditar, orar e refletir, em busca do mais sagrado dentro de nós, que nos conduzirá à perfeição, tal como aconteceu com os grandes Mestres do passado e com milhares de pessoas que já compreenderam os ensinamentos deles e a necessidade de se isolar, para não se contaminarem tanto com o inconsciente coletivo negativo, gerado por nós mesmos, por meio dos nossos inúmeros erros passados e que teimamos em repetir no presente. A todos que vão seguir o Caminho do Silêncio, nem que seja para experimentá-lo, é muito útil avisar que estarão seguindo o Caminho do Eremita; trata-se de um caminho de prudência no falar, sensibilidade no sentir e clareza no olhar para o nosso exterior, reconhecendo nele, em todas as circunstâncias da vida, a nossa Beleza Interna, da qual tudo o mais adveio...

Os símbolos que ccompõem o arcano do Eremita

O **manto** com capuz que cobre inteiramente o corpo de O Eremita representa a discrição e também empresta ao Arcano o aspecto do homem sábio isolado em si mesmo. Em linguagem esotérica, este seria o manto de Apolônio de Tiana, famoso instrutor da escola de mistérios de Alexandria, que possuía uma prática de meditação pessoal muito interessante, que consistia em envolver-se por um manto de lã e ficar por horas contemplando o próprio umbigo na plena posse de si mesmo e isolado do mundo, mesmo que estivesse cercado por uma multidão de iniciados.

O **bastão** em que o ancião se apoia representa o apoio prestado pela prudência ao homem que não revela o seu pensamento. Não podemos esquecer que o bastão representa o elemento fogo, estando este ligado na Árvore da Vida ao plano arquetipal ou espiritual. O fato de O Eremita portar um bastão que o auxilia em sua jornada representa também a busca de certo poder espiritual, uma vez que, além de representar o elemento fogo ligado à espiritualidade, também sabemos que os magos em seus rituais de magia se utilizam de diversos tipos de bastão, que simbolizam, entre outras coisas, sua autoridade em relação ao plano astral, sendo igualmente o instrumento pelo qual o magista direciona certas energias dentro e fora do círculo mágico, traçado ao seu redor no chão para servir–lhe de proteção.

A **lamparina, ou lanterna,** que ilumina o caminho de O Eremita é conhecida como a Luz de Hermes Trismegisto, que é a personificação do sistema harmonioso pelo qual a sabedoria metafísica ou astral (superior) se une perfeitamente ao saber físico. Essa luz também representa a inteligência do homem que deve iluminar o seu passado para que os erros antigos não sejam repetidos no presente; deve iluminar o seu presente, para que ele realmente saiba o que quer da fase atual; e deve, finalmente, iluminar o seu futuro, a fim de que o homem afoito em suas diversas buscas não dê o passo maior do que a perna e acabe caindo num abismo muitas vezes sem retorno, pelo menos nesta vida.

O fato de O Eremita ser **velho** denota a experiência adquirida durante as fases da vida. Ele é um ser vivido que tem muito a ensinar. O único problema é que, por causa de sua avançada idade, se ele não se preparou no devido tempo para ter uma resistência física adequada à passagem dos anos, agora ele, apesar dos vários conhecimentos iniciáticos e da sua grande sabedoria, só pode fazer uma coisa: ensinar e nada mais. Provavelmente nem de força ele disponha mais para executar os rituais mágicos, uma vez que para alguns rituais há a necessidade de certa resistência física. Depois de tudo isto que foi dito, cultivemos o nosso Espírito, mas jamais nos esqueçamos de dar a devida atenção que o nosso corpo merece, porque o tempo não perdoa ninguém.

Os **animais** que o vigiam numa certa postura hostil poderiam muito bem representar pessoas com que temos de conviver no nosso dia a dia, as quais, em virtude de sua alta identificação com o ego, pareçam mais animais do que propriamente pessoas. No entanto, O Eremita caminha por esses animais com extrema tranquilidade, podendo até mesmo ter encantado a serpente pela qual ele já passou. Nenhuma outra postura poderia ser esperada daquele que possui a Sabedoria dos anos, fazendo com que ele não se identifique mais com pessoas e situações inconvenientes, passando sempre ao lado delas, mas sem se deixar incomodar.

Significado do 9º arcano – O Eremita

Ele é o Iniciado; O Eremita isolado e afastado da sociedade mundana, cercado por seus pensamentos e meditações a respeito de si mesmo, da vida e do Cosmos. Um ser de brilhantes inteligência e sabedoria, que apesar do seu afastamento social conhece profundamente a alma de homens e mulheres, bem como os seus desejos, podendo orientá-los em direção ao que eles buscam.

O Eremita seria o Mestre Interno que nos auxilia sempre que necessitamos de algo e estamos dispostos a ouvir a sua voz. Para nós, ele é o que Merlin foi para Arthur, ou seja, mestre, amigo e conselheiro nas horas mais difíceis. Ele seria o arquétipo do sábio isolado em silêncio, que por causa de seu desapego pelo mundano passa a ser visto pelos imbecis materialistas como um louco que perdeu contato com a realidade; já por aqueles que têm fé, como um homem santo, que pode realmente nos ensinar a executar o *Religare*.

Realmente devemos procurar, pelo menos momentaneamente, o afastamento do convívio social, para que possamos reconectarmo-nos a nós mesmos e escutar de novo a voz do nosso Mestre Interior, único guia verdadeiro capaz de nos guiar em direção a uma vida melhor, mais plena e abundante em todos os sentidos. Depois de certo tempo vivendo muito arraigados à sociedade, seus modismos e maneiras, quando buscamos o silêncio indo para um lugar mais isolado, nem que esse lugar seja o nosso quarto, o fato é que continuamos a escutar dentro de nós um vozerio incessante que nos tira totalmente a nossa concentração e boa vontade, no que diz respeito ao contato com o nosso interior. Diante desse vozerio, que nada mais é do que o nosso ego desesperado com a possibilidade de que possamos adquirir uma nova consciência, tornando-o nosso servo e não mais nos submetendo a ele como se fosse o nosso senhor, não resta outra alternativa que não seja aumentar o nosso fútil falatório interno para que, confusos com as palavras desconexas, busquemos outra vez os prazeres externos, em vez de nos concentrarmos em nós mesmos. Se cedermos a esse ego enlouquecido com a possibilidade de perder o seu controle sobre nós e retornarmos aos hábitos massificantes da sociedade, antes de realizarmos uma profunda e útil autoanálise, perderemos mais uma batalha em relação a uma vida melhor. E depois de certo tempo, batalhas após batalhas perdidas, nos sentimos velhos, cansados, deprimidos e solitariamente entristecidos, assumindo, assim, o lado negativo e não real do nono Arcano.

Nos últimos tempos, está cada vez mais difícil encontrarmos dentro do nosso convívio não apenas social, mas também atingindo o âmbito familiar, alguém sincero e verdadeiro com quem possamos conversar. Umas vezes, por ter a necessidade de falar, outras por pura imprudência e falta de bom senso, dizemos o que não devemos para quem não devemos e, no momento menos propício, nos perguntando depois, caso os nossos projetos não se realizem, onde foi que erramos. O que nós ignoramos é que se as coisas estão complicadas e demorando para se realizar em nossas vidas, o que jamais devemos fazer é expor os nossos problemas aos demais, numa grande banca de catástrofes pessoais, desejando ardentemente com esta postura que alguém nos pegue no colo. O máximo que as outras pessoas poderiam fazer por nós seria fornecer conselhos mais ou menos válidos; e isto na melhor das hipóteses, uma vez que, como elas estão tão perdidas quanto nós, temos sorte quando ainda encontramos alguém que possa falar alguma coisa de aproveitável e não nos arrastar de uma vez por todas para o fundo do poço, por causa de sua vasta sabedoria popular e doutorado em "resolver coisa alguma".

Com O Eremita, o momento é de retirada, reflexão e meditação. É como se o ritmo que vínhamos dando à nossa vida até então perdesse o seu sentido e tivéssemos de fazer uma profunda revisão dentro de nossas metodologias, nos preparando com isso para as profundas transformações que, com certeza, ocorrerão depois dessa pausa necessária.

Algumas pessoas, ao se depararem com o termo isolamento, podem pensar que, para que possamos vivenciar o nono Arcano, tenhamos de ir para alguma montanha em uma região inóspita do Tibete ou a alguma localidade semelhante. Evidentemente, nada disso é necessário, porque, apesar de a ideia de uma viagem ser interessante, ela não é indispensável, levando em conta que aquilo de que realmente precisamos para vivenciar O Eremita é uma postura mental que nos coloque mais longe de uma percepção externa das coisas, a favor de uma percepção interna, silenciosa e reflexiva a respeito de nós mesmos.

Temos de estar atentos com tudo que ocorre ao nosso redor com a presença desse Arcano, uma vez que não seria de estranhar se em nossa vida, nesta fase atual, surgisse do nada alguém mais velho, ou com um ar mais vivido e experiente que o nosso, que nos aconselhasse como desenvolver os nossos projetos. Para os espiritualistas, não seria raro o contato com um mestre externo, ou interno, que poderia melhor fornecer indicações sobre a busca espiritual. Agora, se no caso somos nós que por algum motivo entramos em contato com uma pessoa que parece estar meio desorientada, conhecida ou não, em primeiro lugar, temos de ter plena consciência de que não entramos na vida de ninguém por acaso, da mesma forma que ninguém entra em nossa vida por coincidência. Adquirida essa consciência, precisamos vestir o manto de O Eremita e auxiliar a pessoa a encontrar a sua própria luz, mostrando caminhos, mas nunca os percorrendo com ela, uma vez que a única dependência, bom como vínculo, que a pessoa precisa ter nesta vida é com o seu Mestre Interior; nós podemos apenas ser os facilitadores desse contato e nada mais.

Mais dia, menos dia, todos nós temos de buscar, nem que seja momentaneamente sozinhos, o real sentido de nossas existências, e não devemos ter medo ou receio do isolamento quando o momento chegar, uma vez que podemos sair de nossa solidão sempre que desejamos, procurando reconhecer Deus ao nosso redor, tanto nas menores quanto nas maiores coisas desta vida.

Capítulo 10

Sansara

" **A** roda da Fortuna gira, gira e continua a girar, e no seu contínuo movimento sela os destinos da humanidade, que não tem a quem se queixar.

Roda injusta, roda criativa, roda de infortúnios, roda feliz, que faz dos homens, até mesmo dos reis, simples e meros aprendizes.

Roda do karma, roda da Vida, roda de Sansara, roda desinibida, que ao mesmo tempo que nos traz a cura, produz incontáveis feridas ao longo de nossas vidas.

Roda do poder, roda da nobreza, mas também roda das calamidades e roda da incerteza. Livra-me das suas garras impiedosas, e faz com que eu beba de suas fontes majestosas.

Roda do afeto e da paixão, que num simples piscar de olhos converte o doce néctar do amor adolescente no pranto dolorido e amargo de um velho solitário e decadente.

Roda dos meus receios e das minhas coragens, permita-me conduzir minha vida com a graça de um cavalheiro, passeando em sua carruagem numa tarde de outubro em meio a uma bela paisagem.

Roda do destino, do começo, meio e fim, que representa o começo de uma nova vida para mim. Faz com que, ao realizar a minha passagem para as terras que estão além dos jardins, Deus se compadeça de minha alma, libertando-me de mim mesmo, e dando-me uma nova chance de renascer, para novamente poder guiá-la por este caminho que não tem fim.

Alexandre José Garzeri, 20/1/1997

Os símbolos que compõem o arcano da Roda da Fortuna

A **roda** no centro da lâmina, incessantemente girando, representa a própria mutabilidade do Universo, bem como as inúmeras mudanças e fases de vida do ser humano, que ora se encontra no topo da roda, ora se vê esmagado por ela. Este caráter fatalista do Arcano vem de tempos longínquos, situados principalmente na chamada Idade das Trevas, em que a cada inverno algumas sacerdotisas Wiccanianas e também alguns druidas tinham por hábito sacrificar um rei que estava no poder (o topo da roda), oferecendo-o à Grande Deusa, possibilitando, assim, o seguir das estações, escolhendo após o sacrifício do rei antigo um novo rei para, junto à Deusa – muitas vezes personificada na Terra por uma sacerdotisa –, renascer na primavera, reiniciando, portanto, o ciclo das estações com todas as suas mudanças e rituais de passagem. Conta-se também, a respeito de A Roda, que o grande Rei Arthur, antes da sua última batalha, teria tido a visão de uma grande roda, onde se sentava imponente um rei, cercado de poderio tanto militar quanto material. Essa roda, de repente impulsionada pela mão da deusa Fortuna, girava e o poderoso rei que Arthur via em seu topo acabava sendo esmagado por ela. Arthur compreende com isso que não importa quanto poder acumulemos nesta vida, nem a natureza desse poder, uma vez que as nossas existências realmente repousam nas mãos de Deus. Muitos outros exemplos das mais diversas partes do mundo, principalmente os relacionados ao sacrifício de quem se encontra no poder, para servir a um ideal maior e realmente tomar parte na mutabilidade da vida, das estações, ou seja lá do que for, poderiam ser dados, mas o que importa é que de fato compreendamos que a vida é algo muito instável e ilusório, que pode mudar de uma hora para outra, sem que muitas vezes nos apercebamos das sutis mudanças que estão ocorrendo constantemente ao nosso redor, mudanças essas que no futuro originarão grandes transformações. É interessante que no centro de A Roda da Fortuna do *Tarô Namur*, o qual eu sugiro ao(à) leitor(a) que adquira para melhor poder acompanhar este livro, podemos ver um **olho**, o que nos faz pensar que ele possa ser uma alusão ao "olho que tudo vê" – símbolo mui respeitado por se tratar do olho de Deus, largamente utilizado em várias tradições herméticas, embora podendo variar no desenho. Ele foi colocado no décimo Arcano para representar que há sempre Alguém vigiando as mudanças que ocorrem dentro de nós, contribuindo ou não com a evolução de todo o Universo, uma vez que somos cocriadores, com o Grande Arquiteto do Universo, na manifestação da Grande Obra.

As **duas criaturas** que vemos ao redor de A Roda da Fortuna são também uma imagem das incontáveis polaridades opostas que existem no universo. O ser esverdeado, na versão moderna do Tarô Namur, é Hermanubis, gênio do bem que se esforça para atingir o ponto mais elevado da roda, enquanto do outro lado, na cor avermelhada, Tífon, é o gênio das catástrofes, empurrado para baixo.

O **velho** sentado no topo e ao centro da roda representa o destino, sempre pronto a ferir à direita e à esquerda e que, conforme a roda gira, deixa subir os mais humildes e puros de coração, derrubando os altivos, que possuem uma visão da realidade turva e ofuscada, por causa do excesso de ego. Esse velho que encaixa habilmente o seu bastão por entre os aros da roda, decidindo quem deve subir ou descer, nos lembra muito do Arcano anterior, O Eremita. Como sabemos, O Eremita é um Iniciado nos Grandes Mistérios, e se formos analisar o décimo Arcano por esse aspecto, não é por acaso que em outros Tarôs, no local do ancião, se encontra uma Esfinge. A Esfinge, segundo a Tradição, é quem vai questionar o aspirante à Iniciação por meio dos seus enigmas, sob a pena de devorar o candidato se este não souber decifrá-los. Após decifrados os enigmas, o candidato estaria apto a receber o conhecimento velado pela noite dos tempos, tornando-se, depois de certo tempo, um Iniciado. Uma vez atingido o grau de Iniciado, para mantê-lo são necessárias quatro condutas sugeridas pela Esfinge, que são: saber, ousar, querer e calar. A partir dessas quatro virtudes, começamos a compreender alguns fatores vitais, para que possamos sempre nos manter no topo da roda. Das quatro condutas, no que se refere ao Arcano O Eremita, sabemos que a mais importante é o calar, acompanhada de uma boa dose de prudência, muito necessária e imprescindível àquele que não quiser ter surpresas desagradáveis, causadas pelo "destino" que, muitas vezes, nós mesmos traçamos sem perceber.

A Roda da Fortuna, quando analisada em profundidade, não representa apenas o destino e as mudanças que ocorrem na nossa vida. Ela vai muito além disso, podendo nos oferecer verdadeiras pérolas do hermetismo. Para ter acesso a algumas delas, vamos agora utilizar a simbologia do décimo Arcano do tarô de Rider-Waite, por ser este Tarô um dos mais tradicionais de nosso tempo. Começaremos o nosso estudo da região periférica do Arcano até atingirmos o seu centro.

As **quatro figuras** que vemos nas extremidades do Arcano podem ser relacionadas às visões de Ezequiel 1:10 e também são citadas no Apocalipse 4:7, além de representarem as quatro formas da Esfinge (saber, ousar, querer e calar), a saber: a águia, o homem, o touro e o leão. Essas quatro figuras são associadas, respectivamente, aos quatro elementos, sendo a águia relacionada ao ar, o homem à água, o touro associado à terra e o leão ao fogo. Essas formas antigamente eram conhecidas pelo nome de "guardiães do céu", representando os quatro elementos básicos da ciência antiga e medieval. Ainda dentro da simbologia dos quatro elementos, podemos já obter uma relação com os Arcanos Menores, uma vez que o fogo representa o naipe de bastões, a água simboliza as taças, o ar as espadas e a terra, os pentáculos ou moedas, estando esses quatro naipes relacionados, respectivamente, aos planos espiritual, emocional, mental e material.

De um dos lados de A Roda da Fortuna, nós temos **Set**, o deus egípcio do mal, que segundo as lendas teria sido um dos introdutores da morte no Universo. Set teria matado Osíris – o deus-rei doador de vida –, sendo Set considerado um deus-herói, apesar de ser um herói pervertido, embora cá para nós a perversão dependa muito do ponto de vista de quem a analisa... Esse fato vai novamente levantar a temática dos reis que eram sacrificados em homenagem às grandes deusas do passado, sendo a serpente (Set) algo sagrado para a Deusa. Do lado oposto de A Roda encontramos Anúbis, o deus com corpo humano e cabeça de chacal, que segundo a tradição seria o guia dos mortos em direção a uma nova vida. Alguns dizem ser Anúbis, que representa entre outras coisas a passagem deste plano para outro mais sutil, o filho de Set que representa a morte. Daí temos a ideia de que só podemos ir em direção à uma nova vida quando decidimos morrer para o velho, arcaico e retrógrado dentro de nós, rompendo com os limites externos e ilusórios de nossa vida atual, permitindo, assim, que a nossa força vital interna seja liberada, intensificando-se e ocasionando, portanto, as mudanças que tanto almejamos para o nosso futuro.

Analisando ainda as figuras simbólicas que estão ao redor de A Roda, temos no topo dela uma Esfinge, que segundo a simbologia egípcia representa o filho de Osíris, Hórus, que seria o deus da ressurreição, indicando que a vida triunfa sempre sobre a morte, esta última não passando de um sonho, quando bem aceita e compreendida. A Esfinge, também sendo o emblema de enigmas e mistérios, indica que no contexto daquilo que chamamos vida existe sempre um mistério para ser desvelado. Mistério esse que quando decifrado nos permite chegar ao Domínio da Vida, como dizem os Rosa-cruzes; ou à perfeita lapidação da pedra bruta, como colocam os Maçons, tornando-nos, por meio destes autênticos processos alquímicos, verdadeiros Magos lapidados pela vida, mas principalmente por nossa decisão de tornarmo-nos melhores, não apenas para a nossa evolução, mas também para a evolução de todo o universo, já tendo encontrado dentro de nós o Templo onde habita o Deus de nossos corações, pelo qual tudo é possível. Uma vez atingido esse nível, romperíamos com a roda de Sansara, quebrando assim o ciclo das reencarnações, pois pelo menos neste nível evolucional planetário já teríamos resolvido todos os antigos erros e falhas pendentes, restando-nos agora voltar para este planeta, se quisermos, para auxiliar aos que ainda não atingiram este nível; ou prosseguir com a nossa evolução em direção a outros níveis. Lembramos que quando ajudamos os nossos irmãos a evoluírem, nossa evolução não fica parada por causa desse serviço humanitário de solidariedade e desprendimento, e que pode se acelerar cada vez mais, nos levando ao encontro final com Deus, quando nos tornamos um com Ele, fechando assim o Ciclo.

Para explicar agora as **letras romanas** que se encontram dentro da roda formando a palavra Tarô da esquerda para a direita (no sentido horário), temos que fazer vários jogos com estas letras, que além de formarem o nome do Oráculo, também representam muitas outras coisas, por exemplo:

> *Tarô – palavra que significa "Caminho" ou "Estrada real da Vida".*
>
> *Tora – palavra que significa "Lei", referente à Lei judaica, ou mais precisamente aos cinco livros de Moisés.*
>
> *Rota – palavra que em latim quer dizer "Roda".*
>
> *Orat – palavra que também em latim quer dizer "fala".*
>
> *Ator – nome de uma deusa egípcia também conhecida pelo nome de Hathor, que era cultuada no Egito como a deusa dos mortos, representando a "lei" (Tora) da vida eterna, que se oculta por trás do mundo natural.*

Um grande ocultista chamado MacGregor Mathers que foi, entre outras coisas, um dos fundadores da Ordem da Aurora Dourada, conhecida também pelo nome de "Golden Dawn", arrumou brilhantemente todas as palavras citadas anteriormente, formando a frase: "ROTA TARÔ ORAT TORA ATOR", que traduzida literalmente significa: "A Roda do Tarô Fala a Lei de Ator". Presumimos a partir desta tradução que se A Roda do Tarô fala a lei de Ator, A Roda do Tarô fala sobre a Vida Eterna, e sobre os vários ciclos e níveis evolucionais a serem galgados antes que o atinjamos. Medite!

Acompanhando as letras romanas no interior de A Roda, encontramos também **quatro letras hebraicas**, mais precisamente quatro consoantes que, juntas, formam a expressão "IOD HE VAV HE", a qual designa Deus, mas de maneira que o Seu nome não possa ser pronunciado, permanecendo secreto, uma vez que "IOD HE VAV HE" são quatro consoantes, impossibilitando assim qualquer tipo de pronúncia do nome hermético daquele que é o Grande Arquiteto do Universo. Essas quatro letras constituem um nome mágico para judeus e cristãos, sendo constantemente manipuladas pelos magos, e representando a criação do universo em quatro estágios evolutivos para os Kabbalistas. Evidentemente que para conhecermos os quatro estágios evolutivos do universo, pelo menos a sua parte visível, teríamos de ter pelo menos um considerável conhecimento sobre a Árvore da Vida oriunda do Judaísmo.

Os **quatro símbolos** que se encontram no interior de A Roda são alquímicos e do topo, seguindo em sentido horário, temos: o mercúrio; o enxofre; a água (embora o símbolo da água também possa ser definido por um triângulo equilátero com uma de suas pontas para baixo, e não por meio de duas ondas paralelas, como vemos no Arcano, mas mesmo assim este grifo não está errado); e o sal, constituindo um conjunto que permite a realização de várias operações alquímicas.

Bom, depois das explicações destas verdadeiras pérolas do simbolismo místico contidas no tarô de Rider Waite, podemos agora nos dirigir para o significado do Arcano em consulta propriamente dita.

Significado do 10º arcano – A Roda da Fortuna

Já deve ter ficado claro para o(a) leitor(a) que o décimo Arcano é o que representa mudanças e transformações.

O girar incessante de A Roda simboliza as constantes mudanças, os ciclos evolutivos, as estações do ano, as fases da vida de um ser humano, e muitas outras situações ligadas ao constante ir e vir; aos constantes fluxos e refluxos que ocorrem no Universo – a eterna Lei da Mutabilidade que nos indica que nada nesta vida é para sempre.

Quando analisamos a palavra mudança, encontramos no seu contexto situações muito interessantes. A mudança é na maioria das vezes algo aguardado pelo ser humano, esperado às vezes até com certa dose de ansiedade, pois as pessoas estão sempre querendo mudar algo em suas vidas, até porque é natural da natureza do ser humano, como de toda a vida, estar sempre evoluindo. Mas, será que as pessoas estão realmente prontas para as mudanças que tanto almejam? Será que possuímos uma mente aberta o suficiente para suportar mudanças por vezes radicais em nossas vidas, que podem, por causa de sua intensidade, colocá-las de cabeça para baixo?

Se formos analisar com calma as perguntas feitas, veremos que a maioria das pessoas gosta de mudar de maneira constante, mas não em relação ao totalmente inesperado. O tipo de mudança que mais agrada as pessoas é aquela que, mesmo antes de ocorrer, já está quase predeterminada, nos dando assim um grande sentimento de segurança, justamente por sabermos o que vai ocorrer, assim que a roda girar. Muitas vezes em nossas vidas realmente todas as cartas estão em nossas mangas e somos nós que controlamos o jogo. Mas o que dizer a respeito daquelas mudanças repentinas e imprevistas que, em certas ocasiões, fazem com que do topo da roda sejamos justamente atirados para a sua base? Como proceder quando vemos as nossas vidas mudando, e durante certo espaço de tempo, percebemos que não temos nenhum controle sobre as mudanças que estão ocorrendo?

Evidentemente, a maioria das pessoas, quando colocadas diante das questões e das situações citadas, sentiria um grande desconforto, porque está acostumada a sempre ter o controle de situações e eventos de sua vida em suas mãos. Quando isso não ocorre, o indivíduo se sente inseguro, perturbado e até mesmo e totalmente desorientado, uma vez que as coisas estão mudando, os valores que ele considerava indestrutíveis estão caindo por terra e logo será preciso que sejam tomadas decisões, para que possa adaptar a nova situação o mais rápido possível, antes que o barco naufrague e fique à deriva, mergulhado nos ilusórios oceanos daquilo que considerava certo, indestrutível, impenetrável e imputável. Diante dessa situação, temos de ter uma mente aberta e entender que:

- Em primeiro lugar, nada acontece por acaso.
- Na vida tudo passa. Tudo tem o seu tempo de nascimento, crescimento e morte; começo, meio e fim.
- O Universo está em constantes mutações, e nós somos partes integrantes do Macrocosmo, constituindo um Microcosmo em constante evolução.
- A mudança é necessária, pois sem ela depois de um determinado tempo, mesmo que longo, sempre vem a estagnação por causa da falta de movimento.

Após adquirir um mínimo de entendimento sobre os princípios citados, passamos a compreender que na vida estamos constantemente passando por mudanças e transformações, num ininterrupto ir e vir de pessoas, situações, ideais e projetos, que amanhã podem já não ter mais nada a ver com o que temos em mente hoje. Daí termos a necessidade de manter perante a vida uma visão desapegada, que não nos permita sofrer ou prantear quando do término de uma situação, relacionamento ou projeto. O apego demasiado a pessoas e situações que nos cercam cria limites materiais e emocionais que nos impedem de continuar evoluindo plenamente nos planos físico, mental, emocional e espiritual. Depois de certo tempo, a existência torna-se insuportável, pois o ser humano deve ter a consciência de que é uma Essência Divina em evolução, e esta essência não pode ficar estagnada dentro de limites causados pelo excesso de apego muitas vezes caprichoso, que insistimos em manter em algumas áreas de nossas vidas, quando essas áreas já estão requerendo há certo tempo profundas mudanças e reavaliações, para que possamos continuar evoluindo.

A Roda da Fortuna, como já diz o próprio nome do Arcano, está associada também a um nível mais mundano, à prosperidade, aos ganhos e aos lucros. Mas muitas vezes nos esquecemos de que, para que continuemos a prosperar, temos de muitas vezes perder alguns de nossos bens já conquistados, a fim de que possam advir bens maiores no futuro. É claro que, dentro de nossas visões limitadas pelo nosso ego, a perda é sempre negativa; jamais nos passaria pela cabeça a ideia de que, para ganharmos no futuro, de vez em quando é necessário perder no presente e experienciar por um determinado período a base da Roda, pois só assim poderemos voltar para o seu topo. É justamente esta visão desapegada que nos permitirá enxergar que a vida não é constituída por altos e baixos desordenados e aleatórios, num constante caos cósmico, como se Deus quisesse brincar com seus filhos. Podemos estar sempre nas alturas, mesmo que nos encontremos fora do topo da vida ou da roda, uma vez que sempre extraímos lições das fases pelas quais passamos, que nos fazem cada vez mais evoluir como seres humanos, para que possamos contribuir com a evolução de toda a humanidade.

Talvez ter esse grau de consciência evolutiva seja a nossa maior Fortuna, que possibilitará até mesmo sonhar com o estágio em que, tendo encontrado o equilíbrio e a harmonia, jamais sairemos do topo de nossa existência, o topo da Grande Roda… O topo da Vida.

Capítulo 11

O Leão da Nemeia

Quando ouvimos falar de força, nos vem à mente vários tipos de pensamentos associados a essa palavra. Para alguns, a força está ligada à liderança, e representaria uma atitude muitas vezes tirânica e dominadora em relação às demais pessoas. Outros acham que os verdadeiramente fortes são aqueles que jamais se deixam abalar pelos diversos problemas e situações conflituosos que a vida nos apresenta no dia a dia, criando em torno de si uma verdadeira armadura de insensibilidade que, muitas vezes, apesar de servir para evitar desgastes mais sérios diante dos conflitos, pode, com o passar dos tempos, tornar a pessoa um ser insensível, incapaz até mesmo de expressar suas emoções e receber as dádivas de carinho, atenção e afeto sinceras de quem a circunda.

Uma coisa é certa: a força sempre está relacionada a algum tipo de poder. Por mais que esse poder seja algo sutil e não preponderantemente agressivo, ou evidente, não deixa de ser um tipo de poder.

O poder é um desejo do ser humano, pois por meiodele podem ser controlados os mais diversos tipos de pessoas, situações e até mesmo sociedades inteiras. Na verdade, se formos analisar bem esta questão, veremos – se deixarmos nos despojar dos falsos conceitos moralistas e utópicos de alguns grupos completamente insanos, que não aceitam nenhum tipo de hierarquia, ordem ou autoridade, querendo com isso o caos da sociedade humana – que o controle sobre as situações e até mesmo sobre as pessoas em algumas ocasiões é algo necessário, uma vez que se deixarmos o ser humano por sua própria conta neste mundo atual, por causa de sua quase completa falta de consciência em relação ao certo e ao errado (uma vez que os bons costumes, salvo raras exceções, há muito já foram extintos de nossa civilização, se é que podemos chamar o atual estado das coisas de "civilização"...) e em virtude de o inconsciente coletivo estar carregado de maus exemplos que nele foram lançados ao longo de nossas vidas, que atravessamos neste planeta desde o início dos tempos até o momento atual, estaremos bem próximos de um quadro de trevas evidente em todos os setores da sociedade, causado pela falta de bons exemplos, principalmente por boa parte daqueles que atualmente ocupam o poder, através dos quais poderíamos nos orientar.

O poder é algo que não existe por acaso, da mesma forma que nada neste mundo está aí por mera coincidência. E se existe o poder, ele precisa ser respeitado com todos os seus graus hierárquicos, postos e autoridades de comando. No entanto, para que se respeite o poder, é necessário que ele seja inspirado, por assim dizer, por uma "Luz que vem do Alto". O poder não é algo que foi feito para servir aos interesses de um determinado grupo, ou até mesmo pessoa em particular, mas sim para proteger e favorecer a todos, principalmente os mais humildes que, muitas vezes, não têm infelizmente as mesmas chances de defesa que os poderosos.

Um rei, um ministro ou um presidente, não importa quem ocupe o poder. O que interessa é que essa pessoa, bem como as demais ligadas a ela, se lembre de que o poder cobra de seus representantes grandes responsabilidades, pelas quais algum dia terão de responder neste ou em outro plano, pois a quem muito é dado, muito será posteriormente cobrado. É importante que o governante de uma nação, de um estado, cidade, associação e, principalmente, o governante de uma família, ou seja, o Pai, sempre auxiliado pela Mãe, jamais se esqueça de que o poder é algo provisório, o qual, de uma hora para outra, pode, caso ele não esteja sendo bem utilizado, ser retirado de suas mãos. No entanto, isso jamais acontecerá se o líder se inclinar à vontade do Grande Arquiteto do Universo, lembrando-se de que está nesta posição de liderança para cumprir a Sua Vontade, assim no Céu como na Terra, e procurar em seu governo seguir as Suas Leis e preceitos, jamais se esquecendo nas horas de maior tensão em seu mandato de invocar a Sua poderosa proteção, pois Ele está sempre pronto para correr em auxílio de todos os seus filhos, principalmente daqueles que governam suas vidas de acordo com as Suas Leis e Elevados Princípios.

Antes de adentrarmos no Arcano A Força propriamente dito, vamos analisar alguns textos pelos quais a força pode ser utilizada com Sabedoria, para que quando estivermos com algum tipo de Poder em nossas mãos, jamais cometamos equívocos dos quais nos arrependeríamos pelo resto de nossas vidas.

O Credo da Paz

Sou responsável pela guerra, quando orgulhosamente uso minha inteligência em detrimento de meus semelhantes.

Sou culpado da guerra, quando desvirtuo as opiniões alheias que diferem das minhas.

Sou culpado da guerra, quando demonstro indiferença pelos direitos e bens de outrem.

Sou culpado da guerra, quando cobiço o que outro adquiriu honestamente.

Sou culpado da guerra, quando ajo de modo a manter a superioridade de minha posição, privando outros de sua oportunidade de progresso.

Sou culpado da guerra, quando imagino que minha raça e eu próprio devemos ser privilegiados em prejuízo de outrem.

Sou culpado da guerra, quando creio que uma herança me dá o direito de monopolizar os recursos da natureza.

Sou culpado da guerra, quando creio que os outros devem pensar e viver como eu o faço.

Sou culpado da guerra, quando considero o sucesso na vida unicamente como caminho para o poder, a fama e a riqueza.

Sou culpado da guerra, quando penso que, para convencer, vale mais a força que a razão.

Sou culpado da guerra, quando acho que minha concepção de Deus é a que os outros devem aceitar.

Sou culpado da guerra, quando penso que o país onde um homem nasce deve necessariamente ser o lugar onde ele tem que viver.

Ralph M. Lewis (1904-1987)

Credo de um Guerreiro

Não tenho pais: fiz do céu e da terra os meus pais.

Não tenho lar: fiz da percepção o meu lar.

Não tenho vida ou morte: fiz do fluir e refluir da respiração a minha vida e a minha morte.

Não tenho poder divino: fiz da honestidade o meu poder divino.

Não tenho recursos: fiz da compreensão os meus recursos.

Não tenho segredos mágicos: fiz do caráter o meu segredo mágico.

Não tenho corpo: fiz da resistência o meu corpo.

Não tenho olhos: fiz do relâmpago os meus olhos.

Não tenho ouvidos: fiz da sensibilidade os meus ouvidos.

Não tenho membros: fiz da diligência os meus membros.

Não tenho estratégia: fiz da mente aberta a minha estratégia.

Não tenho perspectivas: fiz de "agarrar a oportunidade por um fio" as minhas perspectivas.

Não tenho milagres: fiz da ação correta os meus milagres.

Não tenho princípios: fiz da adaptabilidade a todas as circunstâncias os meus princípios.

Não tenho táticas: fiz do pouco e do muito as minhas táticas.

Não tenho talentos: fiz da agilidade mental os meus talentos.

Não tenho amigos: fiz da minha mente o meu amigo.

Não tenho inimigos: fiz do descuido o meu inimigo.

Não tenho armadura: fiz da benevolência e da imparcialidade a minha armadura.

Não tenho castelo: fiz da mente imutável o meu castelo.

Não tenho espada: fiz da ausência do ego a minha espada.

Samurai anônimo, século XIV

"O guerreiro que entra em um combate temendo ser vencido já perdeu a batalha e não deveria nem ser chamado por este nome.

No entanto, aquele que entra na batalha sem temer coisa alguma e achando que jamais poderá ser surpreendido ou vencido, não só perderá a batalha como também a vida, pois este esqueceu que em qualquer tipo de confronto é necessário não temer o adversário, mas sim respeitá-lo, esperando sempre o inesperado".

Alexandre José Garzeri – 24/5/1997

"O guerreiro da luz conhece o valor da persistência e da coragem. Muitas vezes, durante o combate, ele recebe golpes que não estava esperando. E compreende que – durante a guerra – o inimigo vencerá algumas batalhas. Quando isso acontece, ele chora suas mágoas, e descansa para recuperar um pouco as energias. Mas imediatamente volta a lutar por seus sonhos.

Porque, quanto mais tempo permanecer afastado, maiores são as chances de sentir-se fraco, medroso, intimidado. Quando um cavaleiro cai do cavalo e não torna a montá-lo no minuto seguinte, jamais terá a coragem de fazê-lo novamente".

Extraído do livro *Manual do Guerreiro da Luz*, do consagrado escritor Paulo Coelho

Os símbolos que compõem o arcano da Força

A **jovem** que em alguns Tarôs aparece abrindo a boca do leão, como no caso do Tarô Namur, representa o lado mais sensível e sutil do ser humano. Poderíamos também associá-la à voz da nossa consciência, a qual seria muito bom que escutássemos de vez em quando para o nosso próprio bem e o bem de todas as demais pessoas que nos rodeiam, uma vez que quando uma pessoa se torna menos impulsiva, com certeza, ela estará colaborando para tornar mais feliz a humanidade, objetivo de todos aqueles que visam se tornar realmente justos e perfeitos algum dia.

O **leão** representa o lado mais instintivo do ser humano, o qual necessita ser domado para que no futuro não tenhamos problemas. Seria o ego com todos os seus vícios e paixões e, neste ponto de nossa relação. E se digo relação é porque considero todo este livro muito mais do que simples palavras negras que cingem folhas brancas. É importante ressaltar que não podemos destruir ou matar o nosso ego, como ainda pensam muitas pessoas que não acordaram. O que temos de fazer é minimizar a sua influência sobre nós, no sentido de domar a sua força, que aliás é muito grande para podermos utilizá-la em processos evolucionais mais criativos, por exemplo, o franco estudo do Tarô, que nos conduzirá ao autoconhecimento.

O **oito** deitado acima da cabeça da jovem é conhecido como o símbolo do infinito, sendo também chamado de Lemniscata. Está colocado nesta posição para representar que a nossa força é infinita e pode ser utilizada em todas as áreas que constituem a vida de um ser humano.

Atrás da jovem existe uma **luz de brilho muito intenso**, que representa a luz interior que todos os seres humanos possuem para iluminar os seus caminhos a partir do momento em que estabelecem um real contato com esta fonte luminosa, verdadeira fagulha Divina que possuímos em nós desde o início dos tempos, a qual precisa ser reconhecida e trabalhada para que passemos a brilhar como verdadeiros sóis que somos, irradiando luz, força, beleza e amor.

As **grades moles** que existem entre a jovem e sua luz de brilho intenso, situada atrás dela, representam os obstáculos que colocamos entre nós e a nossa luz interna, impedindo, assim, o seu pleno brilhar. Cada vez que falo, penso ou ajo com pessimismo, lamentando-me da minha vida, do meu emprego, da minha vizinhança ou seja lá do que for, eu crio uma grade entre mim e meu potencial de realização representado pela luz após as grades. No entanto, o(a) leitor(a) que tiver adquirido um Tarô Namur e estiver neste momento olhando para o décimo primeiro Arcano poderá observar que as grades atrás da jovem são moles, representando que, da mesma forma que foi fácil colocar obstáculos que me impedem de utilizar plenamente o meu potencial interior, mais fácil ainda será o retirar dessas barras, bastando apenas uma firme vontade sobre a minha própria vontade egoica, para que eu possa vencer minhas paixões e fazer reais progressos, não só no que diz respeito às realizações dos meus projetos materiais, mas também em relação ao meu processo de *Religare* com a minha Divina e Poderosa Presença de Deus em mim, o "Eu Sou".

Significado do 11º arcano – A Força

O Arcano A Força, numa consulta, representa o ilimitado potencial que o ser humano possui para a realização de obras e projetos das mais variadas espécies. No entanto, apesar de representar este poderoso influxo energético e revigorador que é enviado para a pessoa como um tipo de presente dos céus para tornar reais os seus mais caros sonhos, é interessante e até mesmo curioso sabermos do fato de que nem todos os clientes, após uma consulta, se direcionam para o seu potencial interno, a fim de que possam, mediante sua força, manifestar aquilo que lhes é mais caro. A maioria dos clientes escuta atentamente o Arcano, que é uma verdadeira exaltação ao potencial de realização do ser humano, termina a consulta nos tecendo mil elogios por termos dado a ele consciência deste potencial. Contudo, depois de alguns dias, já em sua casa, o indivíduo está novamente às voltas com os mesmos problemas de sempre e, o que é mais interessante, achando que não dispõe da força necessária para resolver as situações caóticas em que constantemente permite se colocar. Por que isto ocorre? Sendo A Força um Arcano de infinito potencial, por que muitas vezes ao retirá-la, a vida da pessoa continua com as mesmas atribulações que a impedem de vislumbrar um futuro melhor?

Para que possamos responder às questões citadas, precisamos em primeiro lugar compreender que o décimo primeiro Arcano realmente é uma lâmina de muito bom augúrio, que pode nos colocar em uma fase abençoada de nossas vidas, desde que antes façamos as mudanças necessárias dentro e fora de nós, a fim de que possamos de fato comungar com a sua força.

O Arcano, como já foi dito, representa que possuímos o potencial para a realização de todas as coisas não só neste, mas também em outros planos, uma vez que o poder interno do ser humano não conhece limites, a não ser aqueles impostos pela sua consciência objetiva, que podem ser dissolvidos facilmente com concentração, disciplina, vontade e amor. No entanto, antes de embarcarmos em qualquer projeto, por mais ínfimo que ele seja, faz-se necessário saber o que nós realmente queremos para as nossas vidas no momento atual. Temos de aprender a estabelecer prioridades entre um projeto e outro; lembrarmo-nos de que, apesar de o nosso potencial ser tão infinito quanto o tempo, há um período certo para se executar determinadas tarefas, não adiantando tentar realizar as coisas fora de hora, substituindo objetivos de fato importantes por outros que visem apenas momentaneamente satisfazer as vaidades e os caprichos do nosso ego.

Tão indispensável como a necessidade de fazer uma coisa de cada vez e cada coisa ao seu tempo, para o bom emprego da força é fundamental também nos questionarmos se realmente precisamos de tudo que desejamos praticamente 24 horas por dia, pois quando mesquinhamente me preocupo unicamente com a realização dos meus desejos, achando que devo ser servido pelo Cósmico assim que bater palmas, posso indiretamente estar privando outras pessoas da realização de suas aspirações, uma vez que, quando alguns começam a ganhar muito, mas não se ocupam dos menos favorecidos, alguém terá de perder para manter os demais e suas ambições desenfreadas. Talvez seja por este motivo que algumas respeitáveis Ordens Iniciáticas, quando ensinam aos seus membros as famosas práticas de Visualização Criativa que lhes permitem obter tudo o que eles desejam, desde que os seus desejos estejam de acordo com as Leis Cósmicas, também juntamente a essas práticas falem da necessidade de sempre em primeiro lugar, antes de pedir qualquer coisa em nível pessoal, o membro vibrar o mesmo poder de realização para todo o planeta Terra, a fim de que todos os seus irmãos possam ser beneficiados com ele. Por causa dessa nobre postura, a realização e a manifestação da Felicidade se torna possível a todos aqueles que sabem comungar com a Consciência Cósmica.

A Força, que foi enviada para o cliente por meio da manifestação do décimo primeiro Arcano, pode se tornar um instrumento eterno nas mãos de uma pessoa que saiba manejá-la com a devida consciência; ou pode perder a sua intensidade depois de certo tempo em virtude de vários fatores, que vão desde o seu mau uso até a falta de vontade, no que diz respeito ao emprego dessa Força de maneira construtiva e benéfica. Ora! Se A Força nos foi enviada, com certeza não foi por mero acaso que retiramos esse Arcano, pois não existe o acaso no Tarô. Seria lamentável se não a utilizássemos no que diz respeito à conquista de nossos anseios e objetivos, bem como no auxílio por intermédio desta posição privilegiada em que nos encontramos àqueles que necessitam de encorajamento e apoio. Esse é o Arcano do "Você pode!"; do "Vá adiante!"; do "Confie em seu potencial!" É como um poderoso estimulante que inspira a pessoa a agir, sublimando o seu ego (leão), e em pleno equilíbrio e harmonia com a sua Essência interna (a jovem).

Não poderíamos falar desse Arcano sem nos remetermos ao seu caráter altamente ligado a um extremo poder sexual. Esse Arcano está associado ao Tantra, filosofia hindu e verdadeira Escola Iniciática que visa ao desenvolvimento do potencial interno do ser humano por meio do ato sexual, bem como ao nosso *religare* com a Divindade pelo sexo. Algumas pessoas mais puritanas, se ouvissem este tipo de comentário exaltando o sexo como um dos caminhos para se chegar a Deus, com certeza já estariam se contorcendo todas e acusando-nos de libidinosos, para não dizer coisa pior. Esses puritanos – embora eu não acredite nesta postura casta e virginal, pois o verdadeiro puritano não é puro e limpo apenas em nível corporal, mas principalmente em nível moral e também de pensamentos –, muitas vezes inspirados por falsos conceitos religiosos, interpretações erradas e pessoais das Leis de Deus, costumes familiares arcaicos e muitas vezes machistas demais, desconhecem que o ato de Amor é um dos mais sagrados gestos dentre tudo o que existe, constituindo o Tantra, ou seja, a perfeita e consciente utilização das energias sexuais um grande segredo das Escolas Iniciáticas verdadeiramente sérias, guardado por elas a sete chaves e revelado apenas aos grandes e franco-iniciados.

Dentro do Tantrismo, fala-se muito numa tal de Kundalini, energia que se encontraria adormecida no início de nossa coluna vertebral, mais precisamente na região sexual (claro que em nível etérico...) que, quando desperta pelos secretíssimos exercícios e rituais, começaria a subir pelos chacras (localizados em linha reta ascendente no nosso duplo etérico), ativando-os, bem como os seus potenciais e virtudes, fazendo do homem comum o Homem-Divindade, plenamente consciente de quem é, de onde veio e para onde vai.

Hoje em dia, o Tantra continua sendo de difícil acesso, principalmente aos curiosos, pois a sua prática, quando não bem realizada e orientada por um verdadeiro Mestre dentro desta Tradição, constitui um sério perigo aos mais desavisados, que já levou muitos iniciados até que experientes à loucura e alguns ao óbito. Com isto não queremos dizer que o Tantra seja algo negativo, nem muito menos ficamos tremendo de medo apenas pela discussão dessa prática, pois o fato de discuti-la não desencadeia nenhum bicho-papão, como pensam algumas escolas, que estaria prestes a nos devorar. O Tantra pode ser definido como o ato de Amor plenamente puro, capaz de nos levar à presença de Deus, sendo o sexo a sua oração, e não só uma forma de obtenção de prazer, mas também de meditação e reflexão. No entanto, para a sua prática, um verdadeiro Mestre que nos conduza no caminho se faz necessário. O difícil é encontrar estes verdadeiros Mestres que já estão cansados de ocidentais curiosos em busca de aventuras exóticas e mirabolantes com uma prática tão milenar e verdadeiramente sacra.

Para concluir, podemos dizer que esse é o Arcano das pessoas que realmente acreditam em seu potencial. Pessoas que por muitas vezes são práticas, objetivas e diretas demais em seus modos e opiniões, que contrastam com os da maioria da sociedade, a qual, de certa maneira, já está acostumada a aceitar os pratos com os temperos que querem nos impor.

Essas são pessoas especiais, cujo principal objetivo é viver a vida como ela realmente deve ser vivida, ou seja, com muita intensidade e sem nenhum medo de viver. O tempo para elas é o agora, e não existe a hora certa para a realização de objetivos e aspirações, uma vez que qualquer hora é a certa para aquele que acredita em si, sendo necessário apenas um pouco de reflexão antes de se tomar decisões com relação às realizações.

As pessoas de A Força, como todas as demais, têm seus defeitos e imperfeições, mas podemos dizer que, apesar disto, estão mais próximas de Deus, não porque sejam santas ou exemplos a serem seguidos, mas sim porque não têm medo de errar para com o Pai e, sobretudo, porque elas não têm orgulho para corrigir os seus erros quando sabem que estão erradas, amansando o leão (ego instintivo) para que a jovem (real consciência guiada pela Essência interna) possa finalmente desabrochar.

Capítulo 12

Sacro-Ofício em Substituição ao Sacrifício

Acrifício, sem dúvida alguma, é uma das palavras mais mal compreendidas e vivenciadas do nosso tempo. Durante séculos, as pessoas estavam condicionadas por sistemas religiosos, muitos dos quais arcaicos e já praticamente falidos, a acreditar que o sacrifício é algo dolorido e necessário até mesmo para se chegar à Divindade. Esta ideia não é apenas equivocada, como também ridícula, pois Deus é Amor e não tortura, como pensam alguns que leram os textos sagrados, contudo, nada entenderam...

O sacrifício de certa maneira é necessário para que possamos atingir posições mais elevadas dentro das mais diversas áreas de nossas vidas. Mas esse é um sacrifício consciente imposto pela própria pessoa a si mesma, a partir do momento em que ela compreende que se não forem sacrificados alguns valores obsoletos, pertencentes à sua personalidade egoica que de nada mais adiantam em nível evolutivo, então sim haveria muita dor, mas de maneira alguma causada pela Divindade na forma de um "Castigo Divino", e sim por sua falta de vontade em querer alterar nela mesma os padrões que constituem um atraso de vida, deixando-a estagnada ao invés de evoluir.

Analisando a palavra sacrifício, podemos chegar à expressão "Sacro-Ofício", que literalmente quer dizer: Ofício ou Trabalho Sagrado. A partir desta conclusão, podemos compreender que cada um de nós na vida atual tem um Sacro-Ofício, ou Trabalho Sagrado para ser realizado, e, que a partir do momento que realizamos esse trabalho, evoluímos mais um degrau dentro da escala evolutiva em direção ao Pai. Esse Trabalho Sagrado dentro das filosofias Orientais é chamado de Dharma, que seria um termo sânscrito utilizado para designar nossa Missão de Vida nesta existência. O escritor Paulo Coelho, no seu livro *O Alquimista* – por sinal um livro muito bom –, chama essa Missão de Vida de Lenda Pessoal; algo que todos nós temos de realizar, e que está muito nítido em nossas mentes quando ainda somos crianças, mas que com o passar dos tempos é esquecido por causa de nosso processo de emburrecimento mental, mais conhecido pelo nome de amadurecimento. Quando essa Lenda Pessoal não é realizada, entramos num processo de dificuldades em praticamente todos os setores de nossas vidas, e na maioria das vezes, isto acontece por estarmos mais preocupados com a realização das Missões de Vida de outras pessoas e não com a nossa realização pessoal, no que diz respeito à nossa Lenda. As coisas passam a evoluir lentamente, pois não estamos nos ocupando com a manifestação da nossa Lenda Pessoal que nos levaria à plena e perfeita Realização em todos os níveis. O Universo certamente não está conspirando a nosso favor. Fica de fato tudo mais difícil, sem brilho e sem graça, fazendo com que deixemos pouco a pouco de acreditar em milagres, anjos e toda uma série de elementos positivos ligados à nossa Criança Interior, que nos primeiros anos de nossa existência fazia com que descobríssemos a magia da Vida e do Universo em cada coisa ao nosso redor, num constante processo de reverência e agradecimento, porque estávamos realmente vivos e abertos para a vida com todas as suas bênçãos e belezas, num tempo onde tudo era possível. No momento em que começamos a nos sentir fracos, depressivos, desanimados e desinteressados em viver, tornamo-nos adultos; palavra que se formos analisar estaria ligada à expressão adulterar. E realmente a morte da Criança-Interior é um grande adultério que cometemos para conosco quando deixamos de acreditar que a vida é algo que precisa a cada minuto ser vivenciada com a mais intensa alegria. Tudo o que nos ocorre faz parte de nosso processo evolucional no que diz respeito à nossa Missão de Vida, e o papel real que nos cumpre é procurar realizá-la com Amor, porque sem Amor nós estamos perdidos; e compreender que quando não nos entregamos ao nosso Ofício Sagrado com inteira dedicação, nos tornamos pessoas estagnadas, verdadeiros Enforcados nas cordas que nós mesmos criamos por não procurar tomar contato com a nossa real Lenda Pessoal, para que por meio disso nós também possamos realizar nosso real Sacro-Ofício.

Antes de iniciarmos o estudo do décimo segundo Arcano, vamos, mediante a mitologia nórdica, oferecer ao leitor uma história de sacrifício sagrado, pela qual também ficaremos sabendo em nível mítico como o

Oráculo das Runas – um oráculo tão respeitável quanto o Tarô, só que de origem europeia – surgiu há muito tempo no seio dos antigos povos europeus, mais precisamente, os Celtas, os Vikings e os Germanos. Trata-se de uma antiga história escandinava que nos fala sobre o grande deus Odin.

O Sacrifício de Odin

História baseada na versão de Alexandre José Garzeri

Odin, segundo a tradição Nórdica, seria o deus de todos os deuses que habitavam o Valhalla. Justiça, sabedoria e discernimento seriam algumas das características que faziam de Odin um deus muito estimado e adorado por todos os vikings no passado e, até mesmo, por outros povos que tinham assimilado a cultura desses bravos marinheiros que em suas embarcações, conhecidas como Drakkar, viajavam por todo continente europeu e além dele, praticando o comércio dos mais variados artigos, mas também fazendo-se temer pela arte da guerra, na qual eram peritos estes bravos guerreiros das terras nórdicas.

Dentro do panteão dos deuses que habitavam o Valhalla, Odin era o rei e senhor de todos eles, que lhe obedeciam em tudo sem questioná-lo jamais, tal era a sua sabedoria, força e poder. Mas analisando um pouco o passado de Odin, veremos que nem sempre ele possuiu tanto poder e carisma, não apenas entre os deuses, como também entre os homens.

Falam os antigos, aqueles que sabem, que Odin, antes de se tornar o deus dos deuses, era um demônio por assim dizer de quinta categoria, embora possuísse uma bravura incontestável como guerreiro. Um dia, cansado de sua condição existencial, Odin resolve travar uma batalha consigo mesmo, no sentido de buscar a sua evolução, mas percebe que somente a Sabedoria e o conhecimento poderiam definitivamente libertá-lo das trevas da ignorância em que ele se via mergulhado até a cabeça.

Sendo o Valhalla o local onde habitavam os deuses maiores, que bebiam da inesgotável fonte de Sabedoria conhecida como Árvore do Mundo, Odin decide ir até este paraíso para também se deliciar nesta fonte de inesgotável poder e, a partir do real conhecimento de seus potenciais, começar uma nova vida em direção à solução de três perguntas que não apenas o atormentavam, como também a toda raça humana, ou seja: Quem eu sou? De onde eu vim? Para onde eu vou?

Apesar de parecer, nem tudo é fácil para o nosso herói, pois o Valhalla era guardado por um terrível dragão guardião, conhecido pelo nome de Vahalla, que jamais dormia, sendo temido pelos mais valorosos guerreiros não apenas do plano arquetipal, como também do plano físico. Não bastasse isso, após Odin ter passado por Vahalla, teria que enfrentar um segundo dragão, conhecido pelo nome de Nidhoguir, que ficava constantemente roendo as raízes da Árvore do Mundo sem, no entanto, danificá-las, o que explica sua tremenda Sabedoria e gosto por mistérios e enigmas, uma vez que ele se alimentava constantemente da perpétua Fonte do Saber. Dizem que Nidhoguir, em sua forma de combater para preservar a Árvore do Mundo, era menos agressivo do que Valhalla, que já preferia investir violentamente contra aqueles que se aproximavam do Valhalla sem a devida permissão. Conta-se que Nidhoguir, reconhecendo os méritos daqueles que haviam sobrevivido ao primeiro ataque promovido por Valhalla, permitia que os aventureiros se aproximassem da Árvore do Mundo e depois os questionava por meio de um enigma de difícil resolução, pelo qual milhares eram mortos pelo dragão por suas respostas erradas e uns poucos, após responder corretamente à pergunta que lhes havia sido feita, eram contemplados com o direito de se alimentar com a Sabedoria da Árvore do Mundo, além de frequentar perpetuamente o Valhalla sem jamais temer nenhum dos dois imponentes dragões, um responsável pela guarda de todos os deuses que habitavam esta terra mágica e o outro responsável pela guarda dos mistérios e Sabedoria ocultos em seu seio.

Assim que Odin, investido de todas as suas armas, se aproxima do paraíso dos deuses vikings, Valhalla investe contra ele e inicia-se uma terrível batalha que acaba trazendo, no decorrer da sua duração, terríveis ferimentos para ambas as partes, uma vez que, como já foi colocado, Odin era um valoroso, hábil e destemido guerreiro, apesar de sua condição de demônio. Passado um longo tempo, Odin consegue subjugar o dragão, que reconhece a sua força e valor, permitindo que ele adentre aquela terra sagrada.

Odin começa a caminhar pelo Valhalla, causando certa estranheza, mas ao mesmo tempo admiração em todos os seus habitantes, que achavam no mínimo curioso ver entre eles um demônio caminhando e perguntando pelo local onde se encontrava a Árvore do Mundo. No entanto, como Odin havia vencido o primeiro dragão, sendo a força e a coragem muito respeitadas naquela terra, os habitantes dela, ou seja, guerreiros lendários já mortos em batalhas, magos de poderes inimagináveis, belíssimas sacerdotisas e deuses tão antigos quanto o tempo vão orientando nosso herói em direção ao seu destino, evidentemente o aconselhando de todos as formas a respeito dos enigmas que Nidhoguir poderia lhe propor, o que de certa maneira teve pouca valia, porque o dragão jamais repetia a mesma questão se esta já tivesse sido proposta a um outro aventureiro.

Finalmente, depois de um tempo não muito curto de busca, eis que surge diante de Odin a Árvore do Mundo, verdadeiro manancial inesgotável de Sabedoria, forte, imponente e exuberante, possuindo uma aura de força e mistério ao seu redor. O herói fica extasiado diante de tamanha força e poder, pois jamais havia experimentado em toda a sua existência tal sensação de comunhão com o Cósmico, com a natureza e com toda a Vida.

Essa sensação dura um breve momento, pois passados alguns poucos segundos que Odin havia chegado ao local sagrado onde se situava Yguidrasil, a Árvore do Mundo, uma ameaçadora sombra cobre-lhe completamente o corpo, bem como tudo ao seu redor. Levantando o olhar, Odin vê surgir diante de si entrepondo-se entre ele e a Árvore o grande Nidhoguir, o eterno guardião dela.

O dragão, apesar de seu descomunal tamanho, move-se graciosamente para frente, ficando a sua enorme cabeça a poucos palmos do corpo de Odin, que apesar da grande ansiedade em relação à pergunta que lhe seria proposta, permanece o mais impassível que o seu coração e pernas permitem; isso, diante de tão fantástica criatura, não deve ter sido muito fácil. Nidhoguir rodeia o corpo de Odin e olha-o de maneira muito profunda, parecendo até mesmo conhecer os seus mais íntimos pensamentos, receios, emoções e sentimentos.

Depois de alguns minutos de análise, que para Odin seguramente pareceram séculos e séculos, uma vez que não apenas a sua vida atual estava sendo analisada, mas também todo o curso de suas existências até aquele momento, Nidoghir aprumou pomposamente suas asas tomando uma aparência ainda mais imponente e formal e declamou a pergunta que selaria o destino de Odin como mais um entre os muitos cadáveres que se amontoavam por terem falhado na resposta ou, mais um destemido herói que vencerá as batalhas tanto físicas como filosóficas contra os dois dragões conquistando assim todos os direitos e honrarias que o feito heróico lhe garantia.

Odin, segundo a tradição, não apenas conseguiu dar a resposta correta ao enigma que lhe foi proposto, como também respondendo ao que Nidhoghir havia lhe questionado inseriu outra questão em sua resposta, a qual o dragão teve que refletir algum tempo para responder. Após o ocorrido e a vitória de Odin, o sábio dragão se afastou respeitosamente do caminho que conduzia à Árvore do Mundo, franqueando o acesso ao herói.

Com passos lentos e firmes, Odin caminhou lentamente até a majestosa árvore, enquanto se deixava envolver por toda a gnose ao seu redor. Chegando próximo ao tronco, parou por alguns instantes, enquanto algumas tímidas lágrimas rolavam delicadamente pelo seu rosto. Olhou para Nidhoguir, que agora o observava mais ternamente, e num gesto forte e rápido, direcionou a sua lança contra o seu próprio peito, cravando-a impiedosamente de modo tal que ela o trespassasse e o mantivesse preso à Árvore do Mundo. Nidhoguir, que até então observava a cena passivamente, assim que viu Odin cravado à Árvore do Mundo soltou um forte e longo urro, que mais pareceu o brado triunfal de um guerreiro que vencera a batalha de sua vida, abrindo completamente as suas asas, querendo com isso demonstrar que entendia e aceitava inteiramente o sacrifício do herói, agora trespassado por sua própria lança depois de ter vencido e triunfado todas as provas que lhe permitiam libertar-se não apenas de todo um passado arcaico e obscuro que o limitava, mas, acima de tudo, libertar-se de si mesmo, sublimando o seu ego e tornando-o servo da Real Consciência que habita no âmago de todos nós. O brado de Nidhoguir se fez ouvir nos quatro cantos e em todas as dimensões do Valhalla, chegando até mesmo ao planeta Terra e atraindo para a Árvore do Mundo todos os habitantes daquela terra mágica e encantada, que segundo a tradição permanece até hoje ligada ao nosso planeta por um Arco-Íris Sagrado, que forma uma verdadeira ponte pela podemos nos elevar ao plano dos deuses.

Deuses, heróis lendários, magos, sacerdotisas e até mesmo o próprio Vahalla, que abandonou o seu posto uma única vez em milênios de existência, acorrerão à Árvore do Mundo para presenciar o nascimento de um deus que se fez por si mesmo, após nove dias perma-

necendo cravado por sua própria lança no tronco da árvore, tempo necessário para que Odin, além de conquistar a sua divindade, recebesse também a iniciação completa nos mistérios Rúnicos, o que fez dele o mais sábio de todos os deuses a quem todos se dirigiam em busca dos seus valiosos conselhos.

A saga de Odin, traduzida para as nossas vidas, nos pede que convertamos nossos demônios internos que barram nosso progresso, enfrentando os dragões, desafio do dia a dia, reconhecendo-os como degraus que temos de transpor para chegarmos à Luz Maior, despertando todo o nosso potencial de deuses imperfeitos que somos, a fim de que, por meio disso, possamos contribuir com a manifestação da Grande Obra Daquele a quem também reverenciamos pelo nome de Grande Arquiteto do Universo. E se for necessário cravar uma lança em nossos peitos, façamos isso com dedicação e amor, pois este ato faz parte de nosso Dharma e não sentiremos nenhum sofrimento, ou dor, como não sentiu Odin quando se autocravou, pois quando trabalhamos conscientemente de acordo com a nossa Missão de Vida nesta existência, ou seja, quando realizamos o nosso "Sacro-Ofício", tudo se torna mais suave, tranquilo e calmo, como o sobrevoar natural das gaivotas sobre o mar, antigamente navegado por bravos guerreiros-marinheiros, cuja memória habita em nossos corações, estimulando-nos a sermos tão bons quanto eles o foram quando em sua época.

Ah! A propósito, o(a) leitor(a) deve estar supercurioso(a) para saber qual foi a pergunta que Nidhoguir fez a Odin, pela qual ele pôde atingir depois do seu sacrifício a sua divindade.

Bem, esta é uma questão que o(a) leitor(a) terá que perguntar diretamente a Odin, ou quem sabe até mesmo ao próprio Nidhoguir. Como dica, diremos apenas que esta pergunta pela qual Odin foi testado é muito semelhante ao que foi perguntado a Percival, ou Galahad, em algumas versões da História do Rei Arthur, quando eles chegaram ao Santo Graal; muito semelhante aos enigmas que eram propostos pela Esfinge no antigo Egito, a todos aqueles que estavam em busca da "verdadeira verdade". Medite...

Os símbolos que compõem o arcano do Enforcado

As **pernas** de O Enforcado formam um quatro invertido, ou triângulo descendente. Se formos analisar este símbolo pelo aspecto astrológico, veremos que o símbolo do planeta Júpiter – regente de Ságitário – também é um quatro, só que na sua posição correta (♃). Júpiter é conhecido como o grande benéfico entre todos os planetas regentes dos signos e, encontrando-se dentro de uma das 12 casas astrológicas, favorecerá as atividades da respectiva casa em todos os aspectos. Mas também poderá causar certo exagero descomedido que, muitas vezes, se não percebido a tempo, poderá ser prejudicial para a pessoa. Mesmo assim, esse planeta continua sendo uma espécie de trevo de quatro folhas na casa zodiacal em que ele se encontra, dentro de um mapa astrológico, fazendo com que lá tudo corra bem. Como já dissemos, o símbolo do planeta Júpiter é uma espécie de quatro, só que no décimo segundo Arcano esse quatro aparece invertido, podendo por analogia, indicar a perda de toda a força benéfica jupiteriana, o oposto de todo o lado bom e positivo que esse planeta representa, fazendo com que ao invés de progresso haja retrocessos, frustrações e insucessos nos empreendimentos.

Por outro lado, este cruzar de pernas de O Enforcado também lembra um triângulo invertido. O triângulo invertido não é um símbolo maléfico, pois representa dentro do rosacrucianismo filosofia iniciática mui respeitável e admirada por todos aqueles que percorrem a Senda em direção à Verdade, a Manifestação Perfeita Cósmica vindo em direção ao plano terreno. Porém, o único problema é que esse triângulo invertido formado pelas pernas do rapaz está inserido dentro do décimo segundo Arcano, que como veremos adiante é uma lâmina que está associada à estagnação, ficando a figura triangular associada à queda, à catástrofe e à desolação. Talvez para sair dessa situação realmente se fizesse necessária a iluminação da Luz Cósmica, a qual o nosso personagem já nem consegue mais vislumbrar por causa do desânimo que tomou conta de sua vida por sua própria culpa, sendo agora necessária a ajuda especializada de alguém que possa trazer novamente esta Luz que vem do Alto para sua existência, sendo aconselhável para a realização desse *religare* um profissional competente no manejo dos Oráculos, ou um religioso que possua a Real Fé – tão esquecida nos dias de hoje, principalmente por aqueles que gostam muito de comprar rádios e emissoras de televisão, para fazer seus baratos shows de exorcismos com atores de quinta categoria, ludibriando a boa-fé de pessoas pobres e humildes que, muitas vezes, deixam de comprar produtos de primeira necessidade para as suas casas, contribuindo assim com este império das telecomunicações Universais do Reino de Deus – não sendo também jamais dispensada a ajuda do nosso querido Anjo da Guarda, que está sempre pronto para ouvir nossas súplicas e levá-las ao Pai, intercedendo em nosso favor, desde que nós também queiramos mudar de vida e ser ajudados, abrindo os nossos corações e mentes, em primeiro lugar.

Como último significado desse triângulo invertido, podemos agora nos lembrar do quarto Arcano do Tarô, O Imperador, que também forma com o cruzar de suas pernas um triângulo, só que este ascendente representa justamente o contrário do triângulo maléfico formado pelas pernas do indolente rapaz da décima segunda lâmina: enquanto um vai ficar estagnando em sua zona de conforto, o outro vai ao trabalho duro, árduo, disciplinado e metódico, para que as sementes que jogou em terra dura e árida com muito trabalho, arada e adubada germinem, oferecendo no devido tempo os doces frutos da vitória a todos aqueles que, mesmo em tempos de vacas magras, continuaram perseverando em seu trabalho, não dando ouvidos ao que diziam os pessimistas e mantendo-se iluminados pela divina luz de seus sonhos, docemente embalados e protegidos por seus Anjos da Guarda, que viram em seus olhos e corações o brilho radiante e heroico dos heróis da Antiguidade, que jamais deixaram de acreditar na vida, na humanidade, em si mesmos e em Deus acima de tudo.

O Enforcado está curiosamente **enforcado pelo pé**, seguro por uma corda presa numa haste apoiada em dois troncos de árvores mortas e retorcidas. O fato de estar enforcado pelo pé representa problemas mais de ordem material e emocional. Só que os problemas de fórum emocional estão associados a um nível muito baixo, quem sabe representado pelos **corações enegrecidos** que pairam logo acima do pé do rapaz, num turbilhão de confusas emoções, contendo em seu contexto ciúmes, possessividade, luxúria, sexualidade desenfreada e tudo o mais que priva o homem do verdadeiro amor com base na liberdade, na confiança, no respeito, no afeto e no carinho.

As **moedas** que caem dos parcos trapos que cobrem a cintura do rapaz simbolizam as perdas de fortuna a que estão sujeitos todos aqueles que não trabalham com dedicação, disciplina e criatividade, realizando o trabalho não por amor a ele, mas sim visando unicamente aos resultados finais. Os que agem desse modo logo acabam ficando cansados dos seus empregos por melhores que sejam, porque se deixam cair na rotina. Veem o emprego apenas como uma fonte de renda, não como um meio pelo qual podemos servir a nossos semelhantes, colaborando para sua evolução, a fim de, que dessa forma, possamos viver em união, ajudando-nos uns aos outros, como queria e quer o Grande Arquiteto do Universo desde o início dos tempos.

Também podemos analisar as moedas como sendo tesouros de ordem espiritual aos quais o consulente terá acesso despojando-se, com critério evidentemente, do excesso de apego ao plano material.

Dentro da **simbologia das cores,** para aqueles que já adquiriram o Tarô Namur, podemos notar que o tecido que cobre a cintura de O Enforcado é vermelho. Segundo os hindus, a matéria possuiria três qualidades definidas pelas três cores primárias, sendo **o vermelho** a inércia e os impulsos desenfreados; **o azul** a ação consciente da vontade sobre a matéria; e **o amarelo,** a sabedoria. Observando O Enforcado por este prisma, notamos que as suas vestes de cintura vermelhas se sobrepõem acima dos seus cabelos que são amarelos, representando com isso paixões desenfreadas e inércia dominando a sabedoria, o que jamais pode acontecer. O fundo inteiramente azul do Arcano simboliza que o rapaz, para sair da situação desagradável em que se encontra, necessita de uma atitude consciente sobre o plano físico, lutando contra os apegos em excesso de matéria que por ora dominam a sua mente, impedindo-o de ver que a vida é algo muito maior do que apenas o plano material em que ele se deixou prender. Quando dizemos isso, existem pessoas que mediante essa consideração sobre o plano material acham que não damos a mínima importância para os valores materiais, repudiando completamente o luxo, o dinheiro e todas as coisas boas que ele pode nos oferecer. Essa visão distorcida é totalmente errada, pelo menos no meu caso, pois a despeito do que pensam alguns espiritualistas que acreditam poder sobreviver de vento, eu particularmente gosto muito do plano material, com todos os seus confortos, aceitando conscientemente o fato de que este plano terreno não existe por acaso, como nada no universo, e está aí para ser totalmente desfrutado e aproveitado. O dinheiro não é algo pecaminoso e ligado ao mal, como pensam ainda hoje em dia muitas pessoas que continuam vivendo com uma mente completamente fechada, que faria o maior sucesso na época da Santa Inquisição, mas que nos dias atuais está completamente fora de moda. O único problema com o plano material é justamente quando começamos a dar maior importância à matéria do que ao Espírito, pois a primeira provém do plano espiritual e para ele retornará no devido tempo, quando tiver cumprido sua função de servir ao homem e não torná-lo seu escravo, impedindo-o de desfrutar da beleza de um pôr do sol, do voo calmo de uma gaivota cruzando a praia, ou do sorriso de uma criança diante de algo que a maravilhe; ou seja, até aproximadamente os seus dez anos de idade, toda a vida ao seu redor sem exceção. Depois dessa idade é que as coisas complicam para as crianças, pois os adultos, isto é, "aqueles que adulteram", as ensinam como parar de sonhar e acreditar que seus sonhos podem se tornar reais, fazendo com que elas coloquem os pés no chão, quebrando assim suas lindas asas de doces anjos que eram e que só poderão voltar a ser quando se desvencilharem dos falsos e estúpidos conceitos que foram enfiados à força em suas cabeças por aqueles que pensam que entendem a realidade da vida, embora tenham morrido para esta há muito tempo, só que ainda não perceberam.

As **duas árvores retorcidas** formando duas colunas entre as quais se situa o rapaz possuem, cada qual, seis ramos cortados, que somados originam o número 12, associado aos 12 signos do zodíaco, bem como às 12 casas zodiacais. Sendo cada signo o representante de uma força em particular e estando os 12 ramos cortados, isso simboliza o corte dessas 12 forças que são o sustentáculo de todos os seres humanos, encontrando-se o rapaz realmente num estágio lamentável, pois perdeu a coragem e a impetuosidade de *Áries*; os pés no chão e o senso de valores de *Touro*; a facilidade para a expressão das artes e a comunicação de *Gêmeos*; o amor pela família e pelo lar provenientes de *Câncer*; o brilho social, a aptidão para esportes e o canal aberto para a comunicação com os filhos, verdadeiras dádivas de *Leão*; o senso crítico e analítico de *Virgem*; o equilíbrio e a harmonia de *Libra*; a profundidade e a intensidade de *Escorpião*; a fé inabalável, os grandes ideais de vida e o gosto por viagens de *Sagitário*; a ambição, o profissionalismo e a competência para governar de *Capricórnio*, verdadeiro Rei dentro do zodíaco; a facilidade para fazer amizades e o senso totalmente inovador de *Aquário*; e, finalmente, a magia, o misticismo, a intuição e a crença na espiritualidade provenientes do mago do zodíaco – o signo de *Peixes*.

O rapaz mantém **seus braços cruzados** atrás de si, e temos a nítida impressão de que suas mãos estão atadas, não sendo possível para ele desvencilhar-se de tão incômoda posição. Muitos tarólogos inexperientes, alguns safados, se deixam levar por essa primeira imagem e acabam fazendo o cliente acreditar que está preso a um destino cruel, o que torna a sua vida mais lenta e com inúmeros retrocessos, dos quais o crédulo consulente só poderá se libertar se tomar o que eu chamo de banhos naturalistas à base de ervas, os quais fazem com que a pessoa mais pareça um "sopão" do que qualquer outra coisa. Isso sem falar daqueles cartomantes de fundo de quintal picaretas, que por sinal devem ter complexo de cowboy, pois vivem dizendo que a pessoa está sempre amarrada e mandam o pobre do cliente fazer os chamados trabalhos que, apesar de pertencerem às tradições de culto africanos pelas quais, diga-se de passagem, eu nutro um grande respeito, não têm nada a ver com uma consulta de Tarô séria e realmente profissional.

Dentro de uma visão real, as mãos do rapaz que parecem atadas atrás de suas costas, na verdade, estão completamente soltas e ele só não se liberta da forca porque não quer, preferindo continuar em sua incômoda posição atual ao invés de fazer um breve sacrifício para se libertar. Muitas vezes, em nossas vidas, nos deparamos com a mesma situação, em que sabemos por que estamos sofrendo, mas preferimos ficar parados no mesmo lugar, pois, afinal de contas, mudar para melhor vai nos fazer sair de nossa medíocre zona de conforto, o que dentro de nossas visões pequenas e egoicas é algo simplesmente inconcebível: *"Para que parar de sofrer e desfazer minha imagem cômoda de pobrezinho coitado, se os outros podem ficar me dando colinho e afagando minha cabeça, quando eu assim preciso? Não é melhor deixar as coisas como estão? Afinal de contas, eu já vivi muito tempo assim e não quero mudar agora".*

Vocês acabam de ler algumas das frases preferidas do nosso ego, que por meio desse tipo de pensamentos vai nos sufocando cada vez mais, até que nos tornemos verdadeiros marionetes a seu bel-prazer.

Somente para os leitores que já adquiriram o seu Tarô Namur, observando atentamente a parte inferior do Arcano, logo abaixo da cabeça de O Enforcado, atentamos para algumas **árvores que estão de ponta-cabeça,** representando outro mundo, ou realidade, que na verdade é a realidade de fato, na qual o rapaz enforcado vivia; ou seja, um mundo paradisíaco de delícias, vitórias e conquistas do qual ele foi expulso por si mesmo quando começou a fazer corpo mole e adquiriu certo desânimo pela vida, muitas vezes inspirado por aqueles amigos da onça que todo mundo tem. É como se o mundo que ocupa a maior parte da lâmina e que nos parece ser o mundo real, apenas por representar uma maior parte do desenho, fosse um mundo ilusório, o que ele de realmente é, pois o plano de Deus para com os homens não é um plano de desânimo, faltas e privações, mas sim um mundo de Vida, Luz e Amor. Se vivemos por muitas vezes em condições desfavoráveis, nem Deus, os Mestres, Anjos ou qualquer outra força superior têm culpa ou responsabilidade por nossa situação, pois fomos nós que nos colocamos nesse estágio desolador, não apenas por nossas mancadas atuais, mas também por todos os erros que, por não ouvirmos a voz da nossa Real Consciência, realizamos ao longo de nossas encarnações neste planeta-escola.

Sim! No início dos tempos nós éramos perfeitos, mas não podíamos nos contentar com o que nos era oferecido, querendo sempre mais e mais. Com isso, deixamos a voz do nosso ego falar mais alto que a voz de nossos corações. Cometemos inúmeros crimes contra os nossos irmãos encarnados neste planeta e contra a natureza, conseguindo com tudo isso condenarmo-nos a nós mesmos com mais e mais encarnações para que possamos voltar, aprender e também ensinar e auxiliar os nossos semelhantes, conseguindo, desse modo, a nossa própria salvação. Nesse estágio de transição pelo qual estamos passando, cabe a cada um de nós realizarmos o melhor possível em relação a tudo que está ao nosso redor, no sentido de colaborarmos com a manifestação da Grande Obra, sem nos esquecermos de melhorar a nós mesmos, pois é aí que começa a nossa verdadeira evolução.

O nosso tempo é relativamente curto, e quando digo isto não estou falando em Apocalipse, pois o mundo não vai acabar, pelo menos nos próximos anos, mas as nossas encarnações neste planeta, que têm por objetivo fazer com que alcancemos a nossa perdida Perfeição, podem estar no fim, pois até para ficar reencarnando existe um limite de tempo, pelo menos num mesmo planeta. O que ocorre depois que esse limite é esgotado é uma verificação entre aqueles que já atingiram um determinado grau de evolução necessário para fazer o seu planeta retornar ao estágio de perfeição primordial e os que ainda insistem em ouvir mais a voz do ego do que as suas Essências Divinas, causando com isso dor e sofrimento em todos os que estão ao seu redor, mas principalmente em si mesmos. Aos primeiros, ou seja, àqueles que já evoluíram o suficiente, é confiada a guarda do planeta onde vivem para que eles novamente reinstaurem a Perfeição Perdida que havia no início dos tempos, quando o mundo ainda era jovem e a morte era apenas um sonho. A forma de governo que rege o mundo neste estágio de evolução é um sistema Sinárquico, isto é, um governo que estabelece a sua constituição com base nas Leis Divinas, das quais o homem jamais deveria ter se afastado. O G.O.M.*[4] retorna à superfície, bem como toda a Hierarquia Espiritual que o compõe, e os homens novamente experimentam um tempo de Paz, Felicidade, Prosperidade, Saúde, Segurança, Sabedoria e Justiça, em que a vontade do Grande Arquiteto do Universo é realmente feita, assim no Céu como na Terra, pois os homens novamente se tornam um com o Pai.

Quanto àqueles que tiveram as mesmas chances de evolução que seus irmãos que atingiram a Luz, mas que desperdiçaram suas vidas com outros objetivos vis e mesquinhos que não os de servir a Deus, Pátria e Família, estes são levados para um outro plano evolucional menos ele-

---

4. G.O.M. – Governo Oculto do Mundo.

vado, onde poderão até mesmo começar tudo de novo em relação a seus processos evolutivos, para que um dia também sejam analisados e, atingido o grau de evolução necessário, passem a fazer parte das fileiras das Ascensionadas Legiões da Luz Maior, aquela que realmente vem do Alto. Com isso, prova-se definitivamente que não há castigo, muito menos expiação, pois a todos são dadas as mesmas chances de Evolução, seja neste ou em outros mundos, ou dimensões, sendo o homem o único responsável por sua Evolução em ritmos mais ou menos lentos. No fim das contas, é sempre ele, O Homem, que decide, pois Deus em Sua Infinita Bondade e Amor o dotou de Livre-Arbítrio, característica esta que nem os Anjos possuem.

Significado do 12º arcano – O Enforcado

Escrever o significado do décimo segundo Arcano, sem dúvida, não é tarefa das mais fáceis, tendo em vista que ele representa um estado em que a estagnação estaria presente em praticamente todos os aspectos da vida do cliente, sendo necessárias mudanças radicais dentro de sua maneira de viver e de encarar a vida, sem as quais tudo fica justamente como O Enforcado, ou seja, em suspenso.

O Arcano representa uma fase de parada, estagnação e lentidão na execução dos objetivos, tanto nas menores como nas maiores coisas. Seria uma espécie de inverno que adentra a vida da pessoa, obrigando-a a deixar a execução de todos os seus projetos para um outro momento mais propício, porque se tentássemos dar prosseguimento a nossos planos no momento atual, não só teríamos aborrecimentos em cima de aborrecimentos, como também poderíamos perder os nossos sonhos mais almejados, definitivamente.

Dizem que quando o andamento das coisas em nossa existência não está progredindo no ritmo que desejávamos, o melhor a fazer é deixarmos os nossos objetivos que se tornaram mais lentos de lado e darmos de costas, olhando em direções opostas totalmente diferentes daquela que está parada, pois quando a primavera novamente chegar a nossas vidas, e o(a) leitor(a) pode ter a certeza de que ela retornará, pois nada neste Universo em mutação permanece estável por muito tempo, então pelo degelo natural dos obstáculos que outrora impediam a nossa realização, poderemos novamente retomar nossos objetivos primordiais, sabendo que agora estamos no momento certo para a sua realização. Utilizando um exemplo mais simples, poderíamos dizer ao nosso cliente que existem duas maneiras de tirarmos do gelo algo que está congelado, ou pelo menos não se desenvolvendo tão rápido quanto desejávamos. A primeira forma consiste em pegarmos um quebra-gelo e começar a bater radicalmente no bloco, com toda a força que nos permite a nossa impaciência, e com este ato perdermos por causa de uma pancada mal desferida o que não estava para sempre perdido em meio ao gelo, mas sim por ele apenas preservado. O outro modo, mais sensato e civilizado, consiste em abrirmos mão, pelo menos temporariamente, dos nossos projetos e sonhos que foram congelados; utilizando muito bom humor, tolerância, perseverança e paciência, aguardarmos pelo degelo natural de nossos projetos, que se dará no devido tempo pelos promissores raios do sol de primavera, os quais nos permitirão atingir o que desejávamos, muito antes do tempo longo que antevia nossa consciência objetiva pessimista e derrotista. Enquanto aguardamos o degelo, cabe-nos realizar uma consciente autoanálise, para que possamos de fato enxergar o que nos colocou em situação tão desagradável e, ao mesmo tempo, tratarmos de iniciar tarefas que não tenham nada a ver com nossos objetivos primordiais, mas que possam nos distrair e fazer com que apliquemos nossa criatividade, pois aí está uma coisa que, independentemente da fase em que nos encontramos, jamais pode deixar de ser trabalhada. Estas tarefas não só ocuparão a nossa mente evitando com que, por causa de nossa ansiedade, travemos cada vez mais o que já está obstruído naturalmente, mas também nos darão a oportunidade de descobrir talentos novos dentro de nós, que de simples *hobbies* para passar o tempo, poderão se converter com um pouco de boa vontade, aprimoramento e estudo em tarefas até mais interessantes e lucrativas do que aquelas que tínhamos em mente no início da fase de inverno que acabou adentrando em nossa vida.

Agora, se por um lado tentamos achar soluções para que possamos atravessar tão deprimente fase sem maiores perdas e danos, por outro, talvez as soluções que busquemos estejam na profunda análise do que nos teria levado ao ponto de adentrarmos nesta atual condição de O Enforcado.

Quando olhamos o desenho, segundo a nossa consciência objetiva dominada, diga-se de passagem, pelo nosso ego, temos a impressão de que o rapaz enforcado é um pobre coitado que se deixou prender ingenuamente pelas terríveis garras de um destino totalmente incontrolável, sobre o qual ele não tem nenhum poder, sendo a forca o seu derradeiro castigo, da qual ele nunca se libertará, necessitando da piedade e do auxílio dos mais favorecidos, que deverão ir até ele para consolá-lo por sua terrível má sorte. Que pena, não é mesmo? Pobre rapaz. Sniff! Sniff!

Ao(à) leitor(a) que já estava puxando o lencinho branco para chorar comigo a sorte de tão desgraçado personagem, eu aconselho que espere um pouco mais e vire neste momento o Arcano de ponta-cabeça, ato que certamente irá mudar o seu conceito sobre ele.

Se já virou o seu Arcano, prepare-se, pois agora lhe será desvelado o seu significado real; no entanto, se ainda não inverteu esta lâmina, deixando-a de ponta-cabeça, você é um forte candidato a se tornar um futuro Enforcado por sua falta de vontade e excesso de hesitação. Radical, não é mesmo?

Pois bem, analisando o Arcano dentro de sua nova posição, podemos notar que até a feição sofredora do rapaz está um pouco diferente. O(a) leitor(a) com certeza deve se lembrar dos seus tempos de adolescente se já for uma pessoa madura, daqueles(as) excelentes alunos(as) de colegial que, após soado o sinal anunciando o final do intervalo, apoiavam o seu folgado pé na parede do pátio, repousando suas folgadas costas nas paredes dele, enquanto todos os outros alunos mais aplicados se dirigiam normalmente para suas respectivas salas de aula. Friamente analisando agora a figura de O Enforcado com suas mãos para trás e seu pé esquerdo descansando por trás da perna direita, nos lembramos daquelas ilustres figuras juvenis que infestavam e infestam até hoje todos os colégios do mundo, fazendo com que professores e pais tenham de suar as camisas (não as deles, é claro...) para fazê-los passar no final de ano para outra série.

Vendo O Enforcado segundo esta nova luz, ele deixa de ser enforcado e passa a ser o grande Folgado. E o que é o folgado, se não uma pessoa tão inteligente e brilhante quanto as outras, só que sem a devida força de vontade e empenho, que fazem com que os demais triunfem?

Analisemos bem, jovens e não tão jovens leitores, o que estamos fazendo com nossas vidas, quando nos colocamos POR NOSSA PRÒPRIA VONTADE numa posição de sofredores, querendo com isso afago e carinho daqueles que estão ao nosso redor? Tenhamos em nossas mentes e corações que esta autopiedade a que nos sujeitamos não só é ridícula, como também nos impede de colocarmos o nosso potencial criativo a serviço da humanidade, contribuindo evidentemente, também, para com a nossa própria evolução. Com que direito nos colocamos numa posição de pobres coitados, quando somos cheios de Luz, Força, Vida e Amor, irradiados do Grande Sol Central em direção a nós, para que brilhemos como estrelas magistrais, refletindo este divino brilho em todas nossas palavras, atos, e ações?

Desânimo, falta de entusiasmo e perda de vontade de viver são palavras que não deveriam constar no dicionário dos filhos de Deus espalhados por toda a Terra, porque estas expressões não fazem parte da nossa realidade, pelo menos não da realidade idealizada pelo Pai para cada um de nós.

É muito cômodo e fácil dizer que a vida é difícil, e culpar os outros por nossas infelicidades e decepções. O difícil é sairmos de nossa zona de conforto, desfazendo-nos de uma teia nojenta de falsos conceitos derrotistas que foram gravados em nossas mentes por uma sociedade conformista, que já se habituou a aceitar as calamidades e tomar as coisas erradas como se fossem certas. O difícil é dizermos um NÃO definitivo a tudo aquilo que nos agride, limita, e impede-nos de manifestar plenamente o nosso direito à felicidade, sem nos importar com o que os outros pensem ou digam a nosso respeito, apenas porque decidimos nos tornar melhores para nós mesmos, não nos preocupando mais com problemas que não nós, mas sim os outros, é que deveriam estar se ocupando já há muito tempo.

Quando nos comprometemos a fazer coisas em excesso, ainda mais tarefas que muitas vezes não são as nossas, apenas para fazer bonito diante de uma sociedade que em diversas ocasiões não nos dá o devido valor, nem mesmo reconhecendo apropriadamente o nosso trabalho, depois de um tempo, tudo parece mais difícil de ser executado e, aos poucos, vamos ficando cansados, abatidos e desanimados com a vida. Começamos a desempenhar nossas funções, mediante as necessidades materiais ou emocionais, esquecendo-nos de que antes as desempenhávamos por amor a elas e pelo bem-estar que o cumprimento de nossas tarefas nos proporcionava ao final delas, embora não nos preocupássemos só com os resultados finais, mas principalmente com todo o caminho que foi necessário percorrer até atingi-los, pois no fundo, sabíamos que a felicidade real não se encontrava somente na conclusão de nossos ideais, mas também em todo o trajeto – com todos os seus obstáculos, derrotas, vitórias e aprendizados – percorrido até a conclusão deles.

Após tudo o que foi dito, O Enforcado se torna um convite para que não fiquemos demasiado tempo na cama depois que toca o despertador; um convite para que não choremos as derrotas e os desgostos do passado, e sim nos preparemos para os inúmeros bons momentos de conquistas e vitórias que vamos ainda vivenciar, simplesmente porque agora temos a ousadia de acreditar que a vida pode ser melhor; e, finalmente, um convite para que mesmo em tempos de lentidão externa, no tocante a nossos objetivos, jamais deixemos de acreditar em nossas realizações, pois quando as coisas param em nível externo, é sinal de que devemos nos concentrar em nossa grandiosidade interna, em plena harmonia com o Deus dos nossos corações, aguardando confiantemente que após este período de noite necessário em nossas vidas para uma profunda autoanálise, novamente, depois de concluída essa análise, o sol voltará a brilhar em nossas existências, porque estaremos livres de todos os falsos conceitos que nos tiravam a liberdade e impediam a nossa felicidade. Agora, nós resolvemos em primeiro lugar brilhar para nós mesmos e, em seguida, refletir esta luminosidade em nossos semelhantes.

Capítulo 13

Aprendendo a Arte de Morrer antes que Você Morra

O que faz com que a vida continue, com todos os seus ciclos naturais de nascimento e renascimento? A morte seria a única resposta correta a essa questão.

Sim! Ela é a única responsável pela perpetuação da vida, pois a sua atuação, promovendo o término de um relacionamento, negócio, amizade e até mesmo da própria existência, faz com que possamos renascer dentro de um novo estágio de consciência, que pode ser mais ou menos evoluído, dependendo do que nós plantamos na fase anterior de trabalho, antes que ela chegasse até nós.

Muitas pessoas têm medo do momento da morte, pois ele representa o real encontro com a fatalidade que nos remeterá a um plano desconhecido. Mas se formos analisar bem esta situação de desconforto que as pessoas sentem até mesmo em tocar nos assuntos relativos à passagem para o plano espiritual, veremos que isto se deve ao fato da total falta de informação e de real interesse – salvo raras exceções – que existe na maioria das religiões a respeito deste assunto, deixando os fiéis completamente desorientados e desestruturados diante desta passagem que todos nós realizaremos algum dia. Isto faz com que as pessoas temam a morte e não queiram, quando em vida, nem saber o que existe do outro lado. Como sabemos, tudo aquilo que o homem desconhece ele teme, ridiculariza, ou adota perante isso um total e falso desinteresse, que no fundo serve para camuflar a sua total inaptidão e ignorância para lidar com o inexplicável.

No meu ponto de vista, as pessoas não têm medo da morte, mas temem a maneira pela qual se dará a transição, e isso se deve ao fato de que ninguém quer sentir dor ao partir deste mundo. Falando com vários alunos e clientes ao longo de todos os meus anos de trabalho, pude notar que quando os assuntos relativos à morte vinham à tona, a maioria das pessoas dizia que se pudesse escolher a maneira pela qual desencarnaria desta vida em direção a uma futura, elas preferiam morrer dormindo ou de modo fulminante, sem que ao menos percebessem que tinham feito a passagem para outro plano. Até hoje jamais encontrei uma pessoa que preferisse, ao invés de partir logo para o plano espiritual, ficar agonizando em uma cama anos a fio, fazendo também sofrer com isto seus entes queridos. A morte por fogo, afogamento e acidentes de trânsito, em que se fica preso nas ferragens morrendo lentamente, são as situações de transição mais abominadas pelas pessoas em relação ao seu desencarne. Tudo isto faz com que concluamos que o que os indivíduos não querem mesmo é sentir dor ao partir do plano terreno.

O ser humano não teme a morte, porque ele sabe o que existe do outro lado, uma vez que veio de lá. Ao encarnar, logicamente ele esquece todas as informações relativas ao plano espiritual, bem como as diretrizes para que possa manifestar o seu Dharma ou Missão de Vida nesta vida. Esquece também completamente o que foi em suas vidas passadas, para que o apego a estas antigas vivências que já cumpriram o seu papel em seu processo evolucional não volte à sua mente, fazendo com que ele passe a viver das recordações, tanto benéficas quando maléficas do passado, quando o necessário agora para a sua real evolução dentro do ciclo das encarnações é concentrar-se no presente, consciente de sua missão de vida na vida atual.

A não lembrança de como viver a nossa Missão de Vida nesta vida, e até mesmo qual é a nossa Missão de Vida, bem como o total esquecimento do plano espiritual em que vivíamos antes de reencarnarmos e das vidas passadas que tivemos, são parte de um complexo esquema evolucional. Uma vez que a Terra é um planeta-escola onde temos muito a aprender, seria injusto que alguns reencarnassem já de antemão tendo plena consciência do que foram no passado e do que precisam cumprir no presente, enquanto a grande maioria das pessoas nem mesmo possui ainda a consciência de que existem vidas passadas e futuras, além de Missões de Vida a serem cumpridas nestas vidas. Para nivelar um pouco todos nós ocorre o esquecimento de dados vitais referentes à nossa evolução, fazendo com que o ser humano a mereça por meio de um longo processo de busca por si mesmo, em que com certeza ocorrerão muitos encontros e desencontros que farão com que o indivíduo amadureça material, mental, emocional e espiritualmente.

Uma pessoa começa a ser bem ou malsucedida em sua vida, dependendo de como está procurando ou não realizar "A Missão", ou seja, o papel que lhe foi destinado nesta existência, não por Deus, mas por ela mesma, em decorrência do que fez em suas vidas passadas e até mesmo na vida atual. É bom não esquecermos que todos nós, sem exceção, estamos sujeitos à Lei de Causa e Efeito. Se a pessoa procura cumprir a sua Missão de Vida com Amor a ela, então todo o Universo passa a conspirar a seu favor, fazendo com que a sua existência se torne mais suave, harmonizada e equilibrada. Se, no entanto, a pessoa se revolta contra o papel que deveria estar desempenhando, tudo se torna mais difícil ao longo de sua existência, porque a revolta é injustificada, uma vez que cada um colhe aquilo que plantou e nada acontece por acaso.

Buscar o Autoconhecimento é de fundamental importância para todos aqueles que, no momento de sua transição, antes do último suspiro, queiram estar com a consciência tranquila, sabendo que se não realizaram totalmente aquilo que tinham de cumprir dentro do plano evolucional do ciclo das vidas nesta vida, pelo menos muito pouco deixaram para ser realizado nas próximas existências, podendo cerrar os olhos com a certeza de que cumpriram ao máximo o que tinham a fazer.

O Arcano A Morte, ao contrário do que pensa a maioria das pessoas não iniciadas nos mistérios, não tem nada de negativo ou nefasto em seu contexto. E é sempre bom lembrar que o excessivo temor à morte faz com que o ser humano não viva a sua vida em total plenitude, pois para tal seria preciso reconhecer e aceitar no fundo do coração que tudo tem o seu fim para que possa haver um novo começo, sendo natural morrer para que possamos eternamente renascer neste e em outros planos.

A morte dentro do contexto iniciático

Dentro das Escolas de Mistérios tradicionais, também conhecidas pelo nome de Ordens Iniciáticas, existe, quando da entrada de um profano na instituição, um ritual de passagem, que é justamente uma alusão à morte.

Esse ritual primordial dentro das ordens verdadeiramente sérias e tradicionais é de suma importância, pois desta morte simbólica renascerá o Iniciado, ou seja, aquele que terá o poder para mudar o mundo em suas mãos, desde que leve verdadeiramente a sério os estudos, as práticas e os rituais da Escola na qual decidiu adentrar.

A morte como primeiro rito de passagem dentro das Ordens Iniciáticas pode assumir diversas formas, dependendo da linha iniciática da escola, que pode ser egípcia, hebraica, celta, cavaleiresca (templária), hindu e mais uma infinidade de tradições. Elas podem diferir quanto à ritualística mortuária, mas ainda assim mantêm o mesmo objetivo, que é o de lembrar ao candidato que a partir do momento em que ele decidiu entrar para a Ordem, ele necessita morrer para seus antigos padrões de comportamento, a fim de que possa haver um novo espaço onde não apenas um novo conhecimento, mas também uma nova vida oriunda deste conhecimento que o Iniciado vai receber ao longo de sua Senda Mística possam se manifestar.

É comum ouvir os Iniciados das grandes Escolas de Mistérios dizerem que o momento mais significativo dentro da Senda Iniciática é o instante da Iniciação, pois ele representa um real renascimento para uma nova vida, após superadas as provas a que foram submetidos os candidatos. Mesmo reconhecendo que a Iniciação é o ápice-mor de muitos contextos iniciáticos, eu, que já morri e renasci diversas vezes, prefiro não me concentrar tanto no final da Iniciação, quando enfim o Iniciado é reconhecido como tal por seus agora, por assim dizer, irmãos.

De todo o ritual de Iniciação, a parte mais importante, sem dúvida alguma, é aquela que faz alusão à morte simbólica, pois se essa morte não for bem realizada e aquele que está se submetendo a ela não estiver plenamente ciente do que este ato significa, a Luz que vem do Alto no momento que lhe for tirado o Véu de Ísis não se manifestará e, em vez de um verdadeiro Iniciado que triunfou das provas, o que teremos entre nós será uma pessoa comum, mais ou menos interessada nos mistérios, mais a título de curiosidade do que qualquer outra coisa. Pessoas assim, com o decorrer do tempo, na melhor das hipóteses, se afastarão do caminho iniciático, uma vez que a função desse caminho pode não estar de acordo com seus antigos defeitos gerados pelo ego, quando do seu ritual de passagem. No entanto, na pior das hipóteses, o que também poderemos ter de aturar será uma corja de desinteressados que virão à Ordem mais com o intuito de atrapalhar os trabalhos daqueles que verdadeiramente buscam a Luz, ou com o vil objetivo de servir-se dos conhecimentos da ordem e de sua influência no mundo profano, para manifestar os seus mesquinhos objetivos que, muitas vezes, poderão estar em total desacordo com as Leis Naturais e Universais que regem toda a Vida. Pessoas dessa natureza deverão, assim que começarem a dar sinais de seus malévolos objetivos, ser instruídas novamente sobre os ideais e objetivos da Ordem, seja ela qual for. Deverão ser lembradas do que juraram quando de sua entrada na Instituição e despertadas para os valores espirituais que são verdadeiramente os que mantêm não apenas as Ordens Iniciáticas de pé, mas também todo o planeta Terra, bem como o Universo.

Caso essas pessoas, que até então estavam desinteressadas pelo estudo dos mistérios, tenham, após a conscientização que lhes foi dada pelos antigos Iniciados, o seu interesse despertado para essas áreas, deverão ser incentivadas, apoiadas e estimuladas ao máximo a progredir dentro da Ordem, por meio de seus augustos ensinamentos, em direção à Verdadeira Luz. No entanto, se permanecerem rebeldes e dissimuladas em relação à sabedoria e ao conhecimento, deverão ser convidadas a se retirar da instituição, uma vez que em nossas fileiras não há lugar para os dissimulados e pobres de espírito questionadores. Sabemos que a única maneira de se chegar até a Verdadeira Verdade se dá por intermédio do estudo consciente, não fanático; da pesquisa muitas vezes realizada dentro de um verdadeiro Espírito de fraternidade com os nossos irmãos; da liberdade que permite que cada um exponha seus pontos de vista, sem ser criticado ou desmerecido em seus pareceres; e da igualdade que une todos os Buscadores da Luz, não importando os caminhos que cada um siga, pois todos constituem rotas evolutivas, que apesar de parecerem diferentes quanto à ritualística e à metodologia de estado, constituem um só caminho baseado no amor Universal de Deus para com seus filhos.

O verdadeiro Iniciado não teme a morte, porque tem dentro de si a certeza de que é verdadeiramente imortal como Essência em evolução, sendo seu corpo físico apenas uma roupa que ele vestiu para desempenhar um papel no teatro da vida. Quando as luzes do palco desse teatro se apagam e o Iniciado tem que sair de cena, ele o faz com extrema tranquilidade, pois sabe que o Universo o está novamente chamando de volta ao seu seio onde ele irá se preparar para desempenhar papéis cada vez mais grandiosos nas futuras peças da vida quotidiana, escritas pela mão do Grande Arquiteto do Universo.

O ato de aceitar a morte como uma transição necessária para que a vida possa continuar torna o Iniciado verdadeiramente livre, para que possa viver uma existência sem medos e valorizá-la ao máximo, porque é justamente dessa valorização que dependerá sua evolução em direção ao Pai nas suas futuras encarnações.

Os símbolos que compõem o arcano da Morte ou do Ceifador

A melhor maneira de entendermos o complexo simbolismo existente dentro do décimo terceiro Arcano é justamente contarmos uma história utilizando suas ricas alegorias.

Nossa vida pode ser comparada a um grande campo de **trigo**, que temos de cultivar bem todos os dias, a fim de que possamos ter resultados proveitosos. Num belo dia, lá estamos nós a cultivar esse campo quando, em determinado momento, levantamos um pouco o nosso corpo para enxugar o suor de nossos rostos e nos deparamos com uma cena no mínimo curiosa. Ao fixarmos o nosso olhar nas espigas, que se perdem no horizonte, reparamos que elas começam a cair uma após a outra de maneira ininterrupta, avançando em nossa direção. Aguçando ainda mais a nossa visão para tentarmos compreender o que está acontecendo, vemos claramente o **esqueleto** da morte, com o seu **ceifador**, ceifando as espigas de trigo que havíamos plantado até o presente momento. Num tempo não muito longe, o esqueleto realiza a sua obra de devastação; passa ao nosso lado rindo e brandindo a sua foice, já de olho nos próximos campos onde ele irá continuar perpetuando o seu eterno ceifar, uma vez que em nossos campos ele não tem mais nada o que cortar, tendo concluído a sua obra. Agora só nos resta interpretar o que significa tudo isto.

Em primeiro lugar, o trigo cultivado representa a nossa própria vida, na qual, em meio às espigas, se escondem tanto influências benéficas que contribuem para o nosso crescimento como essências em evolução que somos quanto padrões arcaicos restritivos e negativos de pensamento, que já deveriam há muito tempo ter saído de nossa existência, bem como uma longa lista de fatos, situações e principalmente pessoas indesejáveis, que no decorrer dos anos travaram o nosso entusiasmo, fazendo com que nós nos sentíssemos mortos para a vida. E é justamente com o Arcano A Morte que nós temos a oportunidade de colocar um basta em tudo que não nos agrada mais, renascendo para uma nova vida, cheia de Luz e Amor; desde que nós realmente permitamos que isso aconteça, não impedindo aquilo que deve ser mudado, apenas porque o nosso ego não concorda com isso por estar numa posição muito confortável em sua zona de conforto, enquanto nós estamos nos estrepando dia após dia. Como já foi dito, entre as espigas de trigo, tanto existem coisas negativas que precisam ser alteradas quanto coisas que o nosso ego encara como positivas, mas que em essência são tão negativas quanto a própria negatividade, trazendo-nos constantemente dor e sofrimento. É chegado o momento da transformação, e ninguém deve temer o novo que virá após a mudança, porque seguramente, para os puros de coração e pensamento, a nova fase será muito mais próspera que a antecedente. Basta acreditar e trabalhar!

Diante do campo totalmente devastado pelo ceifador, existem dois tipos de pessoas:A primeira controlada ainda pelo ego, que ao ver a morte e a transformação da zona de conforto, a qual norteou a sua vida até então, quando do fim necessário desta fase, sente-se desesperada e revoltada contra a vida, contra Deus e os céus, questionando o Pai para que lhe responda o porquê de ceifarem aqueles valores arcaicos que já em nada contribuíam para a sua evolução e, até mesmo, retardavam-lhe o passo. Diante do campo desnudo essa pessoa chora, grita e se desespera, esperando que lhe venham rapidamente pegar no colo e passar a mão por cima de sua desafortunada cabeça, num interminável e medíocre ciclo de autopiedade. Ela não entende que nada ocorre por acaso e que o fato de uma fase, relacionamento, emprego ou seja lá o que for ter chegado ao seu término natural é apenas o prenúncio de uma nova fase tão grandiosa quanto aquela que a antecedeu, desde que a pessoa trabalhe para este fim.

Analisando o segundo tipo de pessoa, vamos encontrar seres humanos maravilhosos que estão em busca da sua verdadeira evolução e não se deixarão apegar por nenhum falso ideal que não esteja em conivência com o seu primordial e grandioso objetivo. Essas pessoas, ao final de determinada fase de suas vidas, em que muitas vezes tudo lhes pode ter sido tirado de uma hora para outra, encararão esta radical transformação como algo que realmente pode libertá-las de antigos, arcaicos e falsos conceitos existenciais que já cumpriram sua função, sendo necessária agora a limpeza, que as capacitará a adentrarem num novo estágio da existência. Diante do campo vazio e desnudo, ao invés de choramingarem como a maioria das pessoas, elas agirão como verdadeiras cocriadoras auxiliares do Grande Arquiteto do Universo, por entenderem que quando o Pai fecha algumas portas e encerra uma determinada fase da vida de seus filhos, é para que eles, numa etapa totalmente nova, se esforcem novamente para semear com mais perfeição o campo da vida, a fim de que, por meio deste trabalho, cultivem cada vez melhor suas próprias naturezas, porque Ele sabe que esta é a única forma de fazer com que as suas crianças retornem para a Sua casa. Estes cultivadores de si mesmos lançarão no campo vazio sementes extraídas de seus próprios corações, agindo sempre com muita criatividade e sentimento de profunda gratidão para com o Pai Celestial, uma vez que, mediante o Arcano A Morte, Ele dá a seus filhos a chance de uma nova vida, sem ser necessário desencarnar para que isto ocorra.

As sementes que foram lançadas ao solo no devido tempo germinarão novamente, fazendo ressurgir o dourado campo de trigo, que representa a própria vida. E, mais uma vez, após completado o ciclo de início, meio e fim necessário, A Morte, portando o seu ceifador, colocará este campo novamente abaixo, sabendo que será temida e odiada pelos fracos de espírito que ainda não acordaram para o fato de que o Universo está sempre em constante mutação, não havendo nenhum valor estável, principalmente dentro do plano material. Para aqueles mais conscientes e que se tornaram assim por seu próprio esforço, ela será muito bem recebida, porque eles sabem que antes de ser uma terrível vilã, A Morte representa a libertação do excessivo apego às ilusões da matéria, que quando não muito bem controladas podem levar o homem até mesmo à morte derradeira. Agora eu não estou falando em sentido simbólico, e sim nos famosos sete palmos abaixo da terra, para onde vão não apenas aqueles que já cumpriram aqui as suas funções de modo consciente, mas também os que as deixaram de cumprir por excessivo apego ao mundano... Só que os últimos vão bem mais rápido e, por vezes, de forma não muito agradável, para variar, por suas próprias culpas.

Antes de adentrarmos no significado do Arcano 13, forneceremos agora um significado resumido dos símbolos que compõem esta lâmina.

O **esqueleto** é a estrutura óssea que já serviu de receptáculo para a locomoção de uma vida, mas agora está completamente vazio, representando o destino de igualdade que nos espera quando cerrarmos os olhos. Sendo uma imagem de profunda reflexão, demonstra principalmente para os mais vaidosos que o excesso de vaidade é algo estúpido e injustificado, uma vez que quando for chegada a hora, todos nós, sem exceção, nos converteremos numa mesma estrutura óssea, independentemente de posses, títulos e bens materiais de que dispusemos em vida.

Na **capa esvoaçante** do esqueleto nós encontramos vários desenhos do planeta **Saturno**. Saturno dentro da astrologia é aquele que limita, o que cria obstáculos a serem transpostos, a fim de que possamos evoluir por meio destes bloqueios, muitas vezes penosos, que podem levar-nos à beira da morte para, após transposição, renascermos para uma nova vida. Ligado fortemente ao Karma, Saturno é conhecido em linguagem esotérica como "aquele que habita o Umbral", indicando que somente aquele que conhecer profundamente a si mesmo e formar fortemente o caráter poderá tornar-se uma pessoa verdadeira. Só que, para o processo de autoconhecimento, é indispensável que se vá morrendo pouco a pouco para os erros e as paixões, a fim de que possamos fazer novos progressos dentro da escala evolutiva.

A **foice** é símbolo da colheita. Dentro do contexto do décimo terceiro Arcano, representa a derradeira colheita após uma fase de trabalho. É o ceifar daquilo que foi plantado, para que uma nova vida possa renascer no campo que foi deixado vazio.

Aos pés do esqueleto, vemos **cabeças e membros** de homens e mulheres, que representam reis e rainhas destronados de seu poder que outrora consideravam inabalável, tendo se esquecido de que na vida tudo tem seu começo, meio e fim. Esta cena é uma advertência a todas aquelas pessoas que, por estarem numa posição privilegiada, gostam de empinar o nariz, esnobando os menos favorecidos e têm a falsa ilusão de que esta fase de bênçãos em suas vidas jamais terminará. Essas pessoas podem ter a certeza de que, se possuem algum tipo de poder, seguramente esse poder não lhes foi emprestado para que possam utilizá-lo a seu bel-prazer, fazendo dele o que bem entenderem, inclusive desfeitas e maus-tratos a seus irmãos mais humildes, porque a Roda da Fortuna gira incessantemente, e a única maneira de manter-se em seu topo é procurar levar uma vida justa, digna e honrada, sem jamais cometer nenhum pensamento, palavra ou ação que causem qualquer tipo de desarmonia para com a sociedade, natureza ou as Leis Universais.

A atmosfera fúnebre do Arcano serve para colocar o cliente num estágio de profunda reflexão, no sentido de que ele possa realmente se perguntar se a sua vida levada até então tem valido a pena, pois é justamente cercado de emblemas fúnebres; ou, quando morte está mais perto, a pessoa pensa mais sobre tudo o que fez, está fazendo e poderia ainda fazer.

Significado do 13º arcano – A Morte ou O Ceifador

A necessidade de se entregar à vida e permitir que os eventos ocorram naturalmente, sem o excessivo apego a coisa alguma que não sejam os valores internos, sem dúvida alguma é a maior lição do décimo terceiro Arcano para o cliente.

Com a sua saída, cessa toda uma antiga ordem e inicia-se um processo de fim necessário, pelo qual a vida da pessoa possa continuar fluindo. A despeito de quão marcante seja ou possa ter sido a fase em que nos encontremos, A Morte é um aviso de que esta fase atual finalmente está chegando ao seu término, após ter dado tudo aquilo que podia em nível de experiências evolutivas, vitórias e derrotas, alegrias e tristezas, sendo agora necessária para a perpétua continuação da existência a morte natural de uma antiga ordem estabelecida.

Muitas vezes, antes da chegada deste Arcano a nossas vidas, sentimo-nos exauridos e esgotados com a excessiva quantidade de trabalho que estamos desenvolvendo sem obter os resultados satisfatórios, e nos perguntamos o que aconteceu com os nossos projetos que até bem pouco tempo nos davam unicamente lucros e alegria. Por que não conseguimos mais extrair desses projetos todo o potencial que extraíamos em passado não tão distante, e sentimo-nos cada dia que passa mais cansados, velhos e estagnados em relação a nossos ideais, como verdadeiros Enforcados do décimo segundo Arcano?

A resposta mais correta para esta questão seguramente não está baseada em autoculpa, pois não fomos nós que envelhecemos, mas sim os nossos projetos e ideais que se tornaram antigos sem que percebêssemos, sendo necessário agora olhar para rumos diferentes, apelando para a nossa criatividade interior que, quando bem trabalhada, mesmo que dez portas tenham sido fechadas, pelo menos uma 20 novas se abrirão ao nosso redor, oferecendo-nos inéditas possibilidades de trabalho, até mesmo em direções que jamais havíamos pensado em seguir.

Muitas vezes, A Morte também surge em nossa vida como uma verdadeira bênção, uma vez que nos livra de limites tornados insustentáveis, a fim de que possamos, livres, continuar procurando realizar nosso verdadeiro destino. Para entender isso facilmente, basta que observemos o nosso organismo.

Quando estamos com uma dor de dente e não nos tratamos no devido tempo, extraindo ou reparando aquilo que precisa ser curado, essa dor se torna insuportável e depois de alguns dias, podemos até cair de cama por não suportarmos a dor, que começará a interferir no bom andamento de todo o restante do organismo. Neste ponto só nos resta dirigirmo-nos até um bom profissional que esteja apto a realizar a necessária extração ou tratamento. Poderemos então retornar à nossa vida normal completamente aliviados, pois foi ceifada a causa da dor que tanto nos afligia. Este exemplo do dentista, apesar de simples, tem uma total relação com a nossa vida e com o décimo terceiro Arcano, uma vez que a sua função é a de ceifar padrões estagnados que podem estar provocando dor em alguma área de nossa existência. Por nossa própria teimosia em não querer admitir que tudo tem um fim necessário, os padrões não foram ceifados há mais tempo. Agora devemos permitir que a libertação aconteça.

São muitas as situações que podem atingir em nossa existência um patamar insustentável; por exemplo, um casamento de interesses em que, após um determinado tempo, onde não existiu a presença do verdadeiro amor e sim máscaras pelas quais eram mantidos os padrões de conveniência, torna-se insuportável, não havendo mais nada que possa manter unido o casal. Aí começam as traições, as crises de ciúmes e as desconfianças que pouco a pouco vão envenenando a vida dos cônjuges, sendo realmente mais terrível ainda a situação daqueles que colocaram filhos no mundo; agora, as pobres crianças têm de conviver com os tristes espetáculos proporcionados pelos seus pais, praticamente todos os dias. Neste tipo de situação, A Morte agiria como um bálsamo salvador, indicando a necessidade de uma urgente separação amigável, em que cada um pudesse seguir o seu rumo, uma vez que qualquer outra tentativa de continuar mantendo esse casamento de aparências poderia terminar em consequências mais graves no decorrer dos anos, com irreparáveis prejuízos não somente para o marido e a mulher, mas principalmente para as crianças da casa, se houver alguma. E a desculpa da não separação por causa dos filhos hoje em dia já é totalmente descartada, porque qualquer criança ou adolescente que após o término da relação entre os seus pais continue sendo criado(a) com carinho e compreensão por ambos, entenderá quando for adulto que foi melhor para a sua evolução crescer vendo seus pais separados, sem perder a amizade, prontos sempre que preciso a lhe prestar auxílio, do que juntos, mas se digladiando todos os dias, tumultuando não apenas a sua evolução enquanto adolescente, mas também a evolução de suas vidas adultas, enquanto seres humanos em busca de equilíbrio emocional.

Outro bom exemplo de situação que chegou a seu término natural é aquela na qual vemos um empresário prensado contra a parede por ver seus negócios já não fluindo tão bem quanto no passado, mas que infelizmente, por um orgulho besta e injustificado, insiste em mantê-los no presente, até que a firma acabe indo à falência total e ele tenha de se deparar com os credores nos seus pés 24 horas por dia. Quem sabe se com menos orgulho e mais mente aberta ele não teria percebido há tempos onde os seus negócios já não estavam ocorrendo tão bem e mudado de ramo quando fosse o momento certo, salvando não apenas a empresa, mas também a sua dignidade como ser humano? Alguns empresários, donos da verdade, diriam que não lhes foi apresentada nenhuma possibilidade de mudança, por isso mantiveram suas empresas até o derradeiro fim. Mas isto não é verdade, pois não bastasse a criatividade que todo o ser humano tem para criar novas situações que lhes tirem do aperto, Deus também, quando começa a fechar uma torneira, sempre abre todo um oceano de novas oportunidades para seus filhos, ainda mais quando eles procuram cumprir a Sua Vontade em todos os seus pensamentos, palavras e ações. Não aceitar este fato é orgulho demais para o meu gosto e falta de humildade para reconhecer que, às vezes, não somos tão brilhantes quanto pensávamos ser.

Para irmos finalizando o estudo deste Arcano, que de tão complexo necessitaria de um livro somente para ele, apresentaremos uma última situação entre as várias em que ele pode ser encaixado. Trata-se justamente do término de amizades que, por vezes, perduraram grande parte de nossas vidas, mas que "inexplicavelmente" terminam de uma hora para outra sem deixar vestígios. Quando um relacionamento de amizade fraterna com um(a) amigo(a) termina, isto não quer dizer que a pessoa não goste mais de nós, ou que fizemos alguma coisa errada no decorrer do relacionamento que acabou magoando-a. Muitas vezes, ocorre uma separação natural entre pessoas que conviveram grande parte de suas vidas entre si e, até mesmo, trocaram juras de amizade eterna e confidências íntimas, justamente porque essa amizade já cumpriu o seu papel dentro não apenas da nossa vida, mas também na de nosso amigo(a), sendo necessário agora um afastamento natural entre ambos, para que cada qual, de acordo com o seu grau de consciência, possa continuar na senda evolutiva em busca de sabedoria e iluminação. Isto não quer dizer de maneira alguma que nunca mais tornaremos a ver aquela pessoa querida a quem tanto estimávamos ou vice-versa. Quer dizer que é chegado o momento da separação, para que ambos possam continuar evoluindo como essências em evolução, um dia chegando a se reencontrar para ficarem unidos eternamente na casa do Pai, servindo seus propósitos em prol daqueles inúmeros que ainda não atingiram a Ascensão. E como diz um velho provérbio americano:

> *"Se algo é verdadeiramente teu deixa-o livre, que se porventura algum dia se for, após cumprida a sua missão, a ti naturalmente retornará para não mais partir".*

Como podemos entender perfeitamente depois de tantos ricos exemplos, para que possamos nos harmonizar com o Arcano A Morte quando de sua saída, o fundamental é o controle das emoções, o não apego a uma realidade material, restritiva e ilusória, que nos impede de ver que a vida é algo muito maior do que pensamos. Para vivê-la com intensidade, é preciso dizer sim à morte daquilo que nos limita; à morte das ilusões mundanas; à morte dos nossos medos ancestrais; e, principalmente, à morte (domínio) do ego, que nos fará viver de acordo com a vontade do nosso verdadeiro Eu, que nada mais é que o Grande Arquiteto do Universo atuando por meio de nós.

Capítulo 14

V.I.T.R.I.O.L. - O Desafio dos Alquimistas

Alquimia, metamorfose e transmutação, sem dúvida alguma, são palavras bem adequadas ao estudo do décimo quarto Arcano que estamos iniciando agora.

A arte da Alquimia, segundo o que a maioria das pessoas conhece, ou pelo menos segundo o que lhes foi revelado, seria a arte da transmutação de vil metal em ouro, carvão em diamantes e toda uma série de maravilhosos prodígios de difícil aceitação, até para os estudiosos mais crédulos no assunto. Dentro desta complexa ciência oculta das transmutações, existe, como em todos os demais ramos do esoterismo, um objetivo primordial, que no caso da Alquimia pode ser retratado pela busca da Pedra Filosofal e pela fabricação do chamado Elixir da Longa Vida.

Segundo os Alquimistas, a Pedra Filosofal é tida como a Essência primeira de todas as substâncias, possuindo o extraordinário poder de efetuar a transmutação de todas as coisas. Comenta-se dentro dos Círculos Iniciáticos que aquele que possuísse tal artefato poderia transformar qualquer tipo de matéria, de acordo com a sua vontade, tornando-se um verdadeiro senhor do plano material. As tão almejadas transmutações do chumbo em ouro e do carvão em diamante, segundo alguns adeptos da arte alquímica, somente seriam possíveis com a posse da Pedra Filosofal.

Já o Elixir da Longa Vida – outro objetivo almejado pelos alquimistas –, segundo as "lendas", garantiria vida longa a todos os que o ingerissem. O mágico Elixir seria dotado também de propriedades altamente medicinais e terapêuticas, oferecendo por este fato a cura a todas as doenças do corpo, da mente e do Espírito.

Alguns(algumas) leitores(as) mais ponderados(as), neste momento, deverão estar se perguntando: como alguém em sã consciência pode acreditar neste tipo de coisas hoje em dia, onde vemos o poder cada vez mais avassalador da ciência e da tecnologia engolindo todos nós? Os mais céticos e exaltados devem estar às gargalhadas, com as ideias tão absurdas que acabaram de lhes ser apresentadas. No entanto, nem por isso eu pretendo parar de escrever.

Se o(a) leitor(a) pensar bem, por mais estranhas e malucas que sejam as teorias a respeito da Alquimia, mais estranho ainda é o fato de homens, como Nostradamus, Gagliostro, Conde de Saint Germain, Paracelso, Leonardo da Vinci, Papus, Éliphas Lévi, Saint Martin e tantos outros ilustres cientistas e ocultistas terem se dedicado ao seu estudo. E isto sem falar hoje em dia de Ordens Iniciáticas sérias ortodoxas e tradicionais, que possuem laboratórios científicos espalhados por todo o mundo, onde ainda são desenvolvidos estudos e pesquisas desta natureza. O que dizer também dos relatos que chegam, das mais variadas e recônditas partes do planeta, a respeito de lugares ermos onde vivem homens e mulheres com todos os poderes descritos até agora, com dons muitas vezes até maiores do que aqueles que foram mencionados alguns parágrafos acima? Estaríamos todos ficando malucos? Seriam os grandes homens que foram citados loucos e ingênuos por desenvolverem a prática alquímica? Por que em todas as partes do mundo, independentemente do credo e da raça que lá habitem, são ainda hoje contadas histórias alquímicas com um grande requinte de detalhes que chega a ser estarrecedor? Por que uma "mera lenda" duraria tanto tempo e, ainda nos dias de hoje, continuaria angariando adeptos, se não fosse verdadeiramente séria?

Embora as questões anteriores sejam muitas vezes até mais complexas que as respostas pertinentes a elas, nos preocuparemos em colocar o nosso ponto de vista a respeito da Alquimia, visão esta que poderá ser aceita ou não pelo(a) leitor(a), estando investido(a) de total e plena liberdade para discordar, caso as ideias apresentadas não representem ou se aproximem da sua verdade.

Existe *realmente* uma Alquimia de prodígios físicos, como a transformação de chumbo em ouro, por exemplo. Só que esse tipo de Alquimia é o que menos nos interessa, principalmente porque sabemos ser impossível a realização destes magníficos feitos se antes aquele que propõe a realizá-los não tiver se depurado o bastante internamente. Mediante o que acaba de ser dito, começamos a compreender que existe também uma Alquimia Interna, na qual precisam ser depurados os nossos erros e paixões (chumbo), a fim de que possamos atingir o brilho de nossas Essências (ouro) e nortear nossos atos, palavras e ações por esse brilho. A partir de então, tendo o domínio completo de nós mesmos nos planos físico, mental, emocional e espiritual, poderemos realizar feitos que, às vistas das pessoas comuns, parecerão milagres, mas que nós, em nosso íntimo, sabemos que são perfeitamente naturais, porque nos dispusemos a aceitar e compreender as leis naturais e universais, que atuam por meio de nós e ao nosso redor. No entanto, ainda resta uma grande pergunta a ser respondida:

– Como realizar esta depuração interna?

Essa questão, sem dúvida alguma, possui milhões de respostas, porque variados são também os caminhos que conduzem a Deus. Após quase 20 anos de pesquisas e estudos dentro da chamada área esotérica, sou da opinião de que as Escolas Inciáticas – principalmente as mais antigas e tradicionais – podem realmente oferecer ao homem um caminho pelo qual ele possa encontrar a si mesmo, tomando consciência dos seus potenciais internos e trabalhando após adquirida esta consciência em prol da humanidade.

Diversas são as Escolas Iniciáticas e vários são os seus ensinamentos, origens e metodologias de estudo, no que diz respeito a atingirmos um patamar mais elevado de consciência. No entanto, todas as Escolas são alimentadas de conhecimento, por uma mesma fonte, à qual damos o nome de Grande Fraternidade Branca ou Governo Oculto do Mundo – um manancial inesgotável de dados sobre todas as religiões, filosofias de vida, formas de governo, métodos terapêuticos e toda uma série de conhecimentos que está presente no planeta Terra, desde que ele se entende como tal, dirigido por Mestres Ascensionados, cuja missão é fazer florescer no coração dos homens o desejo de Iluminação, para que eles brevemente possam retornar à casa do Pai.

Este Conhecimento Sagrado está à disposição de todas as pessoas que realmente quiserem adentrar nos Círculos Iniciáticos com o sincero e puro desejo, de coração, no que diz respeito a tomar consciência sobre quem elas são, de onde vieram e para onde irão quando aqui tiverem cumprido as suas missões.

Não importa o Colégio Iniciático ou Linha Filosófica a qual decidimos aderir. O que interessa é que esta escolha tenha sido feita de livre e espontânea vontade e que, uma vez dentro da Senda, procuremos nos dedicar de corpo e alma aos ensinamentos e ao mais importante de tudo: procuremos aplicar os conhecimentos tanto práticos como teóricos dentro do nosso dia a dia, pois de nada adianta a teoria sem a prática, principalmente em obstáculos e obstruções de nossas vidas quotidianas, que muitas vezes são testes colocados em nosso caminho para ver se estamos aplicando tudo aquilo que antes estávamos apenas teorizando.

Ofereceremos agora, antes de nos aprofundarmos no estudo do Décimo Quarto Arcano, alguns bons pensamentos de origem alquímica.

V.I.T.R.I.O.L. – O termo Vitriol, essencialmente alquímico, significa:

"Visita Interiora Terrae, Rectificandoque, Invenies Occultum Lapidem"(Visita o interior da Terra e, retificando, encontraras a Pedra Oculta).Esta frase é nada mais do que um convite à profunda reflexão e meditação do ser humano em relação a ele mesmo, para que por meio deste exercício ele possa chegar à Pedra Oculta, ou Filosofal, que seria o ouro dentro de si (Essência).

Também diz respeito a cidades e regiões intraterrenas onde estariam guardadas as maiores riquezas, tanto físicas quanto tecnológicas e espirituais do planeta Terra. Mas isto é assunto para outra hora, pois tudo tem o seu tempo certo para vir à tona.

"Milagres são um direito de todos; antes, porém, a purificação é necessária." Extraído do livro *Um Curso em Milagres*

"Todos os candidatos que ingressam na Maçonaria podem ser vistos como uma Pedra Bruta que necessitaria ser desbastada, tornando-se Pedra Polida e podendo mediante a sua nova condição ser aproveitada na construção da Grande Obra do Grande Arquiteto do Universo.

O estágio de Pedra Bruta corresponde ao homem que, apesar de guardar em seu interior a Pedra Filosofal, ainda está cheio de imperfeições preferindo ouvir a voz do ego e satisfazer seus desejos, unicamente instintivos e materiais, do que prestar culto ao trabalho de depuração através do qual ele poderia converter-se em homem Justo e Perfeito. Passado este estágio ele começa a avançar dentro da Sublime Instituição Maçônica, recebendo instruções e instrumentos que lhe serão úteis na sua árdua tarefa de autolapidação, a fim de que ele possa almejar o grau de consciência de Pedra Polida através do qual saberá em que ponto se encontra dentro da escala evolutiva e qual o seu papel perante os seus irmãos Maçons, perante toda a sociedade e principalmente perante ele mesmo.

Um homem livre e de bons costumes

"Os Rosa-cruzes visam atingir o chamado 'Domínio da Vida'. Um grau de consciência onde os frates e sorores desta mística confraria estariam completamente harmonizados com o Deus de seus corações, em perfeita harmonia com as leis naturais e universais, tendo atingido a tão almejada Conscientização Cósmica.

Para que este belo ideal de vida de todos os sinceros Buscadores da Verdade que vivem sob a proteção da Rosa Vermelha e da Cruz Dourada possa se realizar, as Diversas e Autênticas Manifestações Rosacrucianas existentes na face da Terra colocam à disposição de seus membros uma Alquimia de vida transcendental e mística, através da qual os adeptos do Rosacrucianismo podem chegar ao real 'Domínio da Vida', tendo antes atingido o domínio de si mesmos".

Um R+C

Os símbolos que compõem o arcano da Temperança

O **Anjo** é o intermediário entre o reino Celestial e o plano mundano. É o mensageiro enviado por Deus à Terra para auxiliar o homem na sua tarefa de reencontrar o caminho perdido da Perfeição Primordial, para que ele possa retornar à casa do Pai. O Anjo colhe as nossas preces, apelos e decretos, subindo com eles para os planos superiores ligados à Luz Maior, de onde retorna com bênçãos para aqueles que são cumpridores das Leis do Grande Arquiteto do Universo e jamais deixaram de acreditar no milagre da vida.

O **pequeno Sol** na fronte do Anjo simboliza que ele é um ser nascido da Luz Maior e, apesar de não possuir o Livre-Arbítrio para a execução de suas tarefas, jamais fará algo que afaste o homem da Luz, mesmo que aquele que esteja sob a sua proteção peça o contrário. O fato de os Anjos não possuírem Livre-Arbítrio, mas mesmo assim jamais fazerem o mal, constitui um "mistério angelical".

A **cor azul das asas** deste Guardião Alado da raça humana simboliza a ação consciente dirigida por uma firme vontade, que pode elevar o homem às esferas celestiais e fazê-lo comungar com o plano onde habitam os deuses. A **parte interna das asas é violeta**, cor tradicionalmente associada à espiritualidade e à transmutação do negativo no positivo, lembrando-nos de que antes de querermos alçar voo em direção ao Altíssimo, é necessária a depuração de tudo aquilo que constitui um fardo de energias negativas que, por falta de consciência, insistimos em continuar carregando nas costas. O **amarelo da parte superior da túnica** do Anjo representa a Sabedoria que prevalece sobre **a parte inferior da vestimenta, de uma tonalidade extremamente vermelha**, simbolizando o lado mais instintivo e egoico do ser humano. O equilíbrio das cores nas vestes deste personagem angelical é uma lembrança do trabalho que todos nós deveríamos estar fazendo, no sentido de nos tornarmos os senhores de nossas paixões e baixos instintos, nunca escravos dos mesmos.

O Anjo pisa com **um pé na terra** e com **o outro na água,** simbolizando o equilíbrio entre a razão e a emoção.

As **duas jarras, uma de prata e outra de ouro,** representam os potenciais feminino e masculino, respectivamente. A jarra prateada também simboliza a nossa natureza lunar, mais associada à intuição, enquanto a jarra dourada, símbolo na natureza solar, será a representante do nosso lado mais racional. Podemos observar que o líquido que está sendo passado de uma jarra para outra possui em seu conteúdo as cores do arco-íris. Esse líquido é conhecido como a "Seiva Condutora da Vida", representando também os inúmeros potenciais criativos que temos a nosso dispor quando nos dispomos a realizar um *religare* com a nossa natureza mais interna. O ato de passar essa seiva vital de uma jarra para outra tem por objetivo fazer com que ela fique impregnada com os eflúvios racionais e emocionais para que, quando a nossa criatividade for aplicada e desenvolvida em nossa vida quotidiana, isto ocorra com o máximo de temperança possível, evitando que cheguemos aos extremismos descomedidos, podendo cometer atos que não cometeria o mais irracional dos animais, quanto mais um ser humano.

As **pequenas flores** que começam a nascer na terra árida e desértica representam que, mesmo quando a nossa vida parece um campo estéril onde não há muito mais o que se fazer, basta sentarmo-nos e refletirmos bastante, com o intuito de harmonizar a nossa razão com nossas paixões, para que, por meio da centralização de nossos potenciais internos, possamos novamente começar a criar um futuro de fé e confiança, pois não existe terra, ou área da vida suficientemente árida, que o Amor e uma Vontade bem direcionada não possam fertilizar.

Próximo aos pés do anjo, vemos **dois fluxos de energia de polaridades opostas,** representando o mais acinzentado uma energia carregada de negatividades arcaicas do passado, sendo substituída pelo arco-íris de boas novas e felicidades no presente.

A **explosão vulcânica** atrás do anjo faz-nos lembrar que o homem sem temperança, que se deixa dominar pelo seu lado instintivo desprovido de um desejo sincero de buscar as sagradas virtudes que habitam no âmago de nossos seres, é tal e qual um vulcão sempre prestes a explodir e que, por sua falta de consciência com suas intempestivas explosões, fará sofrer as pobres criaturas ao seu redor, muitas vezes sem chance de se defenderem perante um espírito tão grosseiro e ignorante.

Significado do 14º arcano – A Temperança

Falemos agora de um Arcano que é a própria imagem da arte da Transmutação Alquímica, visando a uma vida mais plena, abundante e feliz.

Com a retirada do Décimo Quarto Arcano em uma consulta, é o momento de o cliente se abstrair um pouco da sua vida quotidiana, com seus mais variados tipos de problema, para que ele possa realizar uma profunda e oportuna autoanálise, visando acessar os seus potenciais criativos, não para recuar diante das obras que já edificou, as quais, com o decorrer do tempo, podem já estar dando algum tipo de problema, mas sim para avançar sobre os obstáculos, como a água que, caindo gota a gota, fura a mais dura pedra. O avanço diante das adversidades nesse Arcano não se dá de maneira tão enfática e agressiva, como nos Arcanos O Carro e O Mago. São necessárias agora a boa conduta, a diplomacia e, principalmente, a temperança para que possamos sair vitoriosos de tão extenuante fase.

Muitas vezes, as pessoas creem que, para romper um obstáculo, é necessário atacar o problema diretamente de frente e, se possível, de maneira um tanto o quanto radical. Não vamos negar que esta metodologia funcione perante alguns tipos de situação. No entanto, sem dúvida alguma, ela deve ser deixada de lado quando numa consulta se apresenta o Arcano A Temperança. Nestes casos, devemos ter em mente que o fato de agirmos diante dos problemas com certa dose de tolerância e, principalmente, bom humor de forma alguma representa uma postura de fraqueza e receio de nossa parte, mas sim um ato de extrema inteligência que fará com que não nos envolvamos em críticas, situações de difícil saída, por causa de nossos intempestivos e descontrolados impulsos.

Com esse Arcano está de volta a necessidade de reconhecermos que a vida é uma grande via de possibilidades, que está sempre aberta para aqueles que sabem levá-la com leveza e naturalidade. Sei que poderá parecer estranho o que vou colocar agora, mas certa vez, enquanto conversava com um Anjo, ele me disse que uma das diferenças entre eles e nós era justamente o fato de sermos extremamente "pré-ocupados". Entenda-se pelo termo pré-o-cupado aquele que se "pré-ocupa" antes da hora, deixando de saborear o ins-tante presente, muitas vezes acreditando que o sabor do futuro será melhor, em especial se ele se estressar bastante no seu momento atual, dando atenção apenas a seu trabalho, negócios e afazeres do plano material, esquecendo-se de tudo o mais, principalmente em nome do dinheiro, *status* e posição so-cial. Evidentemente estas coisas são importantes e devemos lhes dar a devi-da atenção, só que jamais podemos pecar pelo excesso de atividades apenas na área mundana, esquecendo-nos completamente de nossas áreas afetiva, intelectual e espiritual. Embora estas três áreas pareçam de difícil manejar, acreditamos que o difícil existe apenas para aquele que não quer enxergar as inúmeras facilidades 24 horas por dia ao seu redor, preferindo por causa de alguns insucessos, diga-se de passagem gerados pela própria pessoa, concen-trar-se só nos seus fracassos pessoais e cultivar perante a vida um constante estado de amargor e desilusão.

Sobre a área material, o Anjo da Temperança nos fala que rico não é o homem que possui excesso de posses materiais, mas sim competência para administrar bem aquilo que possui, seja muito, seja pouco, pois para o competente, do mínimo, ele consegue extrair o máximo, duplicando os seus limitados potenciais a ponto de torná-los ilimitados por meio da competência, da perseverança e, principalmente, da paciência. Ele possui a visão necessária para saber quando é o momento de avançar em novos negócios, tendo o dobro de cautela para não embarcar em projetos profis-sionais superficiais, que lhe dariam apenas uma satisfação momentânea e egoica, desprovida de um real valor de realização íntima, profunda e acima de tudo duradoura.

Com relação ao plano emocional e afetivo, o Décimo Quarto Arca-no nos ensinará como viver uma relação plena e feliz com o sexo oposto, se entendermos com a sua presença num jogo o fato de que a relação ideal não é aquela em que a pessoa tenta encontrar a sua outra metade, porque como já foi dito: *"uma pessoa procurando a sua metade jamais será uma pessoa completa, e sim uma meia pessoa que provavelmente irá se unir com outra meia pessoa, sem no entanto conseguir encontrar no seu relacionamento a tão almejada felicidade, que só pode ser encontrada quando, mesmo estando unidas, cada pessoa mantém a sua individuali-dade, sem jamais se anular dentro de uma relação".*

É necessário para a felicidade do casal que tanto o homem como a mulher preservem a sua individualidade, porque nenhuma relação afetiva ideal pode ser edificada onde há ciúme, posse e apego excessivo ao ser amado ou, melhor dizendo, ao ser "sufocado". A relação entre o homem e a mulher é uma doce Alquimia em que, apesar de unidos os ingredientes, jamais se misturam a ponto de um suplantar o brilho do outro. Quando se entende isso, tanto o homem como a mulher brilham juntos. Por meio desse brilho afastam de si as suas trevas interiores e dão vida a filhos maravilhosos, que vêm para a Terra depurados pelo sagrado Amor que une os seus pais num relacionamento de respeito, união e afeto incondicional.

Dentro do contexto espiritual, o Arcano nos mostra realmente a necessidade de transformarmos o chumbo do nosso ego no ouro da nossa Essência. Para que isto possa ser realizado, a lâmina nos dá a dica até mesmo a respeito de um dos inúmeros caminhos que poderiam ser seguidos para atingirmos este objetivo, representado por um magnífico Anjo irradiando o seu poder em todas as direções.

Anjos, entre as várias definições que são dadas para estes maravilhosos seres, antes de mais nada, são a pura manifestação do Amor de Deus por seus filhos, que os criou justamente com o propósito de que eles nos auxiliassem na transmutação de nossos erros e paixões, a fim de que pudéssemos, no devido tempo, retornar à casa do Pai. Muitos incrédulos que na vida não fazem outra coisa além de reclamar diriam que se existem mesmo estes Mensageiros Alados de Deus, por que eles jamais os viram e nunca foram auxiliados por eles?

A estes filhos ingratos de nosso Pai, nossos "rebeldes" irmãos, o que temos como resposta é o fato de que os anjos estão 24 horas por dia velando por nós, mesmo quando não acreditamos neles. O fato de ver ou não um Anjo não quer dizer que ele exista ou deixe de existir. O homem precisa aprender que Anjos e milagres são reais, e podem se tornar palpáveis em suas próprias vidas, desde que nos comprometamos antes a fazer as devidas retificações em nossos seres, no que diz respeito à transformação de alguns hábitos detestáveis, que nós temos o mórbido prazer de cultivar, não compreendendo que estes comportamentos instintivos e animalescos nos afastam cada vez mais da Luz, impedindo que ocorra a Mágica Alquimia, que permite a todos os que procuram levar uma vida de maneira mais justa, digna e correta operar quaisquer milagres, ser servido pelas hostes angelicais e transmutar-se para melhor, atingindo um estágio de plena abundância, equilíbrio, saúde, prosperidade e elevada espiritualização.

O Tarólogo deve procurar conscientizar o cliente a respeito dos seus ilimitados potenciais internos. A pessoa que foi nos consultar jamais poderá sair do nosso consultório com baixo astral, o que também não quer dizer que por meio dos Arcanos devamos conduzi-la por uma mirabolante viagem à "Terra do Nunca", onde apenas falaremos o que ela deseja ouvir. O nosso papel é procurar conscientizá-la a respeito dos seus lados mais positivos e fazê-la enxergar ainda mais claramente o seu "dark side", para que possa ser suplantado, não havendo nenhuma razão para medos, pessimismo e derrotismos quando estivermos focando este lado mais obscuro que todos nós possuímos. Mesmo porque o Tarô não possui nenhum Arcano nefasto, no verdadeiro sentido da expressão. Este oráculo é, na verdade, um caminho de conscientização que irá dar maior consciência ao ser humano de onde ele veio, onde se encontra no momento atual e quais as melhores diretrizes futuras a seguir. Agora, se a pessoa vai seguir ou não as nossas dicas este é um problema único e exclusivamente dela, pois o trabalho que nos compete é o de mostrar o caminho, sem jamais adentrar nesta estrada com o cliente, porque ele não pode, não deve e nunca deverá tomar as decisões em sua vida mediante o que o Tarólogo falou, mas sim utilizar os conselhos do profissional, ajustando-os às suas crenças e sentimentos pessoais, para que por meio da junção de todos os dados que estiverem à sua disposição, ELE, o CLIENTE, **sozinho** possa sempre decidir pelo melhor.

Em muitos Arcanos, o leitor já reparou que diversas vezes eu sugiro que a pessoa siga uma determinada diretriz, ou então comento a respeito de coisas maravilhosas que podem ocorrer em nossas vidas a partir do momento que decidimos nos centralizar em nós mesmos. Só que raramente digo por onde o cliente deve começar a buscar os seus progressos pessoais, apenas sugerindo algumas maneiras pelas quais ele poderá alcançar este sucesso. E num livro, a coisa realmente deve se processar desta maneira. Não é interessante dar ao(à) leitor(a) a desvelação de todos os mistérios já de mão beijada, principalmente porque enigmas transcendentalistas só podem ser desvelados por aqueles que estão de fato buscando, em primeiro lugar, encontrar a si mesmos. Num segundo estágio, para aqueles leitores que já conseguem se olhar no espelho sem medo de levar um tapa de seu próprio reflexo por mal comportamento, uma vez que do espelho ninguém escapa, aconselhamos estas pessoas a ingressarem em Ordens Iniciáticas Tradicionais (pelo menos com bem mais de mil anos de existência) e realmente acreditarem que o impossível só existe dentro de mentes limitadas, que ainda precisam ser despertas para o infinito potencial que há dentro de cada um de nós.

Para finalizar, os leitores devem estar se perguntando: como adentrar para uma Ordem Iniciática? E a estes queridos Buscadores dizemos para que não se preocupem, nem anseiem por nada, pois o simples fato de querer colaborar com a nossa Obra, no momento certo, fará com que vocês acabem esbarrando em um de nós. Pode acreditar e aguardar, pois para todos existe a hora de despertar, e você não é uma exceção.

Capítulo 15

Baphomet

Só existe uma coisa mais controvertida que o décimo quinto Arcano, que é justamente falar sobre ele.

Quando falamos em diabo, demônio ou coisa parecida, a primeira imagem que nos vem à cabeça é a de um ser com cara de bode, asas de morcego, rabinho pontiagudo, tronco de ser humano constituindo a sua metade superior, e tanto patas como cascos de bode formando a metade inferior deste estranho ser, tudo isto sem esquecer o famoso tridente pontiagudo que o nosso bodinho costuma ter sempre em uma de suas mãos. Bom, pelo menos esta é a imagem mais aceita em todo o mundo e vendida há anos por romancistas, diretores de filmes de suspense e até mesmo pela própria Igreja Católica. Mas, se formos analisar bem as coisas, é simplesmente ridículo acreditar na existência de um ser deste gênero, uma vez que essa misteriosa e assustadora figura nada mais é do que algo simbólico e arquetipal, que esconde por trás de sua aterradora imagem muitos segredos antiquíssimos.

O diabo que todos nós conhecemos e que quando éramos pequenos costumava morar embaixo de nossas camas, sem pagar aluguel, é claro, aguardando a mínima travessura mais ousada para nos pegar, pode ser analisado de várias maneiras, dependendo do país onde nos encontramos, e de cultos e diversas tendências filosóficas, místicas e herméticas espalhadas por toda a face da Terra. Vamos abrir as nossas mentes e analisar algumas dessas visões:

Os Cristãos – para os cristãos, sejam eles católicos, protestantes, evangélicos, testemunhas de Jeová, ou seja lá qual for a ramificação, o diabo, o capiroto, o capeta, o torto, o dito cujo, o inimigo, o cão e tantas outras denominações tão estranhas e "meigas" quanto estas é o Arqui-Inimigo de Deus, tentando corromper a obra do Criador e arrastar todos nós para a perdição, como se nós já não fizéssemos isso sem a ajuda dele.

Dentro do Cristianismo, segundo o que nos diz a narrativa ortodoxa, Lúcifer seria o mais belo de todos os anjos e também o mais apegado ao Pai. Só que este amor que Lúcifer sentia pelo Criador começou a mudar justamente quando Este resolveu criar o homem e colocar toda a hierarquia angelical a serviço do ser humano perante o qual, a partir daquele instante, os Mensageiros Alados de Deus teriam que se curvar. Lúcifer revoltou-se completamente contra o Criador, porque não aceitava de maneira alguma o fato de ter que se curvar para servir um humano, que ele considerava tão bom quanto um macaco. Outro motivo que revoltava Lúcifer era justamente o fato de Deus ter dado ao homem o livre-arbítrio, coisa que nem mesmo os anjos até hoje possuem. Por meio do livre-arbítrio os homens poderiam decidir se aceitam, ou não, a ajuda dos anjos no seu processo de evolução espiritual e, também, nos diversos afazeres do nosso dia a dia.

Tudo isto foi deixando Lúcifer com inveja e o seu coração começou a tornar-se negro, até o ponto em que ele com outros anjos rebeldes resolveram se revoltar contra Deus e Sua Corte Celestial, tendo de intervir neste ponto o poderoso Arcanjo Miguel, que colocou Lúcifer para fora do Paraíso com fortes golpes de sua espada de fogo e o auxílio de outros poderosos arcanjos e anjos, os quais se uniram a ele com o propósito de restabelecer a paz nos céus, que é o reino natural dos anjos.

Lúcifer começou a criar o seu reino, segundo a crença cristã, abaixo da terra, para onde ele tentava, por meio de falsas promessas de poder, corromper e levar não apenas outros anjos, tornando-os anjos caídos, como também almas dos homens, fazendo sinistros pactos com os suficientemente incautos para se deixar envolverem por sua magnífica lábia e poder de persuasão.

Esta história que acaba de ser narrada, embora possa apresentar algumas diferenças dentro dos vários círculos de fé cristã existentes atualmente, é uma das mais aceitas em todos os lugares onde o Cristianismo, não importando a linha, já tenha sido estabelecido.

Para finalizar, seria interessante dizer que o diabo dentro de algumas linhas cristãs mais radicais tem se tornado muito popular nos últimos tempos e, até mesmo, podemos vê-lo em ação altas horas da madrugada em nossos televisores tomando o corpo e a mente de pessoas simples e humildes, que serão tão "libertadas" quanto as suas carteiras por uns espertalhões de terno e gravata, que se por um lado não apresentam vocação para pregar a fé cristã de maneira decente (ou seja, sem fanatismo e acima de tudo com a mente aberta), pelo menos, por outro, são excelentes atores de teatro e contadores de "causos" maravilhosos, muito semelhantes a um antigo seriado de televisão conhecido como "A Ilha da Fantasia".

Enfim: "Que Deus os abençoe a todos, pois sem os fanáticos o mundo seria bem menos divertido, e que não me desampare. Amém!"

Os Wiccanianos – o diabo dentro da Antiga Religião tem uma imagem completamente diferente do que a maioria das pessoas acredita. Isto se deve ao fato de que se nem a Wicca é ainda bem compreendida nos dias atuais, quanto mais um dos seus principais ícones, que, diga-se de passagem, nem pelo nome de diabo é tratado.

Para entendermos um pouco melhor a relação do diabo com os Wiccanianos (os que praticam a Wicca), vamos nos deter alguns momentos num breve estudo sobre a Grande Arte.

Em primeiro lugar, vamos procurar entender o que é a Wicca. Segundo o livro *A Dança Cósmica das Feiticeiras*, escrito por Starhawk, temos uma visão bem interessante sobre esta prática anciã, cuja origem se perde na noite dos tempos:

> *"A Antiga Religião não se baseia em dogmas, ou em um conjunto de crenças, nem tampouco em escrituras ou num livro sagrado revelado por um grande homem.*
>
> *A Wicca é uma religião que retira os seus ensinamentos da natureza e inspira-se nos movimentos do sol, da lua e das estrelas, no voo dos pássaros, no lento crescimento das árvores e nos ciclos das estações".*

A partir desta definição, podemos compreender que, antes de mais nada, a **Wicca** é um sistema filosófico transcendental que visa à integração do ser humano com as forças da natureza em todos os seus aspectos, com os demais seres humanos e, por fim, com todo o Universo. Um sistema que vise à integração, e no aspecto Wiccaniano integração é uma palavra que pode também ser colocada como Amor Universal, já faz cair por terra as afirmações de que os Wiccanianos estariam envolvidos com pactos satânicos, rituais de sacrifício de vidas, práticas que teriam por objetivo amaldiçoar as demais pessoas e toda uma série de baboseiras com as quais as religiões dominantes tentaram caluniar as Antigas Tradições ao longo dos séculos.

Não que seja minha intenção neste livro proteger esta ou aquela tendência religiosa, filosofia ou linha de pensamento. O que pretendo é colocar fatos concretos para que o leitor possa, por meio de sua consciência, discernir melhor os mitos da realidade, a fim de que consiga formar uma opinião pessoal sólida baseada, de preferência, em conceitos, os quais ele pode ter a certeza absoluta de que foram estudados e seriamente pesquisados por este que agora lhes escreve.

Dentro do que foi colocado no último parágrafo, irei colocar agora, apesar de a Wicca não ser regida por dogmas, as Leis que regem um dos inúmeros Covens, grupos de Wiccanianos formados por 13 pessoas ligadas à Arte, existentes na face da Terra, para que o leitor por si só, mediante a leitura dessas Leis, decida se a Wicca seria mesmo algo tão macabro quanto o que dizem.

Leis Wiccanianas estabelecidas por um Conselho de Wiccanianos Americanos em abril de 1974:

1. Praticamos nossos ritos para colocarmo-nos em harmonia com o ritmo natural das forças da natureza, marcadas pelas fases da Lua e das Estações.

2. Nós temos plena consciência de que a nossa inteligência nos outorga uma responsabilidade única a respeito de nosso meio ambiente. Pretendemos viver em harmonia com a natureza dentro de um equilíbrio ecológico e respeitando a vida dentro de um conceito evolucionário.

3. Reconhecemos um poder muito maior do que aquele detectado pelas pessoas normais, sendo tão forte que às vezes é denominado de sobrenatural, mas nós o vemos como parte de algo que pode ser alcançado por todos.

4. Cremos que o Poder Criador do Universo se manifesta através da polaridade – como masculino e feminino – e que este mesmo Poder reside em todas as pessoas e opera mediante a integração do princípio masculino com o feminino. Valorizamos os dois princípios por igual, sabendo que cada um é o suporte do outro. Valorizamos o sexo como prazer, como símbolo e manifestação da vida e como uma das fontes de energia utilizada nas práticas mágicas e na adoração religiosa.

5. Reconhecemos tanto o mundo externo quanto o interno, ou psíquico, às vezes conhecido como o Mundo Espiritual, o Inconsciente Coletivo, os planos Interiores, etc., vendo na interação destas duas dimensões a base para os fenômenos paranormais e os exercícios mágicos. Prestamos igual atenção às duas dimensões, considerando ambas necessárias para nossa realização.

6. Não reconhecemos nenhuma hierarquia autoritária, mas sim honramos aqueles que ensinam, respeitamos a quem compartilha os seus conhecimentos e sabedoria, e apreciamos aos que valentemente se dedicam a ser Mestres.

7. Consideramos que a religião, a magia e a sabedoria nos unem em nossa forma de contemplar e viver dentro do mundo, e identificamos esta filosofia e visão mundial como a Wicca, "O Sendeiro dos Wiccanianos".

8. Chamar-se a si mesmo de Wiccaniano não quer dizer que a pessoa seja um(a) Wiccaniano(a) nem tampouco interessa a coleção de títulos, graus e iniciações que alguém possua, porque sem dúvida alguma a Arte não está baseada em títulos externos. O Wiccaniano tenta controlar as forças vitais dentro de si mesmo, a fim de viver sabiamente, em harmonia com a natureza sem prejudicar nada, nem ninguém.

9. Afirmamos nossa crença na vida, no progresso da evolução e no desabrochar do conhecimento, os quais dão um significado ao universo conhecido por nós e o nosso papel dentro dele.

10. Nossa única desavença contra o cristianismo, ou contra qualquer religião ou filosofia autoritária, reside no fato de pretenderem pretensiosamente serem estas o "único caminho", privando as pessoas de terem liberdade para pensarem por si mesmas e condenando outras práticas que não estejam de acordo com os dogmas e preceitos estabelecidos.

11. Como Wiccanianos americanos, não estamos envolvidos em debates sobre a História da Arte, as origens dos distintos termos técnicos, a legitimidade dos vários aspectos de diferentes tradições, interessando-nos unicamente por nosso presente e futuro.

12. Não aceitamos o conceito do mal absoluto nem adoramos nenhuma entidade conhecida como Satanás, ou Diabo, tal e como são definidos pela tradição cristã. Não buscamos o poder através do sofrimento das demais pessoas, nem permitimos em nossos rituais que se obtenha algum benefício pessoal utilizando-se, para isso, de meios obscuros e sombrios.

13. Cremos que devemos buscar na Natureza o necessário para a nossa saúde e bem-estar.

Raymond Buckland

Obs.: Por serem essas leis citadas pertencentes a um Coven americano, muito respeitado, diga-se de passagem, o autor traduziu alguns itens segundo termos e ideias que se adaptassem melhor ao nosso país, mesmo assim em nada alterando o conteúdo essencial. O enunciado anterior foi extraído de *El Libro Completo de la Brujeria de Buckland*, do célebre Bruxo Raymond Buckland. O autor trocou o termo "bruxo", contido no texto original, pelo termo Wiccaniano, pois Wicca e Bruxaria são tradições completamente distintas.

Depois de colocadas as 13 Leis que, como já foi dito, regem um dos inúmeros Covens existentes na face da Terra, Leis essas que podem variar de Coven para Coven, mas que jamais pregariam algo que estivesse contra o Amor Universal e contra todas as formas de Vida, começamos a ter uma visão diferente das tão mal afamadas práticas da Antiga Religião, e notamos que alguém que faça parte de um grupo Wiccaniano e procure viver de acordo com os preceitos da Grande Arte jamais cometeria algum ato que o ligasse às forças das trevas, principalmente para a realização de algum desejo mesquinho e egoísta. Tampouco jamais passaria pela cabeça de um Wiccaniano a ideia de algum tipo de prática envolvendo os horrendos sacrifícios cultuados ainda hoje por algumas correntes de Magia Negra. A verdadeira Magia, ou seja, aquela Magia Interna e dedicada não apenas à evolução do ser humano, como também à evolução de toda a humanidade, nunca necessitou, necessita ou necessitará de algum tipo de sacrifício que não seja o sacrifício do tempo, a aplicação, a disciplina e a força de vontade por parte daqueles que desejam tornar-se verdadeiros Adeptos da Arte. Sendo assim, podemos concluir que a Wicca jamais teve nenhuma relação com o Demônio ou rituais demoníacos, como outrora tentavam provar os nojentos tribunais da Santa Inquisição, que constituíram uma das páginas mais vergonhosas da história da humanidade. E tudo isso em nome de Deus, é claro.

Voltando ao diabo dentro da tradição Wiccaniana, uma vez que os(as) Wiccanianos(a) acreditam em uma divindade suprema feminina a quem reverenciam mais normalmente pelo nome de "A Deusa", a qual teria dado vida a tudo que conhecemos sobre a face da Terra e além dela, temos que o diabo chamado dentro da Wicca de "O Deus Galhudo", ou "O Deus Chifrudo", seria aquele que se uniria com a Deusa para fecundá-la, podendo depois ela parir como a "Grande Mãe" todas as formas de vida.

Por parte dos mais beatos, a simples menção dos termos "Galhudo e Chifrudo" já seria a própria descrição do Satanás e lhes daria direito a um grande ritual de Exorcismo e purificação com tudo o que eles têm direito.

Mas antes que estas crianças não consigam dormir esta noite, vamos explicar a origem desses nomes para que possam ser entendidos e jamais temidos ignorantemente, pois a ignorância é um dos grandes males que atormenta a humanidade.

A Deusa representa a própria natureza, ou seja, a "Mãe Terra" com toda a sua rica flora, abundantes colheitas, mares, rios, cachoeiras, florestas, montanhas, vales verdejantes e matas repletas de ervas e plantas medicinais para os mais variados males do corpo, mente e Espírito. O Deus Chifrudo, por sua vez, irá representar todos os animais que habitam sobre o nosso planeta, principalmente os de chifre, por serem os chifres símbolo de força, virilidade, poder e abundância, num sentido mais material. O(a) leitor(a) lembra-se das cornucópias dos contos de fadas que possuíam em seu interior riquezas e alimentos em abundância, que muitas vezes salvavam os heróis em momentos de aperto? Pois bem, o chifre também está associado às cornucópias e não têm nenhum significado maléfico ou negativo, como quiseram atribuir os perseguidores de outrora, que por não praticarem a tolerância em relação a outros credos diferentes dos seus, corromperam a maioria dos símbolos mágicos do passado que representavam força, poder e alegria, reduzindo-os a fetiches empregados por maldosos feiticeiros em busca de poder pessoal. É realmente impressionante e lamentável vermos a habilidade com que a Igreja Católica dizimou sistemas de crenças inteiros para que ela pudesse se estabelecer como a única fé, não apenas na Europa, mas também em outras partes do mundo, atingindo na época da colonização até os nossos índios brasileiros, que tiveram de sepultar em seus corações a crença em Tupã, para aceitar (muitas vezes de maneira violenta) um Messias que nada tinha a ver com as suas tradições primordiais.

Voltando às explicações sobre a Deusa Primordial desde a origem da criação e o seu consorte, o Deus Cornudo, poderíamos dizer que enquanto Ela representa uma sabedoria cósmica universal que deu vida a tudo o que existe, Ele seria os aspecto mais terreno, material e impulsivo que no início dos tempos se uniu à Grande Mãe para que, depois de fecundada, Ela pudesse gerar tudo o que conhecemos, inclusive nós mesmos. Para simplificar bem esta história, poderíamos nos ater também ao símbolo do Taoismo, ou seja, o Yin/Yang, em que está representada em perfeita harmonia e equilíbrio a dualidade, bem como a união perfeita da Deusa com o Deus, num eterno ciclo de mutação com começo, meio e fim.

Para finalizar, gostaríamos de dizer que o Deus Chifrudo possui muitos nomes, pois diversas eram as divindades pagãs do passado, pelas quais a sua força era reconhecida e reverenciada. De todas essas divindades, talvez Pã, o alegre sátiro dos contos gregos, seria uma das mais graciosas e fortes representações desse deus que até hoje inspira os seus seguidores a viver a vida sem a noção de mal ou pecado, celebrando-a com alegria e prazer a cada minuto que estamos vivendo, pois o pecado só existe na mente de quem pecou por pensamento antes de pecar pela realização de uma má ação, infligindo a si mesmo o seu castigo, pois tudo se faz de acordo com a Lei de Causa e Efeito, seja lá em Qual ou em quais deuses acreditemos.

Ordens Iniciáticas, Templários e Maçons – as chamadas Ordens Iniciáticas, ou "Secretas", como dizem os profanos, ou seja, os não Iniciados nos Grandes Mistérios, sempre foram locais de peregrinação em Busca da Verdade, que reuniram e reúnem até hoje aqueles que verdadeiramente buscam a resposta para as três grandes perguntas:

– Quem eu sou?

– De onde eu vim?

– Para onde eu vou?

Para chegar a estas respostas de fundamental interesse para a evolução real do indivíduo, cada Ordem percorre um tipo de caminho com seus diferentes Ritos, Graus e Dramas Iniciáticos que, apesar de diferirem na forma, possuem uma mesma Essência, tendo por objetivo maior o Autoconhecimento para que o homem, tornando-se Senhor de si Mesmo, ocupe seu real lugar no Universo e dentro do Divino Esquema Evolutivo, evoluindo cada vez mais e, por meio do seu exemplo, instigando os seus semelhantes a buscarem essa mesma evolução.

Tudo o que ocorre por detrás das Escolas de Mistérios realmente sérias jamais é comentado fora do círculo de membros e Iniciados, que compõem uma determinada Egrégora. E isso não é porque gostemos de fazer "segredinhos" a respeito de nossos assuntos internos, mas porque entendemos que em virtude da força milenar dos conhecimentos que possuímos, se esta gnose sagrada fosse revelada de uma hora para a outra para todas as pessoas, poderíamos ter sérios problemas, pois em primeiro lugar Mistérios são para aqueles que **verdadeiramente** estão buscando algo maior a respeito de um melhor entendimento sobre si mesmos e não apenas desejam satisfazer fúteis curiosidades que, comparadas aos reais Arcanos, são menos que a ponta de um *iceberg*. Em segundo lugar, porque o desvelar do oculto é algo que necessita ser feito passo a passo; a história já provou muitas vezes de maneira funesta que conhecimento em demasia, num curto espaço de tempo, pode levar até mesmo Iniciados experientes, ou pseudoiniciados, não aos Céus, mas aos mais profundos abismos da demência, sendo necessária uma preparação gradativa, sem nenhuma pressa, para que o membro da Ordem possa desfrutar do conhecimento adquirido da maneira mais salutar possível, elevando a sua consciência e não se tornando um fanático à beira da loucura ou um pretensioso arrogante que crê saber as respostas para todas as questões. Eis alguns motivos, entre os vários que poderiam ser citados, do porquê ninguém verdadeiramente sério dentro dessas Tradições pretende, ou pretenderá, revelar algo que esteja profundamente ligado à sua Escola Iniciática. O que todos os Iniciados fazem com muito prazer é se colocar à disposição dos profanos para que eles possam esclarecer as suas dúvidas até um certo ponto, porque dali em diante ou o profano tocado pelo exemplo do Iniciado adentrará as Escolas de Mistérios, ou será mais um curioso que irá buscar outro membro de outra Tradição e que tenha paciência suficiente para responder aos seus inúmeros "por quês?", que não conduzem a lugar algum em nível de evolução Interna quando compreendidos apenas racionalmente.

Evidentemente, já era de se esperar que, pelo fato de os Iniciados não revelarem coisa alguma a respeito do que fazem, acabassem eles caindo nas malhas da superstição e do fanatismo cego e religioso, sendo acusados de obscuras práticas, sendo a mais famosa delas o Pacto com entidades sombrias, por exemplo, o próprio Diabo dos cristãos, em troca de favores e privilégios concedidos pelo demônio a todos os que diante dele se inclinassem. Essa crença ridícula e absurda sempre foi dirigida a quase todas as Ordens Secretas, principalmente a duas das Ordens Iniciáticas mais perseguidas de todos os tempos: a Maçonaria e os Templários.

A respeito dos Templários, se o(a) leitor(a) leu atentamente o Sétimo Arcano deste livro, compreenderá facilmente que a Igreja Católica daquela época, representada por um patife de nome Clemente V e pelo rei da França, outro canalha de marca maior, conhecido pelo nome de Felipe, o Belo, faria de tudo que estivesse ao seu alcance para acabar com os Templários e "passar a mão" nas suas infinitas riquezas, materiais e espirituais. Até mesmo inventaria um ídolo que ficou conhecido pelo nome de Baphomet, sendo esse ídolo o próprio Diabo do Arcano XV onde, segundo o delírio do papa e do rei, bem como de todo o circo inquisitorial sordidamente manipulado, os Templários rendiam culto, praticando diversas práticas obscenas diante dele. Quanto ao Baphomet dos Templários, iremos explicar para o(a) leitor(a) mais adiante o que significa esta figura que não tem nada a ver com o Demônio, representando sim uma verdadeira Esfinge Iniciática que tem por objetivo afastar, por meio do temor, os curiosos dos Templos da Tradição e testar a vontade dos já Iniciados, no sentido de que quando eles se depararem com esta enigmática alegoria, verificar até que ponto é pura a sua vontade e inclinação para o estudo dos mistérios, pois por Baphomet (de forma antiga escrevemos assim o seu nome) os fracos de espírito não passarão.

A relação de cultos satânicos que foi imputada aos Cavaleiros do Templo pela Igreja e pelo poder monárquico da França naquela época foi uma das mais gritantes farsas forjadas, com o nítido propósito de fazer com que a imagem dos Nobres Cavaleiros ficasse manchada diante dos reis de outros países, diante do povo e dos mais diversos segmentos monásticos. Felizmente, o tiro saiu pela culatra, e estes homens de valor, assim como passado, continuam até hoje realizando seus ritos, sem jamais ofender a Lei Natural das coisas e de maneira alguma praticam atos que não estejam de acordo com os desígnios do Pai. Qualquer outra coisa que seja dita sobre os Verdadeiros Templários e que não tenha relação com este último parágrafo é pura lorota e invenção, certamente proferida pela boca de um profano curioso que nem ao menos é um Iniciado dentro desta Augusta Instituição, e se o é, nada aprendeu.

Quanto à relação da Maçonaria com o Diabo, é comum ouvir falar--se em círculos de profanos (não Iniciados) supersticiosos e mal-informados que os Maçons fazem pactos com o Diabo para enriquecer; que a Maçonaria é uma espécie de Máfia; que os Maçons negam a Cristo; que os Maçons comem criancinhas; que os membros da Ordem que revelam os segredos desaparecem da face da Terra; e tantos outros cômicos absurdos, que fazem não apenas os Maçons, mas também qualquer Iniciado de outras Tradições caírem na gargalhada com tanta ignorância e falta de bom senso.

A perseguição à Maçonaria com relação ao seu envolvimento com as forças maléficas começa justamente também por ocasião da perseguição aos Templários, uma vez que a Maçonaria, vendo o absurdo que tinha sido feito com os Cavaleiros, resolve acobertá-los em seu meio. Naquela época, a Ordem Maçônica já existia, só que de forma mais oculta que os Cavaleiros do Templo. Os Templários, agora recebidos e encobertos por verdadeiras guildas de Construtores Medievais que formavam a Antiga Maçonaria, começam a passar para estes segredos arquitetônicos trazidos do Oriente que muito auxiliarão os "Pedreiros Livres" em suas construções, que até hoje são admiradas por toda a Europa, bastando ver algumas Catedrais; e desvelam também Arcanos de natureza iniciática, pelos quais os Maçons poderiam cada vez melhor buscar a sua depuração moral, mental e espiritual.

Como esta Gnose Sagrada que possuíam os Templários incomodava muito a Igreja, e continua incomodando até hoje, porque se algumas coisas vierem à tona as autoridades eclesiásticas terão muito o que explicar ao povo, principalmente em relação à Verdadeira História de Cristo, todos aqueles que acobertaram os Cavaleiros da Cruz Vermelha deveriam igualmente ser perseguidos e exterminados, pois talvez eles soubessem o que o Poder Eclesiástico da época esperava que ninguém descobrisse, ainda mais porque estava se fixando cada vez mais como um Sacro-Império, e qualquer grupo questionando os dogmas estabelecidos era visto como uma real, perigosa e temida ameaça. E foi pelo fato de os Templários terem legado aos Maçons algumas dessas revelações desagradáveis e inconvenientes, que os "Pedreiros Livres" passaram também a ser perseguidos e, como não poderia deixar de ser, criou-se um monte de fantasias a seu respeito, com o intuito de fazer o povo parar de pensar e ficar contra aqueles que verdadeiramente sabem, sejam eles Maçons, Druidas, Templários, Cátaros, Rosa-cruzes, Martinistas, Wiccanianos, etc.

A Fé é algo necessário ao ser humano; triste é o homem que não possui uma Religião, porque as religiões são caminhos de crença pelos quais o homem aprende a Crer em "algo maior". Somente quando cremos em algo maior é que compreendemos também a Grandiosidade dentro de nós e nossas Infinitas possibilidades, porque na realidade, em Essência, somos Ele.

Ordens Iniciáticas são Sendas de Conhecimento que jamais podem ter a sua imagem tradicional e milenar maculada por diabos, espíritos malignos e coisas desse tipo. Seu objetivo na Terra é fazer com que o homem desenvolva os seus potenciais Internos, de maneira que possa até mesmo compreender melhor o que os Rosa-cruzes chamam de "O Deus do seu Coração e da sua Compreensão". Sendo todas estas Ordens de natureza mística e o objetivo primordial do Misticismo a união do homem com Deus, sem ter de recorrer a um Credo em particular; e sem ter de utilizar do intermédio de Sacerdotes para realizar o seu *Religare*, vemos que na realidade a proposta destas Escolas é realmente uma aproximação maior do ser humano com o Deus de sua Crença, só que sem intermediários no meio do caminho. Poderíamos dizer que a Religião seria uma escola fundamental na qual aprendemos a reverência pelas coisas sagradas, e é bom que nunca nos esqueçamos de reverenciá-las. Já as Ordens seriam Faculdades do Espírito onde seus membros terão, por assim dizer, uma compreensão mais profunda de sua fé, crenças e, principalmente, um entendimento mais profundo de si mesmos.

Tanto Religiões quanto Ordens Iniciáticas são fundamentais para o quadro evolutivo do ser humano e deveriam procurar trabalhar juntas, a fim de que cada um de seus Membros pudesse, inspirado pelo clima de Fraternidade e Respeito entre ambas, buscar a Sua Verdadeira Verdade, prestando culto ao Deus de sua crença e devoção, no Sublime Altar do seu Coração. Este tipo de postura, com certeza, tornaria as coisas bem menos "diabólicas" para todos.

Os símbolos que compõem o arcano do Diabo

Em primeiro lugar, temos que, antes de citar o significado dos símbolos que compõem este Arcano, lembrarmo-nos de que jamais existiu, existe ou existirá um ser desta natureza tal qual está desenhado na lâmina, sendo a figura do Diabo uma Esfinge, algo simbólico, onde foram colocadas várias alegorias referentes a profundos mistérios.

A **cabeça de Baphomet** é formada por três animais, sendo eles o cão, ou chacal, o touro e o bode. Se analisarmos os animais separadamente, veremos que o chacal é uma alusão ao deus da Justiça egípcio de nome Anúbis, e representa o chamado "mercúrio dos sábios", tendo esse animal nessa figura relação com os elementos ar e água. Já o touro representa o elemento terra e, em linguagem alquímica, é chamado de "o sal dos filósofos". Finalmente, o bode é associado ao elemento fogo e também, por algumas Tradições, é tido como um símbolo de geração. A título de curiosidade, antigamente na Judeia havia uma cerimônia em que eram consagrados dois bodes, sendo um puro e outro impuro. Segundo a tradição, o puro era sacrificado pela expiação dos pecados, enquanto o impuro era libertado e solto no deserto. Em nível simbólico, é justamente interessante está cerimônia, pois poderíamos até encontrar no seu simbolismo a lição indicada a seguir.

O bode imolado assumia a própria personificação dos pecados da humanidade, sendo por isso puro para servir como um recipiendário. Já o bode impuro solto no deserto, teoricamente, estaria condenado à morte; mas se voltando de lá por si mesmo conseguisse sobreviver poderia, por assim dizer, representar uma espécie de purificação depois das árduas experiências pelas quais tinha passado no deserto, tal qual nosso Senhor Jesus Cristo, que por algumas tradições (Gnósticos) era também representado pelo símbolo do bode.

A **tocha flamejante** entre os chifres de Baphomet é a tocha da inteligência. Essa tocha entre os cornos forma a letra hebraica SHIN (ש), que entre vários significados simboliza o equilíbrio divino entre as forças, podendo receber este foco de luz o nome de "Luz Mágica do Equilíbrio Universal". Como um último significado entre os vários que possui essa chama, figura também a alma elevada acima da matéria, embora não completamente liberta dela, mas subjugando-a. Quanto a este último significado, poderíamos comentar que as elevadas aspirações da alma do ser humano deveriam estar sempre acima dos seus instintos puramente materiais, até mesmo para que ele pudesse desfrutar do plano material de maneira mais salutar, sendo sempre o seu senhor e nunca o seu escravo.

Os **chifres** representam muitas coisas, entre elas: as cornucópias mágicas presentes em diversas histórias de heróis mitológicos, que constantemente oferecem farturas e riquezas das mais mundanas às mais espirituais para aqueles que as conquistaram por meio de árdua busca. São um símbolo de virilidade, potência e força. Simbolizam a Sabedoria e podemos notar que muitas vezes Moisés, augusto nome que dispensa maiores comentários, é representado com dois chifres, indicando que ele era detentor de uma sabedoria que estava além dos limites puramente humanos.

O **pentagrama (estrela de cinco pontas)** sobre a testa de Baphomet apresenta uma única ponta voltada para cima; apenas esta posição já é o suficiente para credenciá-lo e a todo o Arcano como um símbolo de Magia Branca ligado a elevados ideais. Esse pentagrama dentro das Tradições Iniciáticas recebe o nome de "Estrela Flamejante", representando o domínio do homem sobre os quatro elementos para que possa aflorar o quinto, sendo essa estrela mui venerada pelos Maçons que compreendem completamente o seu significado, embora a Estrela Flamejante Maçônica contivesse mais um detalhe que obviamente não iremos nem mencionar, pois assim estamos incentivando os verdadeiramente interessados a de fato buscar e, nessa busca, temos a certeza de que algumas ideias tolas e ignorantes sobre a Maçonaria e sobre os Maçons cairão por terra.

O **Caduceu de Mercúrio** situado na região sexual desta verdadeira Esfinge Iniciática seria uma representação da vida Eterna. Contudo, também devemos lembrar que as duas serpentes entrelaçadas que sobem pelo bastão em direção à esfera alada representam a subida da Kundalini, ativando todos os chacras e remetendo-nos a profundas meditações sobre a Arte do Tantra, em que por meio de uma sexualidade sagrada, que não vise apenas satisfazer os desejos instintivos de reprodução e prazer dos seres humanos, possamos atingir a própria Divindade pelo mágico ato de amar.

As **escamas** sobre o ventre de Baphomet representam o elemento água associado à própria vida, uma vez que esta começa na água.

O **círculo** entre o Caduceu de Mercúrio e o ventre composto por escamas está relacionado à atmosfera.

As **asas** sempre foram um símbolo de elevação e, neste desenho, elas estão associadas ao elemento volátil. Também nos fazem refletir sobre a necessidade de constantemente nos policiarmos, a fim de que possamos nos elevar em pensamentos, pois deles advêm as nossas ações.

Com **os braços,** Baphomet aponta, mediante o sinal do silêncio feito com os seus dedos, para a lua branca associada à Sephirah Chesed (misericórdia) da Árvore da Vida e também para a lua negra, relacionada à Sephirah Geburah (rigor). Nos seus braços, sendo um masculino e o outro feminino para representar a Lei da Dualidade e também a androginia, estão escritas as palavras "Solve" e "Coagula", que são dois termos alquímicos (veja Arcano VII).

Os **seios** da figura representam a maternidade e a redenção da humanidade por meio do trabalho. Também poderiam representar uma fonte de caráter iniciático, na qual se nutrem os iniciados em sua eterna busca pela verdade.

As **pernas** são os fortes cascos de um bode; sabemos, por observação à natureza, as alturas descomunais que esse animal pode galgar e os pontos inóspitos que podem ser escalados por ele, sendo esses pontos montanheses de difícil acesso até para alpinistas experimentados, com todos os seus apropriados equipamentos de escalada. Portanto, esses cascos lembram ao Iniciado as alturas extraordinárias que ele pode atingir por meio de seu esforço e dedicação, galgando lentamente a Montanha do Conhecimento,- Quando dizemos lentamente é porque, segundo o que eu acredito: *Conhecimento em demasia num curto espaço de tempo é somente para os que estão preparados para recebê-lo (muito pouca gente hoje em dia), pois caso contrário, corre-se o sério risco de gerarem-se profundas confusões na mente da pessoa, não sendo raros os casos de já iniciados que acabaram num hospício por não saberem esperar a hora certa para gradativamente ir desvelando os mistérios.*

O **cubo** sobre o qual Baphomet está sentado representa a matéria.

O **casal acorrentado ao cubo** que serve de trono para o Diabo representa muitas vezes, entre elas, a limitação e a estreita visão, que aprisionam tanto homens quanto mulheres, ainda mais quando estes levam uma vida desregrada e cheia de excessos, que são a raiz de todo o mal. Esse casal também simboliza a separação entre o sexo masculino e feminino, impedindo o homem de desenvolver o seu lado mais intuitivo e emocional, e a mulher de desenvolver seu lado mais lógico, forte e racional. Quanto às palavras que acabam de ser faladas, vale ainda dizer que elas não explicam totalmente os mistérios contidos na simbologia do casal, mas podemos comentar os mistérios até um certo ponto, devendo depois o ser humano ir em busca de "algo a mais" que não lhe tenha sido revelado; se a busca é sincera, ele acabará encontrando.

Concluindo a explicação deste augusto símbolo, que mereceria todo um tomo dedicado à explanação de sua simbologia, podemos afirmar que jamais existiu um ser com esta forma, muito menos foi Baphomet adorado por nenhum grupo Iniciático sério, a não ser no sentido do estudo dos símbolos que compõem a figura. Baphomet foi criado para inspirar horror nos imprudentes e maldosos que desejavam e desejam conhecer a Gnose Sagrada apenas para a sua glória e projeção mesquinha e egoísta, despojada de qualquer sentido de conhecer para servir ao próximo por meio do conhecimento adquirido.

Aos infelizes que pensam de acordo com o citado no parágrafo anterior, Baphomet não os deixará jamais conhecer a Verdadeira Ciência Oculta, pois esta só é reservada ao verdadeiro Iniciado liberto de suas paixões e já tendo submetido a sua vontade em nome de uma causa maior. Quanto aos demais que se propuseram a estudar a Magia, mas não procederam de maneira séria e tradicional, a estes será destinado um punhado de míseros mistérios menores, despojados de real importância, os quais eles tomarão como a Verdadeira Magia, sem se darem conta, por causa de sua arrogância e falta de percepção, o quanto estão distantes dela.

Significado do 15º arcano – O Diabo

Para que possamos interpretar este Arcano de maneira correta, em primeiro lugar, nós, principalmente nós, tarólogos, temos de abandonar os nossos medos e crenças nefastas infantis sobre esta figura, pois sem este abandono será impossível passar para o cliente uma real visão séria dos elementos do décimo quinto Arcano.

O Diabo representa o mal como princípio, só que o mal na atualidade de nosso planeta é algo inexistente, pelo menos na forma de um ser que teria por missão destruir a Terra e corromper a alma dos mortais. Com essa afirmação já caem por terra todas as falsas afirmações que os pseudotarólogos fazem a respeito desse Arcano dizendo, com o intuito de arrancar dinheiro do cliente, que quando da presença do Arcano XV num jogo, o consulente estaria sendo vítima do ataques de "forças negativas", que estariam "amarrando" a sua vida. Depois de aterrorizarem a pessoa com tamanho absurdo, esses vigaristas, que são uma vergonha para os Verdadeiros Tarólogos, já vêm com aquela velha historinha de que a pessoa, para se livrar destas energias nocivas, teria de fazer um "trabalhinho", o qual não sairá por menos de dez vezes mais o preço da consulta que o cliente já está pagando – e ainda se sair dez vezes mais, a vítima desses salafrários estará pagando barato. A minha sugestão nestes casos é que quando o cliente se sentir lesado por este tipo de charlatanismo, se dirija o mais rápido possível à primeira delegacia de polícia e denuncie esses falsos tarólogos, pois quando se faz uma consulta séria de Tarô não existe esta conversa absurda de, após a consulta, fazer um "trabalhinho". Se o tarólogo sente a necessidade de ajudar a pessoa que passou por ele de alguma forma, além da consulta, pode sugerir-lhe um livro, um CD de músicas new age, um bom curso em que a pessoa possa buscar melhor a si mesma e assim por diante. Mas todas estas coisas serão posteriormente procuradas PELO CLIENTE E NÃO PELO TARÓLOGO, cuja única função é indicar bons caminhos, sem jamais adentrar neles junto ao consulente. Por isso dou uma sugestão ao cliente que possa estar lendo este livro, pois todos nós já fomos clientes algum dia, sendo raras as pessoas que jamais passaram por algum tipo de Oráculo durante suas vidas:

Cuidado quando procurar um Tarólogo para atendê-lo e, de preferência, procure profissionais com uma base em Psicologia, ou Iniciados em alguma Ordem Esotérica séria.

Lembre-se de que todo Iniciado que levou a sério o seu Caminho Iniciático é um tarólogo mesmo sem possuir um Tarô, mas nem todos os "tarólogos" que existem por aí são Iniciados.

O único inconveniente no Arcano XV é o mal que a pessoa pode causar a ela mesma, mas por causa sempre de seus excessos incontidos, principalmente nas áreas emocional e material de sua vida.

Materialmente falando, uma pessoa que viva 24 horas por dia com o seu pensamento voltado para o dinheiro poderá até mesmo ter uma situação financeira invejável, mas em outras áreas da vida poderá não estar tão bem assim, com os mais diversos tipos de problemas. E por que isso ocorre?

Porque a pessoa não soube administrar a sua vida com critério, tendo se concentrado apenas nos aspectos materiais. E não que esses aspectos sejam nocivos, não importantes para nós e devamos negá-los, pois nunca devemos nos esquecer de que vivemos num mundo físico com todas as suas exigências, desde as mais básicas até as mais complexas, para cuja resolução o dinheiro é indispensável, jamais podendo ser o vil metal considerado algo negativo, porque ele nos ajuda na resolução de nossos problemas, atuando como uma "espécie de energia", que faz as coisas fluírem melhor neste plano físico. Só que O Diabo, se formos relembrar dentro das míticas histórias, tentava as pessoas muitas vezes em primeiro lugar com luxos, riquezas e poder, pelos quais o infeliz poderia vender a sua alma.

A história citada no final do parágrafo anterior é muito interessante, ainda mais quando entendida. Por que o Diabo tentava a pessoa com poderes, dinheiro e posses?

Porque se não tivermos consciência suficiente para sabermos o que queremos em nível material, sem falsas modéstias, vamos sempre nos sentir frustrados quando vermos outra pessoa obtendo aquilo que nós também desejávamos e que verdadeiramente estará ao nosso alcance, assim que admitamos o que de fato pode nos tornar felizes em nível material. Caso não façamos isso, podemos realmente, como nas historietas antigas, perder a nossa alma, ou seja, a oportunidade de nos elevarmos em nível espiritual por estarmos com problemas de ordem financeira, por não termos estabelecido metas reais em nível de realização material para as nossas vidas. Para nós, Magos, de uma tradição ocidental, porque nascemos aqui no Ocidente, acho impossível alguém começar a falar em Busca Espiritual sem ter se resolvido pelo menos nos mínimos e primordiais aspectos da vida material, atendendo às suas complexas necessidades.

A real consciência do que significa o sucesso, o *status* e o poder para você faz com que possa administrar melhor o tempo, na busca da satisfação dos seus objetivos, sem se estressar e se prender em demasia aos valores materiais, colocando-os em seu devido lugar, sendo sempre o seu Senhor e jamais o seu escravo. Com isso, você se livra da excessiva prisão dos laços da matéria, sem no entanto tirar os pés do chão, deixando de cometer os já costumeiros excessos de ordem material por causa do excesso, ou da ausência de dinheiro, reconhecendo-se como único responsável pela situação em que se encontra. Você deve orientar seu cliente também nesse sentido.

Falando agora sobre os problemas de ordem emocional encontrados no décimo quinto Arcano, temos a posse, o ciúme, as paixões desenfreadas, a sexualidade animalesca, os desejos instintivos e assim por diante.

Todos esses problemas começarão a resolver-se a partir do momento em que o cliente entenda que o Amor é uma fonte de prazer, satisfação de desejos e, acima de tudo, uma oportunidade de compartilhar o melhor dele com outra pessoa.

Saber o que se deseja em nível emocional é de fundamental importância para uma vida amorosa segura e sadia. É necessário que nós entendamos e aceitemos os nossos desejos sem reprimi-los, mas também trabalhando com eles de forma que possam ser manifestados gradativamente, culminando com o tempo em sua total satisfação. Nenhum desejo amoroso deveria ser entendido como sujo ou impuro, pois o prazer constitui parte natural da vida do ser humano. O que jamais precisamos nos esquecer é de que toda a satisfação amorosa, desde a mais simples, como o desejo que sentimos de dar um beijo no rosto de alguém de que gostamos, até a mais profunda em nível sexual dentro de um ritual tântrico, apenas para citar um exemplo, deve ser satisfeita com AMOR. Sem este elemento de vital importância para tudo na vida, o que haveria nas relações emocionais seria tão unicamente a satisfação dos prazeres puramente instintivos, o que seria lamentável, pois quando transamos com alguém apenas para a nossa satisfação pessoal, sem ao menos ligar para a pessoa no dia seguinte, esquecendo-a completamente no espaço de uma semana, de modo desrespeitoso deixamos de reverenciar alguém que para nós foi muito importante, tendo nos auxiliado no nosso progresso evolutivo em nível emocional.

Os jovens hoje em dia trocam muito de parceiros, sendo que alguns relacionamentos entre eles duram apenas algumas horas, podendo chegar, ou não, à consumação do ato sexual. É o que eles chamam de "ficar" com alguém. Não há nada de errado nisso, desde que não importando se eu fiquei com esta pessoa uma hora, um dia, uma semana, um mês, ou seja lá o tempo que for, quando eu encontrá-la de novo, jamais me esqueça de abraçá-la e sorridentemente perguntar como ela está e se precisa de alguma coisa. E por que tanta atenção?

Porque para vocês, jovens de ambos os sexos, aquela pessoa nesta fase de início e troca de experiências em que estão permitiu com que, por meio do beijo dela, do abraço, do carinho e até mesmo do corpo, vocês crescessem mais em nível emocional. Por este motivo, devem-lhe a sua Eterna Gratidão, não importando quanto tempo o relacionamento entre vocês durou. Lembre-se disso quando sair para as "baladas" no próximo fim de semana...

O(A) leitor(a) deve achar no mínimo curioso o fato de no Arcano XV eu estar me dirigindo aos jovens com tanta eloquência, mas isso se deve ao fato de estar este escritor sempre em contato com eles. Também o motivo que me leva a dirigir-me a esta nova geração é justamente a consciência de que um jovem bem orientado em nível emocional satisfaz plenamente os seus desejos sem, no entanto, prejudicar ninguém, muito menos ele mesmo, preparando-se para no futuro ser uma excelente mãe, ou pai, podendo compartilhar seus bons exemplos com os filhos que gerará. Se sentássemos para conversar com os adolescentes sobre a sexualidade, as questões do corpo e a boa utilização da sensualidade de maneira limpa e aberta, com certeza, eles corresponderiam a esses diálogos de forma muito gostosa e surpreendente, tanto em relação ao que eles acreditam como no que diz respeito às diversas dúvidas que têm nesta área. Estaríamos formando, no mínimo, cidadãos mais responsáveis emocionalmente, constituindo estes no futuro uma civilização mais CIVILIZADA e esclarecida, liberta das trevas da ignorância que não atingem apenas o aspecto emocional, mas também muitas outras áreas da nossa vida. Isto já auxiliaria um pouquinho e faria com que as coisas ficassem menos diabólicas em nível emocional.

Com relação à posse e aos ciúmes, diríamos que estes comportamentos são frutos da insegurança de uma pessoa em relação ao ser amado, porque a pessoa em questão não aprendeu ainda a amar e respeitar ela mesma, quanto mais o seu semelhante, o qual ela precisa manter sob o seu domínio, tendo com isso a falsa e triste noção de que realmente é dona ou possuidora de alguma coisa. Como dizia um velho ditado criado por mim a respeito da posse:

> *Se algo é verdadeiramente teu, deixa-o livre, pois mesmo que um dia este algo, ou alguém, afaste-se de ti, a ti retornarás naturalmente quando for a hora certa, não havendo necessidade de limitar-se a liberdade de quem quer que seja. E se por acaso nunca mais este algo, ou alguém, a ti retornar, quer dizer que na verdade nunca foi teu, tendo servido apenas para preencher uma fase da tua vida, que agora acabou e o que compete-lhe é continuar vivendo o hoje preenchido agora por ti mesmo.*

No mais, com a presença deste Arcano num jogo, há de se evitar discussões, perdas de paciência e intolerâncias com as situações e demais pessoas ao nosso redor, porque essas atitudes não nos levariam a lugar algum, apenas ajudariam a aumentar o caos no qual, por vezes, a nossa vida se vê mergulhada.

Intrigas, "diz que me diz", fofocas, "fala fala" pelas costas e demais atitudes deste naipe fazem parte do contexto deste Arcano, porque é muito mais fácil e cômodo falar da vida dos outros do que se ocupar da própria, evitando, desse modo, tornar-se mais responsável diante do Universo e perante si mesmo. Ao cliente, é bom que se sugira para ele ocupar o seu tempo com tudo, menos com estes falatórios que não levam a lugar algum e ainda geram um quadro energético negativíssimo, tanto para o alvo das fofocas quanto para os que ouvem tal difamação a respeito de outro ser humano. Se não se pode falar bem de alguém, então é melhor não dizer coisa alguma, porque seguramente não é a nós que compete julgar pensamentos, palavras e atitudes de nossos irmãos.

Na realidade, não existe nada de diabólico no Arcano O Diabo, pelo menos não dentro do fantástico contexto de seres maléficos que se deveria temer, ou forças ocultas manipuladas contra nós pelos rituais satânicos. O único mal dentro do décimo quinto Arcano é aquele que causamos a nós mesmos e aos outros, quando nos deixamos envolver em demasia dentro de um contexto apenas material e mundano, cometendo excessos para satisfazer os nossos desejos, sejam lá de que natureza forem estes objetivos dentro das esferas material, mental, emocional e espiritual.

O mal não está no desejo, como acreditam algumas linhas filosóficas, e sim nos excessos que são cometidos para se atingir um determinado objetivo. Se eu não me exceder em demasia por meio de pensamentos, palavras e ações, posso desejar o que for, porque faz parte da natureza do ser humano ambicionar cada vez mais elevadas esferas materiais, mentais, emocionais e espirituais. A única coisa para a qual temos de atentar é como chegaremos a estes níveis maiores sem fazer nada que não esteja plenamente de acordo com a Lei do Deus, de nosso coração e de nossa compreensão, embora se errarmos não será a esse Deus que iremos responder por nosso erro, mas responderemos para a nossa própria consciência, que nos questionará: por que quando tivemos a oportunidade de realizar o certo e, com isso, aproximarmo-nos mais de Deus, por que não o fizemos?

Capítulo 16

A Torre de Babel

"As altas torres envelhecidas pelo tempo, onde habitavam os fantasmas do meu ego, eu escalei.

Chegando ao seu topo e contemplando paragens ilusórias e deprimentes formadas pelo mau uso que fiz da minha mente, eu silenciei.

No silêncio de meu coração, aprisionado por enferrujadas correntes nas quais apenas a esperança dentro do meu ser era algo vivente, O Arquiteto do Universo e dos Mundos novamente escutei.

E quando por fim fortalecido pela quebra que mantém fortemente unidos os olhos, eu levantei, não temi os raios e explosões ao redor de um corpo que não era mais o meu, pois minha forma fora transcendida.

Nesse momento, esqueci-me da coroa, velha quinquilharia encardida, e saltando do topo da torre, aspirando à morte do que não mais podia ser mantido, ou manter-me, encontrei de novo a vida.

E a cada explosão e fragmentos do meu ego caindo pelo chão, mais forte eu me sentia, curado, aliviado e em perfeita Cósmica Comunhão com o Deus da minha Compreensão.

Quando por fim tudo ruiu e a fumaça enegrecida abaixou, contemplei a catástrofe e gargalhei, pois neste momento compreendi que era verdadeiramente um Rei livre da falsa ilusão, que tinha o mais belo castelo e domínios ancorados em meu Coração".

Alexandre José Garzeri
20 de abril de 1998

Os símbolos que compõem o arcano da Torre

O **raio** que atinge a torre antiga simboliza a própria fatalidade. Fatalidade essa que, muitas vezes, é criada por nós mesmos por meio de nossos pensamentos, palavras e ações impensados, na maior parte das vezes, de natureza negativa, que depois de um tempo desabam sobre nós, tal como um relâmpago atingindo um para-raios.

A **torre** fulminada é a torre do ego, que agora está sendo sacudida em suas próprias bases para nos mostrar que ninguém é o dono da verdade, muito menos, podemos ter real segurança sobre coisa alguma, uma vez que vivemos num mundo em mutação, onde para haver o progresso é necessária a mudança, podendo, caso contrário, a energia contida há muito tempo, quando eclodir por si mesma, arrasar tudo o que estava ao nosso redor, sejam as nossas crenças, relações, propriedades e tudo aquilo que considerávamos rigidamente como nosso, acreditando que jamais poderíamos perdê-lo.

Como podemos reparar, a torre fulminada faz parte de um **antigo castelo de forma quadrada**. Sabemos que tanto o quadrado como as formas cúbicas, em linguagem esotérica, estão associados ao limite, às castrações, ao plano material e a uma natureza rigidamente limitada. Isso significa que neste Arcano existe a necessidade de rompermos com aquilo que está velho e desgastado dentro de nós, tal como estão velhas e desgastadas as antigas paredes deste castelo de forma quadrada, para que possamos após o rompimento com aquilo que literalmente nos enclausurava, impedindo-nos de sermos o que realmente somos, vivenciar uma vida mais plena, feliz e abundante. Temos de permitir com que isso ocorra, porque muitas vezes o crescimento pode ser antecedido de perdas significativas, e quanto maiores elas forem, maior também será o renascimento.

Vemos sendo lançadas do topo da torre **duas pessoas,** estando uma coroada e outra sem coroa. Isso quer dizer que quando chega o momento da prestação de contas perante a vida, em que somos questionados antes do processo de expurgação de uma energia já estagnada, as Forças Superiores, responsáveis por este processo de amadurecimento, por meio da purificação, não querem saber quem é o Rei e quem é o vassalo. Perante a Lei Maior, todos são iguais, e serão julgados e lapidados pela espada da expiação, segundo o que fizeram com o potencial que lhes foi emprestado pelo Universo para que pudessem progredir. Daí por que tomarmos muito cuidado com aquilo que pensamos, dizemos e executamos, pois numa determinada hora que desconhecemos, a vida radicalmente se altera ao nosso redor, e nossa queda ou elevação será proporcional à medida de nossos erros e acertos. Vale a pena lembrar que quanto mais conscientes somos a respeito de nós mesmos, menos erraremos, porque sabemos o que temos de realizar, não havendo motivos para não fazermos isso. Meditemos, então, se realmente vale a pena sermos tão sábios e conhecermos todos os mistérios, pois como já dizia a velha frase: *"A quem muito é dado, muito será cobrado"*. Se você se sente preparado para tornar-se literalmente responsável por si mesmo, então vá em frente, mas uma vez começado o caminho da Autoconscientização Real não há mais volta. Tem de seguir em frente caindo, tropeçando, sendo derrubado, mas derrubando igualmente antigas torres recheadas de falsos conceitos que não condizem mais com o radiante ser que você está se tornando a cada queda, porque também esplendorosa é a sua Ascensão em direção a uma nova vida depois dos tropeços.

O Arcano XVI tem uma relação interessante com a cura, pois uma cirurgia, extração de dente ou tumor podem ser dolorosos, mas também pensemos no alívio que teremos após extirpado de nosso organismo um agente estranho que lá se instalou.

Na vida, tal como nas cirurgias, de vez em quando nos deparamos com situações dolorosas, embora necessárias, que sempre têm algo a nos ensinar, e quando acabam os difíceis períodos de transição, podemos contemplar finalmente por que sofremos tanto em algumas áreas e épocas de nossas vidas. Neste momento, se procuramos compreender a utilidade das adversidades, reparamos que por elas fomos elevados a um patamar mais pleno, abundante e harmonioso. Se, no entanto, assim como crianças mimadas e revoltadas, nos pomos a praguejar contra tudo à nossa volta porque nos foi tirado aquilo que em verdade nem era nosso e estava emprestado a nós pelo Universo, não aprendemos infelizmente a lição e, no futuro, maiores ainda serão as nossas perdas, por causa de nossa intolerância, falta de paciência e constante necessidade da manutenção do controle. Para evitar isso cresçamos, pois não poderemos ficar para sempre em nossas ilusoriamente seguras zonas de conforto. Não viemos aqui a passeio, mas a trabalho. Procure se lembrar disso antes de se deitar durante o resto dos dias de sua vida.

Finalizando, seria interessante dizer que este Arcano tem felizes e interessantes relações com vários episódios de nossa História, por exemplo:

A queda da Atlântida e o assassinato dos Gêmeos Espirituais.

A Torre de Babel (Bíblia).

A Revolução Francesa.

O leitor estudioso deveria procurar fazer minuciosas pesquisas com relação a esses fatos, pois há muito mais coisas por detrás deles do que julga a nossa vã filosofia.

Significado do 16º arcano – A Torre

A vida de um ser humano, bem como todas as situações que ocorrem durante uma existência, é composta por três fases bem distintas, a saber: começo, meio e fim.

Falar sobre o Arcano A Torre para um cliente durante uma consulta é falar sobre o fim dentro de um contexto por vezes radical demais, indicando aquelas fases em que a pessoa, literalmente dizendo, vê o que ela considerava seguramente imutável – sejam valores materiais, pessoas às quais estava ligada, empreendimentos, negócios, etc. – indo pelos ares, ficando muitas vezes o ser sem um chão para pisar, de tão fortes que são as mudanças promovidas por esse Arcano.

Numa fase como a que foi citada no parágrafo anterior, se o cliente tiver apreendido a "Arte de Morrer" descrita com detalhes no décimo terceiro Arcano, conhecido como A Morte, as mudanças, por mais radicais que sejam, não serão tão dolorosas, pois o cliente entenderá que para que possa haver novos inícios em sua vida, também são precisos os chamados "fins necessários". Esses fins necessários, quando aceitos pelo ser humano como algo natural dentro dos ciclos pelos quais a vida passa, passam por nós sem que nos sintamos muito afetados, pois já aprendemos a ter uma mente e visão mais despojadas em relação a tudo, lembrando-nos a cada momento de nossa existência de que nada é eterno; e para a continuidade natural da existência, desapegos que deixem as situações se diluírem, para mais tarde assumirem novas formas mais esplendorosas que as precedentes, são necessários.

Falando desta maneira até parece fácil lidar com um Arcano de natureza tão radical como o décimo sexto Arcano. E até seria fácil se não fosse o apego excessivo, pelo qual a maioria das pessoas baseia a sua existência. Se realmente existe uma palavra que não se coaduna com este Arcano, seguramente, essa palavra é apego.

Com a presença desta lâmina em jogo, tudo aquilo a que tentamos nos apegar e consideramos imutável em nossas vidas poderá ser destruído. Coisas que trazemos do passado, como posses, valores, pessoas a quem estamos apegados e os mais diversos tipos de situação, serão atingidas fortemente em suas bases, oscilando (insegurança) para depois caírem por terra. Veremo-nos com um polo móvel num mundo que está em derrocada; neste momento, a ira, o sentimento doentio de posse e o inconformismo diante dos fatos do destino, diante de nós, apenas farão com que mais desgraçada seja a nossa queda, mais traumáticos os nossos rompimentos e mais vultosas as nossas perdas.

Diante de um quadro tão sombrio, tenebroso e caótico, não demorará muito para que comecemos a procurar um culpado que possa ser responsabilizado pelo nosso insucesso. E dependendo do nosso grau de consciência e revolta diante da situação, começaremos a culpar a situação do país e os dirigentes, se o que desabou foi parte de nossa vida material; se é o lado emocional que está desmoronando, os culpados disso serão o marido (a esposa), o(a) namorado(a), que não nos compreendem nem nos dão amor suficiente, ou nossas sogras (pois sempre tem que sobrar para elas, né?), e assim por diante; se são os projetos pessoais que estão naufragando, logo criaremos uma conspiração em torno de nós, em que até mesmo aquele meigo gatinho que fica tomando leite no pires embaixo da mesa da cozinha se converterá em um maquiavélico conspirador, pronto para nos puxar o tapete caso viremos as costas.

Como o(a) leitor(a) pode ter percebido no último parágrafo, eu fiz questão de colocar situações extremas e até mesmo ridículas para explicar os nossos fracassos, pois realmente é ridículo e patético tentarmos atribuí-los a alguém, ou algo mais, que não sejamos nós mesmos os únicos dirigentes responsáveis por nossas vidas neste Universo.

Quando surge a revolta causada pela ausência daquilo que era caro à pessoa e lhe foi tirado ou perdido, não que esteja errado se revoltar, mas o problema é como direcionar essa revolta de maneira positiva ou negativa. Pelo modo negativo, quando perco algo, posso me tornar deprimido, agressivo, rebelde e desconfiado perante a vida, conseguindo com isso levar uma existência amarga e sem fé no futuro, apenas continuando vivo para cumprir os dias que me faltam, mas completamente desmotivado em relação a tudo, e isso é triste. Pelo lado positivo, posso utilizar a minha revolta para, por entre os estilhaços do que foi quebrado, buscar a matéria-prima da minha obra de arte futura, que dependendo de mim poderá ser mais bela, intensa e alegre do que a antiga, na qual as cores já estavam gastas e sem vida, sendo realmente necessário ver aquela antiga tela ser partida. Isso é utilizar a minha revolta como força potencial e, acima de tudo, ter uma visão inteligente e sensata perante a vida, me colocando como o único responsável por aquilo que me acontece, jamais culpando alguém pela cruz que eu mesmo tenho de carregar.

Ninguém disse que o caminho seria fácil e que não haveria rupturas, desentendimentos, perdas e danos. Mas quando isso ocorre também há a libertação de uma energia que estava contida em uma forma já há muito envelhecida, que necessitava de reestruturação. Feliz é aquele que viu a sua torre romper, deixando com ela caírem algumas lágrimas, pois isso também faz parte do show; mas depois, convertendo essaslágrimas num alto brado de batalha, inicia, assim, um novo ciclo de realizações, confiante em si mesmo e sabendo que Deus sempre olha para os corajosos que têm a audácia e o otimismo necessários para começarem de novo, por meio de eliminações necessárias se aproximarem cada vez mais Dele, pelo despojamento e pelo Espírito abnegado.

Falando mais precisamente agora com relação a este Arcano e direcionando-o para duas áreas fundamentais da nossa vida, que são a área material e a emocional, vejamos como nos comportar.

Com a saída do décimo sexto Arcano, com relação a problemas de ordem financeira, é preciso cuidado com os novos projetos, sendo preferível aguardar a passagem da tempestade e o secar do solo para não se construírem castelos sobre a lama, vendo-os afundarem drasticamente no futuro. É necessário também, em relação aos projetos, que vejamos até que ponto eles são realmente importantes para nós agora; e se a sua realização tão almejada não está apenas ligada à satisfação de vaidades pessoais e desejos que, embora sendo importantes de serem satisfeitos, necessitariam esperar a hora certa para que pudessem ser iniciados de forma mais benéfica e segura. Lembre-se sempre de que vontades podem ser satisfeitas a qualquer hora, porque temos saúde, inteligência e força de vontade para isso. Muitas vezes, a vida de uma pessoa começa a desmoronar porque ela, em vez de estabelecer uma ordem de prioridades em relação aos seus projetos, indo dos mais importantes para os mais simples e banais, faz justamente o contrário. Infelizmente, o ser humano ainda se deixa seduzir em primeiro lugar pelo mais bonito, belo, confortável e agradável, deixando o importante resto, onde residem de fato os valores primordiais que têm a ver com a nossa Lenda Pessoal e que valem realmente que se lute por eles, para depois. Com isso, nunca consegue realizar nada de grandioso.

Enfocando agora aspectos relativos às perdas emocionais, sabemos o quanto é triste quando alguém que nos é caro dentro do plano emocional nos abandona. No entanto, não podemos jamais porque isso ocorreu nos fecharmos às relações futuras, como se apenas aquela pessoa que nos deixou fosse a única que realmente tivesse algo para nos ensinar em nível emocional, não havendo agora mais ninguém. Esta visão é errada e nos priva de vivenciarmos novamente um verdadeiro Amor.

Quando alguém por algum motivo rompe laços de natureza emocional para conosco, muitas vezes, isso significa que aquilo que a pessoa tinha que nos ensinar e também o que tínhamos que ensinar para ela acabou, como tudo algum dia tem o seu fim. Fim de uma relação, continuidade de uma vida em que depois de um tempo de reclusão e introspecção necessários, novamente temos de buscar um novo alguém, nem que esse alguém seja nós mesmos, agora mais amadurecidos, e começarmos um caso de Amor para com esta pessoa, desde que ela realmente tenha a ver conosco.

Não tente segurar pelos cabelos alguém que está se afastando irremediavelmente da sua vida. Tenha mais dignidade e procure nesta fase de solidão amar mais você mesmo, aproveitando para colocar em dia tudo aquilo que não pôde fazer enquanto estava acompanhado(a). Nem pense em ficar depressivo(a), mal-arrumado(a) e vagando pelas sombras da desilusão, tal como um vampiro embriagado por uma falsa noção do Amor.

Lembre-se sempre de que amado(a) será de novo por alguém muito especial, ainda mais se você estiver se preocupando em ser especial para si mesmo(a) 24 horas por dia. E acredite, viu? Esta postura de bem com a vida atrai para o seu círculo social somente pessoas que estejam na mesma sintonia que você.

Aquele que amou, rompeu e sofreu é porque, certamente, o Verdadeiro Amor jamais compreendeu.

Na realidade, nunca rompemos com ninguém, uma vez estabelecidos contatos mais íntimos, o que também não quer dizer que a pessoa com quem tivemos esses contatos ficará para sempre conosco, já que, muitas vezes, quando um relacionamento dura pouco, saiba que ele durou o tempo necessário para que pudéssemos ter aprendido algo de bom, ensinado justamente por aquele(a) que nos abandonou. Antes do casamento e mesmo na juventude, procure viver sempre as emoções da maneira mais intensa possível, para que depois de casado você não busque fora da sua casa aquilo que não procurou no tempo certo, em que ainda podia estar aberto para uma nova experiência a cada dia. O casamento na realidade é um ritual e depois que uma união é sacramentada dentro de um ritual, é simplesmente lamentável vermos após alguns anos pessoas casadas e já com filhos buscando prazer em lares e camas alheios. Neste tipo de relacionamento, o Amor nunca existiu e até é bom que ele caia por terra o mais rápido possível, principalmente se o casal tem filhos, para que as crianças não cresçam neste ambiente de falsa e tranquila "fachada" de harmonia emocional entre os seus pais, o que deixaria nos filhos graves sequelas emocionais que apenas se manifestarão no futuro.

Em nível emocional, procure aceitar o décimo sexto Arcano com extrema tranquilidade e saiba que, para certas coisas, como o desejo, a paixão e o Amor, quando eles acabam, sempre após um tempo necessário de autoanálise vem a redescoberta do sentimento e a alegria de poder amar novamente. Permita que isso aconteça.

Encerrando este Arcano, gostaria de dizer que não existem fatalidades endereçadas por engano, ou seja, não é destinada a ninguém uma cruz maior do que possa suportar. O que nos cumpre é fazer isso com Amor, porque sem o Amor nós estamos perdidos, e agradecer por estarmos realizando o sublime ato do sacrifício, que nada mais quer dizer do que Sacro-Ofício, "Ofício Sagrado". E quando nos entregamos a esta tarefa e a cumprimos com perfeição, aceitando pagar o preço e permitir que as mudanças aconteçam, por mais radicais que elas sejam, temos depois um lugar garantido entre aqueles que se distinguem da maior parte da massa e são chamados de Os Vencedores.

Capítulo 17

Estrela-Guia

Cada pessoa inicia sua Busca Espiritual por um determinado motivo e certa época de sua vida. Normalmente, a busca acontece quando ela começa a sentir que está faltando algo em sua existência e necessita de respostas mais elucidativas com relação a quem ela é, por que está aqui e para onde deve, no futuro, concentrar o seu potencial.

Quando falamos em Caminhos Espirituais hoje em dia é comum as pessoas os associarem a segredos por demais velados, relíquias sagradas de incríveis poderes, símbolos misteriosos, pergaminhos e manuscritos perdidos, palavras de poder, religiões, filosofias de vida e Ordens Secretas, que compõem um vasto sistema intrincado no qual, quando se parece estar perto da Verdadeira Verdade, sempre surge mais um véu a ser levantado e, após contemplarmos o que havia atrás dele, a Busca continua como se estivéssemos novamente no ponto de partida.

Após uma vida inteira tendo percorrido as mais Tradicionais Escolas Herméticas do Ocidente, tendo passado por Filosofias Orientais e Religiões esotéricas de massa, sempre em contato com Verdadeiros Buscadores, mas também tendo pegado pelo caminho muitos curiosos, diversos embromadores e pseudo-ocultistas, notei que no Início da Busca Espiritual, com exceção de raras pessoas, poucas sabem o que procurar dentro dos diversos caminhos oferecidos.

No início, por mais incrível que isso possa parecer, o que as pessoas aspiram mesmo é ao poder, ou a algo para ocupar suas mentes curiosas, algum tipo de conhecimento que depois possa se converter numa atividade rentável no mundo profano, experiências místicas (em verdade delirantes) em que elas possam "ver" e "sentir" coisas, movimentar objetos, fazer viagens astrais e toda uma longa série de prodígios que, apesar de impressionantes, ainda mais para mostrar para os outros os "novos poderes adquiridos", nada têm a ver com a Busca Espiritual séria e verdadeira.

Agora, analisando os motivos nem um pouco nobres citados no parágrafo anterior e procurando ver o que está por detrás do contexto inicial de uma Busca Espiritual, pelo menos para a grande maioria das pessoas que se envolvem com ela, poderíamos dizer que todos estão buscando uma só coisa: FELICIDADE.

No início ninguém está atrás de uma espada, Santo Graal, Arca da Aliança, textos apócrifos, Pedra Filosofal, Elixir da Longa Vida ou qualquer outra coisa do tipo. Esses elevados objetivos citados podem até, depois de um certo tempo, se converterem em ideais a serem alcançados pelos Verdadeiros Buscadores que permanecem fiéis à Busca Espiritual e às suas Ordens Secretas. No entanto, inicialmente, até mesmo para que o peregrino místico possa atingir seus mais transcendentais e sagrados objetivos algum dia, ele precisa de um bom salário, uma boa companhia, uma mente brilhante e criativa e muita paz de Espírito. Ele necessita de Qualidade de Vida. Precisa estar bem consigo mesmo, porque é justamente por aí que tudo começa.

E é justamente sobre felicidade e o bem viver que trata o presente Arcano, chamado A Estrela. Mas o que seria a Felicidade?

A pergunta mencionada pode ser respondida de várias maneiras, de acordo com a cultura, o grau de instrução, a religiosidade e pela maneira pela qual o ser humano foi criado, principalmente no que diga respeito aos primeiros anos de sua criação quando criança e, posteriormente, como adolescente.

Como o(a) leitor(a) já pode ter reparado, praticamente em todos os capítulos deste livro cito sempre quatro planos, a saber: o plano material, o plano mental, o plano emocional e o plano espiritual. E não seria, justamente num Arcano que fala sobre a Felicidade, que eu iria deixar de citá-los, pois apesar de esses planos parecerem distintos uns dos outros, em verdade, são uma só coisa, um só plano. Caso não estejamos harmonizados em um dos quatro planos, com o tempo a desarmonia se espalhará pelos demais.

Analisemos agora a Felicidade nos planos material, mental, emocional e espiritual.

A Felicidade Material

Felicidade material realmente é algo que pode variar de pessoa para pessoa.

Para alguns, ela seria uma bela casinha com varanda, um carrinho na garagem e poder se alimentar todos os dias. Para outros, estar bem materialmente seria uma casa já não tão pequena, com dois carros na garagem, quem sabe até um desses veículos sendo o carro do ano e poder viajar de vez em quando para algum lugar. Um terceiro tipo de pessoa já almejaria três a quatro carros na garagem, podendo ser alguns importados, uma casa onde cada membro da família tivesse o seu quarto particular, jantares e almoços em restaurantes caros, viagens quando lhe desse vontade, quem sabe algumas para fora do Brasil, algumas vezes por ano.

Foram citados apenas três casos para não nos alongarmos muito, mas inúmeras possibilidades poderiam ser descritas.

O que importa dentro dos exemplos citados, desde o mais simples até o mais sofisticado, é que eles constituem importantes sonhos e ideais das pessoas que os almejam, sendo o dever delas lutar bravamente por aquilo que acreditam que as deixará felizes em nível material.

Nenhum sonho ou objetivo é, como dizem os pessimistas, louco ou tolo suficiente, que não valha a pena lutar por ele. A partir do momento em que começamos a pensar assim e acreditar que realmente podemos chegar às nossas metas, nós insistimos em bater à porta, muitas vezes fechadas asperamente na nossa cara, até que ela se abre e o tesouro por detrás da porta é tão abundante quanto a intensidade da luta que travamos para atingir nosso objetivo.

Tal como o Deus Primordial do Qual fomos emanados, temos o Poder Divino de emanar pensamentos auspiciosos, capazes de materializar aquilo de que necessitamos em nível físico. Resta nos perguntarmos se realmente precisamos de tudo o que achamos que precisamos, ou se nossos desejos são para satisfazer o nosso ego e até mesmo ostentar perante os menos favorecidos tudo aquilo que possuímos.

O ser humano realmente feliz materialmente não se utiliza dos poderes mentais para fins egoístas e exibicionistas; não se coloca diante do Deus, do seu Coração e de sua Compreensão como um pedinte a esmolar miseravelmente umas parcas migalhas, por saber que é Infinitamente rico em Abundância, Plenitude e Glórias de Deus; mas agradece o que pede e, quando requisita algo para si mesmo, nunca se esquece dos menos favorecidos em primeiro lugar, clamando para que todos(a) os(a) seus(suas) irmãos(ãs) possam ter em dobro tudo o que ele está pedindo.

A Felicidade material advém única e exclusivamente do trabalho. No entanto, podemos acrescentar ao trabalho certas fórmulas, rituais, mentalizações e visualizações capazes, quando devida, ética e corretamente aplicadas, de nos levar a um patamar de prosperidade muito além daquele atingido por quem não conhece tais técnicas.

Um método bem simples e primitivo de obter prosperidade material consiste em não nos preocuparmos com o dinheiro, pois ele é pura e simplesmente um meio, jamais um fim. Quando nos concentramos nos fins, ou seja, nos objetivos e nas metas a serem atingidos como se isso já tivesse se dado, movimentamos Forças e Leis Universais que acabam manifestando os recursos necessários para a obtenção daquilo que queremos, desde que o nosso desejo esteja alinhado com a Vontade do Deus, do nosso Coração e da nossa Compreensão, a Quem sempre devemos submeter as nossas aspirações para que elas se realizem de acordo com a Sua e não de acordo com a nossa egoica vontade.

Concluindo, lembre-se de gerar bastante prosperidade para os outros também, pois como disse Tolstói: "Quem ajuda os outros, ajuda a si mesmo".

A Felicidade Mental

Houve um tempo em que as pessoas falavam: "Diz-me com quem andas e te direi quem és".

A frase anterior ainda tem um real valor, mas hoje em dia não bastaria apenas observar um ser humano para dizer algo sobre ele. Precisaríamos analisar o que ele lê diariamente, ao que assiste na televisão, que tipo de música escuta e com o que procura preencher sua mente no seu dia a dia.

É evidente que se uma pessoa somente lê aquilo que é trivial a todos, sem buscar um aprofundar do que está lendo; se assiste a programas em que se falam unicamente dos problemas da sociedade e que abordam a violência como algo natural; se escuta músicas por demais agressivas, ou de batida sempre uniforme e mecânica, em pouco tempo a mente dessa pessoa acaba ficando massificada e ela é completamente engolida por uma sociedade tão robotizada quanto seu cérebro sutilmente manipulado pelos meios de comunicação para só dizer "sim".

Perde-se a criatividade, o espírito de contestação sadia que leva ao crescimento em todas as áreas, a originalidade e, com o passar do tempo, a própria individualidade, quando por fim acabamos vestindo uma máscara e interpretando um papel que corresponde ao que a sociedade espera de nós, mas que em nada condiz com aquilo que verdadeiramente somos.

Lembremo-nos sempre de que toda a Felicidade ou infelicidade começa na nossa mente, e que é nosso dever inspirar e alimentá-la com pensamentos sadios, uma boa música e leituras, de preferência aquelas que após fechado o livro nos deem sempre a necessidade profunda de refletir sobre o que acabamos de ler. É por meio da reflexão antes da ação que produzimos na sociedade algo verdadeiramente nosso, que embora tenha sido criado pela nossa mente foi divinamente inspirado por nosso Coração.

Os únicos responsáveis pela nossa Felicidade mental somos nós mesmos, uma vez que decidimos o que deixamos entrar em nossas mentes e o que barramos em relação a ela.

A Felicidade mental pode ser atraída de muitas maneiras, algumas delas relativamente simples. Estando em casa, apanhe um bom livro e se dirija para aquela poltrona ou sofá confortável. Caso goste, acenda um pouco de incenso e coloque uma música suave, se ela não atrapalhar a sua concentração na leitura. Pronto! Você criou todo um ambiente propício para se deixar levar pelas páginas de uma boa leitura, a uma outra dimensão, muito distante dos grilhões ilusórios de uma vida rotineira e massificada. Tendo o hábito da leitura ou da simples entrada diária neste cenário de paz e tranquilidade, pouco a pouco, você adquirirá a Felicidade Mental e, consequentemente, uma melhor qualidade de vida, uma vez que pensamos, falamos e agimos de acordo com aquilo que nos inspira em nível mental.

A Felicidade Emocional

Por incrível que pareça, Felicidade emocional se resume a muito pouca coisa.

Se quisermos, numa relação a dois, num relacionamento familiar ou num relacionamento com os outros, dentro dos mais variados contextos, ter a verdadeira Felicidade emocional, apenas uma coisa é necessária: "saber que a verdadeira união somente é possível quando, mesmo as pessoas estando unidas, cada qual mantém a sua individualidade, sem jamais interferir na individualidade dos demais envolvidos numa relação, tenha a mesma a dimensão que tiver".

Felicidade emocional não se refere a apego e ciúme doentio; não é o basear sua existência na vida de outra pessoa; não é o criticar constantemente; não é apenas querer ser servido e não servir; não é falar e jamais escutar. Não. Felicidade emocional é outra coisa.

A ciência do bem viver emocionalmente está baseada em carinho, afeto e atenção na medida certa, sem jamais podar a liberdade do ser amado. Está baseada em termos plena consciência de compartilhar tudo com o outro, uma vez que quando nos unimos a alguém vamos também, a partir daquele momento da união, partilhar o próprio carma pessoal do ser amado com ele mesmo. É como se a pessoa nos chamasse para viver uma aventura com ela, e pedisse o nosso auxílio para resolver os obstáculos e problemas que surgirão no decorrer da jornada.

A partir do momento em que começamos a compartilhar o carma pessoal do outro, ele também começa a compartilhar um pouco do nosso próprio carma pessoal, pelo menos durante o tempo que dura a relação. Daí a necessidade de haver uma grande tolerância das pessoas umas para com as outras, sem a qual fica impossível viver harmoniosa e pacificamente dentro de uma relação.

Nem sempre a pessoa que amamos vai estar linda, bonitinha e sorridente como no dia em que a conhecemos. Saber tolerá-la tanto nos bons como nos maus momentos, fazendo com que ela se sinta segura, podendo contar conosco sempre que necessitar; jamais privá-la de sua individualidade, da mesma maneira que exigiremos radicalmente a preservação da nossa; e ter o mínimo de paciência e bom senso para saber o que jamais devemos fazer para irritar o outro, tudo isso constitui a verdadeira chave que abre as portas da Felicidade emocional. Todo o resto dentro de uma relação são apenas detalhes que se ajeitam com o passar dos tempos de convivência; após alguns anos de boa convivência, é possível oferecer aos que estão verdadeiramente unidos por algo maior uma existência plena, abundante, equilibrada e harmoniosa, em que finalmente se compreende o porquê de ter sempre, em todos os casos, Tolerância e Paciência para com nossos irmãos, realmente os amando pelo que eles são e, principalmente, pelo que trazem dentro do Coração.

A Felicidade Espiritual

Se perguntássemos a sábios, mestres, adeptos e gurus das mais diversas tendências espiritualistas, ocultas, religiosas e esotéricas, tanto do ocidente como do oriente, sobre o que é Felicidade Espiritual, todos responderiam evidentemente de acordo com aquilo que prega a tradição com a qual estão envolvidos, mas nenhum dos membros verdadeiramente sérios dessas tradições discordaria de um ponto:

> *"Felicidade Espiritual é quando estou em harmonia com a Vontade de Deus, seja lá qual for o nome que eu dê para este Ente Superior, procurando manifestar os Seus Sagrados Desígnios em todos os meus pensamentos, palavras e ações, aceitando-me como Seu filho, e vendo os meus irmãos com Amor, carinho e respeito, principalmente por todos nós sermos filhos de um único Pai.*

É quando me integro perfeitamente à natureza e ao Cósmico, compreendendo que sou parte de um grande Todo abundante em Perfeição, e procuro entender como auxiliar na manutenção perpétua desta Sagrada Perfeição.

É quando é feita a Vontade Dele através de mim porque fomos, somos e para sempre seremos um só.

Diante do que foi dito, apresentarei agora uma pequena história ao(à) leitor(a), que servirá para ilustrar como é estar sempre de bem com a vida e, principalmente, com o Deus de nossos corações e de nossas compreensões:

"Perguntaram a um rabino:
– Como se deve servir a Deus?
O rabino contou a seguinte história:
– Uma vez trouxeram perante o rei duas pessoas acusadas de um crime. O rei resolveu perdoar uma delas. Mandou esticar uma corda sobre um precipício e disse que aquele que a atravessasse seria salvo. O primeiro homem foi e conseguiu chegar do outro lado. O outro, preocupado, antes de atravessar a corda, gritou-lhe de seu lado:
– Como foi que você conseguiu atravessar?
O que tinha atravessado respondeu:
*– Sempre que estava caindo para um lado, eu me inclinava para o outro para manter o **equilíbrio**.*
*– Servir a Deus – concluiu o rabino – é só isto: é ficar no meio, adaptar-se à corda bamba. Nem se entregar demais aos prazeres, nem renunciar a tudo. Quando sentir que está indo para um desses dois lados, busque o outro e permaneça no meio, onde está o **equilíbrio**.*
A Graça Divina não está nos extremos".

Essa simples, porém profunda história, serve para mostrar-nos o quanto é fácil estar em harmonia com o Criador. O problema é que já estamos acostumados desde a infância a reagir de maneira extremista a quase tudo que nos acontece. Raramente pensamos um pouco mais antes de agir. Este lamentável comportamento se deve ao medo que o ser humano tem de perder o controle das situações e à sua tremenda insegurança perante a vida e as pessoas.

O despojamento, a conduta simples e natural e a busca pelo equilíbrio, seja lá dentro de qual tendência filosófica, religiosa ou iniciática for, nos conduzem à Felicidade na vida e à união com o Pai, pois nos libertam dos fantasmas criados por nós mesmos, e nos ensinam que quanto menos apego e mais entrega em relação a todas as coisas, maior é o nosso poder e força para lidar com as mais adversas situações.

Trata-se de nos despojarmos de nossos erros e paixões para manter o Essencial; possuir conduta simples e natural para nos sairmos bem quando estivermos lidando com o complexo e sofisticado. E, finalmente, buscar o equilíbrio, sabendo que o simples ato de buscá-lo jamais fará com que pequemos contra a vontade do Pai. Estas posturas citadas conduzem-nos à Felicidade Espiritual e a um melhor aproveitamento da vida em todos os sentidos. Experimente-as, vivencie-as e comece um novo ciclo em sua vida. Você merece!

Os símbolos que compõem o arcano da Estrela

A **jovem nua** sentada sobre a pedra é a própria personificação da deusa estelar Nut, que espalhava um fundo azul-escuro, à noite, sobre os céus, para que o brilho das estrelas ficasse mais destacado. Esta jovem também é tida como sendo a representante da Verdade, da Natureza e da Sabedoria, agora completamente desveladas aos franco-buscadores que chegaram até este ponto da jornada. Finalizando, alguns estudiosos afirmam ser esta bela jovem o Anjo da Esperança, que quando estivéssemos despojados de tudo, teria a função de derramar sobre os nossos seres, para que pudéssemos nos reerguer, o bálsamo da Esperança, fazendo com que, por meio dele, renascêssemos alegres e confiantes no futuro.

As **duas ânforas**, uma de prata e outra de ouro, são o símbolo do Aguadeiro, ou signo de Aquário, representando uma Nova Era de transformações. A **ânfora dourada** representa a luz da razão, sem a qual não podemos discernir o real do irreal. É o potencial masculino e o início dos trabalhos, sejam lá de que natureza forem, em que teremos de trabalhar no começo sobre uma massa embrutecida e disforme, para que, com a nossa aplicação e disciplina, possamos levá-las à perfeição, ou seja, à conclusão justa e perfeita de nossos objetivos.

Já a **ânfora prateada** nos remete à necessidade de escutar a nossa natureza lunar e intuitiva de vez em quando, para que, guiados por ela, conscientes de quem somos, possamos aplicar nos afazeres de nosso dia a dia as leis naturais e universais que regem o todo, pois não será somente pela razão consciente relativa à consciência objetiva que chegaremos a algum lugar. Também para o real progresso dentro das mais diversas áreas da vida temos de escutar a voz da intuição, e é justamente isso que essa ânfora prateada associada à Lua e ao potencial feminino representa.

O **líquido transparente e cristalino** que jorra das ânforas representa que as nossas emoções devem ser sempre transparentes e cristalinas, mas isso só é possível quando não as reprimimos e deixamos que elas floresçam naturalmente, tal como floresce a natureza ao redor da jovem. Como já foi dito, esse líquido também pode ser visto como o bálsamo revigorador que o Anjo da Esperança espalha sobre os nossos dias mais tristes, trazendo-nos de volta a alegria de viver. Esse bálsamo possui natureza alquímica e, em muitos Tarôs, o que jorra das ânforas são os elementos fogo e água, representando as transmutações e as combinações alquímicas, pelas quais nos libertamos de uma visão unicamente egoica e racional e nos preparamos para viver uma vida mais livre, procurando manifestar aqui na Terra a Divina Vontade que flui do plano arquetipal.

A **nudez da jovem** é santa e representa o despojamento que devemos ter em relação às futilidades da vida, às excessivas preocupações e aos apegos, principalmente no âmbito material (ansiedades), para que possamos mergulhar mais profundamente nas coisas que têm um real valor, as quais podem nos levar à plena realização, em todos os sentidos. Essa nudez é o despir-se de falsos conceitos, falsas ideias e falsas máscaras, para encarar a vida de acordo com aquilo que verdadeiramente somos, e não com o que as pessoas gostariam que fôssemos. Pessoas que procedem de acordo com este comportamento realmente vivem, enquanto as demais, presas e dormindo, estão envoltas pela zona de conforto, a quejá se acostumaram durante toda a existência, inclusive por ser mais cômodo não ter de se despojar de nada e viver a vida como se todos os dias fossem iguais.

A **borboleta** pousada no ombro da jovem é outro símbolo relativo à Arte Alquímica, representando a transmutação da lagarta na borboleta multicolorida. Simboliza a transmutação das pessoas comuns, que passam a vida inteira dentro de um casulo, em pessoas divinamente inspiradas, multicoloridas e criativas que decidiram se libertar de tudo o que as impedia de serem verdadeiramente elas, tornando-se a partir deste ponto Cocriadoras do Universo na manifestação da Grande Obra, junto a Deus Pai Todo-Poderoso, o Criador dos Céus e da Terra.

As **sete estrelas** no topo da lâmina estão associadas aos Sete Selos citados no Apocalipse de São João Apóstolo, Capítulos 4 a 8. Realmente, a ideia de Anjos Vingadores, Bestas, Trombetas e Julgamento Final é um tanto quanto interessante e até mesmo romântica, mas simbólica. Quando digo isso, não quero dizer que estes elementos citados não existam. Muito pelo contrário! Tudo que está citado no Apocalipse existe, e muito mais há entre o céu e a terra, mas apenas para "aqueles que sabem ver". Só que a maneira pela qual se dará o Apocalipse não será tão Hollywoodiana quanto a que está citada na Bíblia, com todo o jogo de sons, trombetas, vozes do além, relâmpagos e luzes a iluminar o tétrico cenário em que se converteria o planeta Terra, caso o Apocalipse chegasse a ocorrer.

Os Sete Selos citados nos capítulos 4 a 8 do Apocalipse de São João nada mais são do que os sete chacras existentes no corpo etérico do ser humano, responsáveis pela captação do prana (energia vital) que depois é enviado para o nosso organismo físico por meio dos Nadis. Quando os sete chacras ou centros de energia, como se diz aqui no ocidente, são abertos e começam a "Girar" de maneira equilibrada e harmoniosa, uma vez que a palavra chacra quer dizer "roda" e toda roda tem que girar, desde o primeiro chacra localizado na base da coluna vertebral em nível etérico até o sétimo localizado no mesmo plano sutil, sobre a nossa cabeça, realmente passamos por uma violenta transformação. Tão violenta quanto as cenas descritas no Apocalipse, pois agora temos a REAL CONSCIÊNCIA DO TODO e por ela somos julgados para que, após o julgamento, possamos, completamente puros e libertos de tudo o que não era mais necessário para a nossa evolução, continuar o nosso caminho, só que agora diretamente orientados pelo Pai, sabendo quem somos, de onde viemos e para onde temos de ir após a Revolução.

A **estrela maior de oito pontas** sobre a jovem representa a Luz, a Fé e a Esperança. Essa estrela de brilho radiante também é uma alusão à nossa Luz Interna que, a partir do momento em que tomamos contato com ela, por meio de uma postura reta, justa e digna para com a vida e, principalmente, para com nós mesmos, passa a nos guiar em direção a dias melhores e mais iluminados, nos quais o importante de fato é viver e unicamente crescer. Podemos dentro de um aspecto mais esotérico associar a estrela que está rodeada pelas outras sete estrelas menores como sendo a mui respeitada e venerável Estrela Flamejante dos Maçons, com a diferença apenas no número de pontas, uma vez que a Estrela Flamejante Maçônica possui cinco e não oito pontas, apresentando também no seu centro a letra G.

A **natureza abundante** ao redor do Anjo da Esperança personificado na lâmina pela jovem simboliza a importância que devemos dar a exercícios, caminhadas e atividades em contato com o meio natural, quando tiramos este Arcano numa consulta, uma vez que tais práticas fazem com que nós recarreguemos as nossas forças gastas nas variadas atividades que desempenhamos no dia a dia. Essa natureza também simboliza fertilidade e abundância em todos os sentidos, desde o mais frugal até o mais espiritual. É a vida brotando em todo o seu esplendor, para o nosso deleite e paz de Espírito.

Significado do 17º arcano – A Estrela

As Estrelas, praticamente para todos os povos e tradições presentes no mundo, sempre foram símbolo de Luz, Fé e Esperança. Elas são tidas como guias a iluminar o nosso caminho nos momentos de maior escuridão. Simbolizam também a Luz dos Mistérios, que resplandece grandiosa no Sanctum Sanctorum das mais diversas religiões e tendências iniciáticas. Mas, acima de tudo, elas representam a Felicidade, a alegria de viver e a crença numa Vida Maior e Luminosa. E é justamente este o espírito que devemos passar para o nosso cliente quando ele retira este Arcano numa consulta.

Este é realmente um Arcano abençoado e simboliza que tudo vai bem na vida da pessoa que com ele foi premiada durante uma consulta.

Infelizmente, muitas vezes, mesmo quando este Arcano aparece num jogo, a pessoa não se sente tão feliz, inspirada e iluminada quanto devia. Isso se deve ao fato de que a maioria dos seres humanos já está acostumada a acreditar unicamente nas coisas negativas e pequenas. Quando se deparam com a felicidade e com os valores realmente essenciais que conduzem a essa felicidade, eles acham que toda essa boa sorte e excelentes oportunidades não são para eles e algumas pessoas até não se consideram merecedoras de todo esse sucesso. E é justamente com essas ideias castradoras, retrógradas e limitadoras que temos que parar, se realmente almejamos algum dia atingir a vida que pedimos a Deus.

Sei que, muitas vezes, as coisas ficam difíceis no decorrer do curso da existência. Em diversas ocasiões, nos sentimos diante de circunstâncias drásticas da vida, desamparados, acuados e deprimidos. Diante dessas situações, é natural e até aceitável que fiquemos tristes e nos sintamos melancólicos, no entanto, até para esses estados de espírito existe um limite. E o limite é justamente nos lembrarmos de que, por mais difíceis que sejam as provas que tenhamos que suportar, o Amor de Deus é Maior.

Quando chamamos por esse Amor, buscamos por sua orientação, e nos curvamos perante o Pai com humildade, respeito e realmente querendo evoluir segundo os Seus desígnios. Permitindo que a Sua Vontade se manifeste por meio de nós, começamos a colher os frutos da Felicidade em nossa vida e as dificuldades, apesar de continuarem existindo em alguns casos, são compreendidas e trabalhadas dentro de um clima de harmonia, paz e equilíbrio, pois passamos a entender que elas nada mais são do que degraus que temos de subir em direção ao Grande Arquiteto do Universo. Se temos que realizar essa subida, o que nos cumpre é fazer isso com Amor, porque sem Amor nós estamos perdidos, e procurar jamais esquecer o lado lúdico da vida, levando-a sempre com um verdadeiro espírito de celebração, pois poucos de nós sabem o quanto foi difícil encarnar neste planeta para que pudéssemos continuar com o nosso processo evolutivo. Talvez por muitos não saberem a dificuldade que é encarnar novamente é que se queixem de forma constante da vida, ao passo que deveriam na realidade agradecer a cada minuto por estarem aqui encarnados e podendo evoluir, contribuindo com isso para com a evolução de toda a humanidade e de todo o Universo, uma vez que todos nós fazemos parte do Todo.

Esta lâmina ensina ao cliente a importância do despojamento, do sorrir sempre, principalmente enquanto estivermos sob a sua influência, e do deixar a vida seguir naturalmente o seu rumo, com extrema confiança no futuro, pois este é um Arcano de Alegria e exaltação da existência em todos os sentidos. Com a sua presença em relação aos nossos projetos, nada pode sair errado, a não ser que, por causa de nossa ansiedade e mente negativa, bloqueemos o que de melhor o Universo reservou para nós nesta fase da vida regida pela Estrela.

Procure viver cada dia como se realmente ele fosse algo novo, porque na realidade a única coisa velha no mundo são nossas mentes retrógradas, acostumadas a sempre dizer não, até mesmo quando o Universo está nos dizendo um grande sim. Liberte-se de seus medos, ansiedades e depressões; pergunte-se: por que eu estou vivendo segundo estes valores, se na verdade sou um Filho de Deus, Justo e Perfeito, como o meu Pai e com Seus mesmos poderes criativos? Por que não viro a mesa e quebro algumas convenções só para variar um pouquinho? Por que simplesmente não sou "aquilo que sou", sem me preocupar em ser o que querem que eu seja?

Liberte-se, meu(minha) amigo(a). Liberte-se de seu ego, silenciando a ilusória voz dos limites que existem unicamente porque você os aceita. Passe a ouvir os sons da natureza a vibrar harmonia e o esplendor ao seu redor. Contemple os seus irmãos, olhando-os nos olhos, procurando sempre sorrir e dizer frases belas, inspiradoras e educadas, que façam com que o outro se sinta tão bem quanto você se sentiria se ouvisse as mesmas frases.

Você pode ser um farol a irradiar constantemente Luz e Otimismo ao seu redor, nem que seja apenas para dizer ao mundo que não aceita uma realidade sombria, decadente e disforme, que está totalmente contra a Vontade do Pai. E pode ter certeza de que outras pessoas inspiradas pelo seu exemplo também começarão a se perguntar se é justa a vida limitada e sofrida que vêm levando até então. Quando começar este questionamento interno de cada um em relação a si mesmo, buscando depois as pessoas uma melhor qualidade de vida em todos os sentidos, aí sim começará uma verdadeira Nova Era de mentes conscientes, ligadas por um mesmo ideal de Luz e Perfeição.

Atreva-se a ser um dos precursores deste movimento, não se importando com o que os pessimistas e aqueles que possuem mentes limitadas irão dizer de você. Mais importantes no futuro, quando não mais estiver aqui, serão as vozes dos muitos que tiveram a sua Luz Interna despertada por você, meu amigo.

Seja uma Estrela luminosa de Otimismo, Alegria e crença numa Vida cada vez melhor, pois com a retirada deste Arcano, nada mais é requerido de você.

Capítulo 18

La Luna

Enquanto o sol nos conduz a uma melhor definição entre uma coisa e outra, a Lua remete-nos a uma visão não muito clara das coisas, pois o seu brilho tênue à noite gera fusão entre as coisas, as distâncias e os elementos, criando as chamadas ilusões.

Quando a noite cai, emerge o lado emocional dos seres humanos e a necessidade de sair, namorar, falar coisas e ficarmos com alguém para que não nos sintamos sós diante da escuridão que paira sobre a vida após o pôr do sol. Sendo a Lua o astro de maior brilho durante a noite e estando ela, segundo a Astrologia, ligada aos aspectos emocionais, à família e ao lar, temos diante de nós algo que nos fará pensar profundamente a respeito de nossas emoções e de como lidamos com elas em relação a todo o mundo que nos rodeia.

Para compreender a natureza lunar, é necessário um profundo mergulho dentro de nós mesmos, no sentido de realmente querermos descobrir o que se esconde no âmago de nossos seres, mesmo que às vezes esta viagem nos mostre coisas desagradáveis a nosso respeito.

E por que essa necessidade de nos depararmos com nossas trevas interiores?

Porque, quando fizermos isso de maneira adulta e crescida, o que restará em nós será a luz da verdadeira consciência, livre de apegos, excessos, carências emocionais e toda uma série de coisas que nos prende a uma realidade externa ilusória, criada por padrões internos limitados, inerentes ao ser humano desde o início dos tempos, pois é mais cômodo viver segundo esses padrões do que mergulharmos em nossos pântanos internos para procurarmos a Flor de Lótus em meio a tanta lama que, até então, havia sido evitada.

Para chegarmos até o Décimo Oitavo Arcano, passamos por situações complicadas quando tivemos de enfrentar lâminas como O Enforcado, A Morte, O Diabo e A Torre. Esses Arcanos nos ensinaram lições a respeito de nós mesmos, que nunca tínhamos entrevisto nem mesmo suspeitado que existissem. Mas não foi o suficiente, pois ainda falta o teste final.

E o teste final é depararmo-nos com nossas próprias trevas em nível interior. É encararmos de frente não só nossos inimigos externos, porque isso é relativamente fácil, mas também nós mesmos, com todas as nossas imperfeições e o nosso lado trevoso que negamos admitir que exista, principalmente porque estamos constantemente nos iludindo com fatores externos para que não pensemos nele.

Deparar-se com o Arcano A Lua é estar rodeado pelas trevas de nossas próprias ilusões, e ter diante de nós um túnel mais escuro e sombrio ainda, que teremos de percorrer caso queiramos alcançar a Luz do Arcano O Sol no fim de nossa passagem pelas trevas. E que esse túnel sombrio, verdadeiro mergulho nos profundos oceanos míticos e egoicos de nosso ser, seja bem percorrido, pois não esqueçamos que depois do Arcano XIX, O Sol, ainda passaremos pelo julgamento final da Vigésima Lâmina, intitulada O Julgamento.

Além do lado voltado para profundas reflexões internas, o Arcano A Lua também está associado à intuição, à feminilidade, à maternidade e a um número sem fim de fatores ligados à mulher.

Quando pensamos em nível de ocidente, no que poderia dentro de um contexto mágico representar as mulheres em sua busca pelo autoconhecimento, lembramo-nos sempre da Wicca e de seu culto a divindades, na maioria das vezes, essencialmente femininas. Uma das divindades Wiccanianas mais populares e cultuadas pelos adeptos da Antiga Religião, ou Arte, por assim dizer, é a Tríplice Deusa Lua. E antes de começarmos a descrição do Arcano propriamente dito, gostaríamos de brindar os leitores e, principalmente, as leitoras com uma descrição detalhada a respeito desta deusa lunar, verdadeiro ícone de força e poder para os Wiccanianos de ontem, hoje e de todo o sempre.

A Tríplice Deusa Lua

Em muitas partes do mundo, a Deusa original é referida como a Grande Deusa Lua, uma deidade trina e una. Ela é a grande trindade feminina de Donzela, Mãe e Anciã. E em muitas descrições escritas, assim como nas obras de arte que sobreviveram, vemos essa tríplice natureza – às vezes retratada com três faces – refletida nas três fases da lua. Também neste caso os primitivos adoradores humanos entenderam que um e o mesmo poder ou mistério agia na mulher e na lua. Como escreveu Joseph Campbell: *"A observação inicial que deu origem na mente do homem a uma mitologia de um só mistério animando coisas terrenas e celestes foi [...] a ordem celeste da Lua crescente e a ordem terrena do ventre feminino"*. Assim, não só a Deusa estava refletida nas três fases da lua, mas também os ciclos biológicos de toda mulher também encontraram expressão aí. Cada mulher podia identificar-se com a Grande Deusa ao identificar sua própria transformação corporal com o crescer e o minguar mensais da Lua.

Os sortilégios e os rituais de uma Bruxa são sempre realizados em conjunção com as fases lunares, e as Bruxas alinham seu trabalho mágico com seus próprios ciclos menstruais. Pela observação das três fases da Lua e a meditação sobre as tradições da Deusa a elas associadas, descobrimos os poderes e os mistérios especiais da Lua e a sabedoria ímpar que ela nos ensina acerca da Mãe Divina do Universo.

A Donzela. O crescente lunar, virginal e delicado, vai ficando mais forte e mais brilhante noite após noite, parecendo cada vez mais alto no céu até atingir o plenilúnio. Vimos homens e mulheres de antanho representando esta fase da Lua como uma donzela que vai crescendo e ficando mais forte a cada dia que passa. Ela é a pura e independente caçadora e atleta que, na tradição das deusas mediterrâneas, foi chamada Ártemis ou Diana. Quando amadurece e se transforma numa poderosa guerreira, ou Amazona, aprende a defender-se e aos filhos que algum dia nascerão dela.

Em algumas culturas, essa Deusa livre e independente é a Senhora das Coisas Selváticas e preside aos rituais de caça. Segura em sua mão a trompa de caça, tirada de vacas e touros que são animais especiais. A trompa tem a forma de uma Lua em quarto crescente. Uma de suas mais antigas representações é a estatueta com 21.000 anos descoberta na França e batizada pelos arqueólogos como a Vênus de Laussel. Representa uma mulher pintada de ocre vermelha, erguendo a trompa de caça num gesto triunfante. O historiador de arte Siegfried Giedion classifica-a como "a representação mais vigorosamente esculpida do corpo humano em toda a arte primitiva". Joseph Campbell sublinha que, como personagem mítica – isto é, uma imagem de alguém que transcende o meramente humano –, ela era tão conhecida que "a referência da trompa erguida teria sido[...] prontamente entendida". O que a humanidade da Idade da Pedra facilmente entendeu foi que a mulher com a trompa podia garantir o êxito da caça, visto que, como mulher, ela conhecia os mistérios profundos e os movimentos dos rebanhos selvagens. Ironicamente, a linguagem que nossos historiadores contemporâneos têm usado tradicionalmente para falar dos caçadores da Era Glacial fala de violência, matança e homens. Entretanto, como assinala o historiador William Irwin Thompson: "Cada estátua e pintura que descobrimos proclamam que esta humanidade da Era Glacial era uma cultura de arte, amor aos animais e às mulheres".

A Mãe. A Lua cheia, quando o céu noturno está inundado de luz, é representada como a Deusa-Mãe, seu ventre inchado de nova vida. Bruxas e magos, em toda parte, sempre consideraram ser esse um tempo de grande poder. É um tempo que nos atrai para lugares sagrados, como as fontes e grutas escondidas que as mulheres neolíticas poderiam ter usado como seus lugares originais para dar à luz. Em seu fascinante estudo *The Great Mother*, Erich Neumann sugere: "O mais antigo recinto sagrado da era primordial era provavelmente aquele onde as mulheres davam à luz". Aí, as mulheres podiam recolher-se ao seio da Grande Mãe e, em privacidade e nas proximidades de água fresca e corrente, pariam em segurança e de maneira sagrada. E assim, até os dias de hoje, templos, igrejas, bosques sagrados e santuários têm uma quietude e uma qualidade uterinas que sugerem proteção e segurança em relação ao mundo dos homens, à guerra e às interrupções. Quando ingressamos nesses lugares de silêncio e calma, muitas vezes, como que iluminados pela luz da Lua cheia, sentimo-nos nascidos numa vida mais sagrada e mais próximos da fonte de toda a vida.

No aspecto materno do plenilúnio, a Deusa da Caça também se torna a Rainha da Colheita, a Grande Mãe do Milho que derrama a sua abundância por toda a Terra. Os romanos chamavam-na Ceres, de cujo nome derivou a palavra "cereal". É a mesma que a grega Deméter, um nome composto de D, a letra feminina delta, e méter, ou "mãe". Na Ásia, ela era chamada: "A porta do Misterioso Feminino... a raiz donde brotaram o Céu e a Terra". Na América, ela era a Donzela do Milho, que trazia o milho para alimentar o povo. Em todas as suas manifestações, ela é a fonte de safras e de vegetação que se convertem em nossos alimentos. Quando ela vai embora nos meses de inverno – como Deméter procurando sua filha Perséfone no inverno –, a terra fica estéril. Quando ela retorna na primavera, tudo reverdeja uma vez mais.

Em muitas tradições do Oriente Médio, do Mediterrâneo e da antiga Europa, a Deusa-Mãe dá à luz um filho, um jovem caçador que, a seu tempo, converte-se em seu amante e cônjuge. Embora isso possa soar contraditório e incestuoso a ouvidos modernos, devemos ter em mente que, como "tipos míticos", todas as mulheres são mães para todos os homens e todos os homens são filhos adultos.

De acordo com muitas lendas antigas, o "jovem Deus deve morrer". Neste ponto, verificamos que o antigo mito e os costumes sociais se alinham. Como as mulheres eram vitais para a sobrevivência da tribo, pois só elas podiam parir e alimentar os recém-nascidos, a perigosa tarefa de espreitar, perseguir e matar animais selvagens passou a ser responsabilidade dos homens. Por volta de 7.000 antes da era cristã, o filho da Mãe Divina estava razoavelmente bem estabelecido nas lendas europeias como um Deus Caçador, muitas vezes representado usando chifres. Havia razões estratégicas e sacramentais para isso. Como ritual, o capacete ornado com chifres homenageava o espírito do animal que ele esperava matar. Nos ritos religiosos que implicavam êxtase, uma pessoa converte-se no Deus ou Deusa que está sendo cultuado vestindo-se, falando e agindo como a deidade. Assim, ao usar os chifres e as galhadas, o caçador tornou-se o caçado em corpo, mente e espírito. Ele assemelhava-se à presa; pensava como a presa; consubstanciava o espírito de sua presa. Pensava-se que a identificação com o animal caçado assegurava uma caçada bem-sucedida.

Estrategicamente, o caçador envergava os próprios chifres e a pele do animal por segurança e para garantir o êxito da jornada. Ocultando suas formas e cheiros humanos, ele podia acercar-se do rebanho ou da manada sem espantar os animais. Os índios americanos vestiam capas de peles de búfalo, completando-as com as cabeças e os chifres, a fim de se aproximarem de um búfalo desde os mais recuados tempos até quase o final do século XIX. Tocaiar, bem como matar um grande animal armado de chifres, era perigoso. Muitos caçadores foram escornados ou atropelados até a morte. Em redor das fogueiras tribais, o caçador vitorioso era homenageado e recebia os chifres ou as galhadas do animal chacinado para usar como troféu de vitória e expressão de gratidão por parte da tribo, já que ele pusera a sua vida em perigo. Com o tempo, o caçador filho da Grande Deusa passou a ser preiteado como um Deus Cornífero, e sua disposição para sacrificar a vida pelo bem da comunidade foi celebrada em canções e rituais.

O caçador encontrou frequentemente a morte nos meses de inverno, a época da caça em que o gelo é espesso e a carne é facilmente preservada no ar gelado. Esse drama da morte no inverno era também visto na natureza: quando o sol fica débil e pálido, tudo parece morto ou adormecido, e as longas noites invernais encorajavam os nossos ancestrais da

Idade da Pedra a recolher-se à escuridão trépida de suas cavernas. Era a época do gelo e da morte. Joseph Campbell diz-nos, em *The Way of the Animal Powers*, que: *"o desaparecimento e o reaparecimento anual das aves e dos animais selvagens também devem ter contribuído para esse sentimento de um mistério geral urdido pelo tempo"*, um mistério que faz todas as coisas terem seu tempo para morrer e renascer. Uma religião baseada nos ciclos da natureza faria disso uma verdade sagrada. Aqueles que seguiram essa religião puderam celebrar até a estação da morte, por saberem que a ela se seguiria uma estação de renascimento. Se o Filho deve morrer, ele renascerá, tal como o sol voltaria na primavera. A Terra e a Mulher cuidam disso. Esses eram os mistérios da Grande Deusa-Mãe, o Grande Ventre da Terra.

Na Grã-Bretanha e na Europa do noroeste, no Ohio e no Mississipi e em muitas outras partes do globo, as lavouras neolíticas construíram grandes cômoros de terra. Segundo Monica Sjöö e Barbara Mor, "o formato de colmeia de tantos cômoros de terra e neolíticos era intencional e simbólico. A apicultura era uma metáfora para a agricultura sedentária e para a pacífica abundância da terra nesses tempos. E a abelha era como a Lua cheia, produzindo iluminação à noite". No formato dos seios pletóricos da Deusa do Leite, na forma da colmeia governada pela Grande Abelha Rainha, os cômoros da terra eram frutos do esforço humano para inchar a superfície do solo, de modo a assemelhar-se a colinas e montanhas que eram cultuadas como os seios e o ventre sagrados da Deusa. A metáfora da colmeia recorda as histórias de "terras onde correm o leite e o mel" – o leite das mães, o mel dourado da Rainha. Da África e da Trácia chegam lendas de mulheres guerreiras que se alimentam de mel e leite de égua. Seja qual for a forma como o encontramos, todo nutrimento provém da Deusa da Terra e da Lua, e todas as mães são fortes por causa do poder que seus corpos encerram.

Quando traço um círculo mágico sob a Lua cheia, eu puxo seu poder para baixo e para dentro do cálice de cristalina água da fonte que seguro em minhas mãos. Quando pouso meu olhar no cálice, vejo meu próprio rosto no reflexo prateado da lua. Então, no momento certo, mergulho minha adaga ritual no cálice, fendendo a água, despedaçando a imagem da Lua em muitos fragmentos menores, como estilhaças de cristal. Lentamente, deliciosamente, bebo o poder e a energia da lua. Sinto-a deslizar pela minha garganta, até retinir e formigar por meu corpo todo. A Deusa está então dentro de mim. Eu engoli a lua.

Quando as bruxas colocam seus pés e mãos num tanque, lago ou qualquer poça de água sob a Lua cheia, elas sorvem o poder refletido da Lua por meio dos dedos das mãos e dos pés. Atraímos sua energia para os nossos corpos quando nadamos ao luar. Os antigos rituais exigiam o cozimento de poções sob uma Lua cheia, para que a própria luz da Deusa pudesse ser mexida na infusão. Mesmo dentro de casa, nos frios invernos da Nova Inglaterra, reunindo-se em meu *living* em torno da lareira, o meu grupo de bruxas traz o formato de Lua cheia para a nossa presença ao dispor-se num círculo. Ou uma única vela refletida no cálice ajuda-nos a imaginar a lua, projetando um fulgor mágico em que as coisas invisíveis ou ocultas podem ser vistas.

A Anciã. Em algum ponto da vida de toda mulher, o ciclo menstrual cessa. Ela deixa de sangrar com a lua. Passa a receber seu sangue para sempre, ou assim deve ter parecido aos nossos ancestrais. Conserva seu poder e, portanto, é agora poderosa. É a sábia Anciã. Como a Lua em quarto minguante, seu corpo encolhe, sua energia declina e, finalmente, ela desaparece na noite escura da morte, tal como a Lua desaparece por três noites de trevas. Com a morte, o corpo é devolvido a terra e, num dado momento, ela renascerá viçosa e virginal como a Lua nova em sua primeira noite visível, suspensa no céu ocidental no pôr do sol.

A Deusa Grega Hécate, Deusa da Noite, da Morte e das Encruzilhadas, encarnou essa Anciã. Seu governo durante a ausência da Lua tornou a noite excepcionalmente tenebrosa. Os assustados renderam-lhe preito durante essas três noites, buscando seu favor e proteção. Onde quer que três estradas se cruzassem, Hécate podia ser encontrada, pois aí a vida e a morte passavam uma pela outra, segundo se acreditava. Ainda hoje, as Bruxas deixarão bolos nas encruzilhadas ou nos bosques à sombra da Lua para homenageá-la.

Dizia-se que, na morte, Hécate reunia-se às almas dos defuntos e as conduzia ao mundo subterrâneo. No Egito, a Deusa da Lua Escura chamava-se Heqit, Heket ou Hekat, e era também a Deusa das parteiras, visto que o poder que leva as almas para a morte é o mesmo poder que as puxa para a vida. Assim, Hécate passou a ser conhecida como a Rainha das Bruxas da Idade Média, pois as anciãs versadas nos costumes e nos procedimentos de Hécate eram as parteiras. Graças aos muitos anos de experiência, elas adquiriram os conhecimentos práticos que as habilitavam não só a ajudar nos partos, mas também na obtenção dos *insights* espirituais que pudessem explicar o mistério do nascimento.

Desse modo, do nascimento à puberdade, à maternidade, à velhice e à morte, o eterno retorno da vida é intimamente inseparável de toda mulher, não importa em que fase de sua vida ela se encontre no momento. O eterno retorno da vida é visto e sentido em todas as estações da Terra. E não existe fase ou ponto na roda que seja esquecido ou menosprezado nas celebrações anuais de uma Bruxa.

Assim, nossos ancestrais se maravilharam, se indagaram e renderam cultos. Compreenderam seu lugar nos grandes mistérios da criação e descobriram um significado para suas vidas. Dessa forma, as Bruxas continuam hoje os antigos costumes e a fazer da vida algo sacrossanto.

(Extraído do livro *O Poder da Bruxa*, da escritora Laurie Cabot, que é uma autêntica Bruxa da cidade de Salem, Massachusetts, EUA).

Os símbolos que compõem o arcano da Lua

A **Lua** paira sobre um campo ermo, árido e desértico, e no seu ato de iluminá-lo forma **trevas, brumas** e **névoas,** que representam as próprias ilusões que criamos a respeito de nós mesmos; sobre a sociedade que vive em torno de nós; e a respeito de quase tudo o que nos rodeia. É natural do ser humano, perante suas trevas interiores ou situações complicadas exteriores, criar ilusões que o auxiliem a lidar de maneira menos traumática com os seus obstáculos e obstruções do dia a dia.

Essa mesma Lua que ilumina os campos desérticos representa também dentro da mitologia grega a deusa Hécate soberana dos ritos mágicos e da magia, senhora das trevas, mortes, renascimentos e do destino. O encontro com Hécate é o encontro com o próprio inconsciente; um profundo mergulho nas águas do inconsciente coletivo onde estão os grandes mitos e símbolos religiosos, a imaginação e a busca do ser humano pela individualidade, que constitui uma pequena parte dentro deste mundo caótico e subjetivo no qual tudo parece ser uma coisa só, mas sem, no entanto, representar esta coisa única a Divindade, uma vez que esse é um mundo ilusório em que nada é o que parece ser.

Ego, individualidade e sentido de direção não mais existem no mundo da lua, estando diluídos, fazendo com que nos sintamos submersos nas águas do inconsciente à espera da manifestação de novos potenciais ainda em gestação, representando esses potenciais o futuro em que basearemos as nossas vidas. As águas turvas do inconsciente coletivo possuem uma realidade dúbia que contém em si, ao mesmo tempo, o nosso lado mais positivo e também o mais negativo; e justamente por ambos fazerem parte de um único contexto dentro deste Arcano, podemos ter ao mesmo tempo loucura e alucinação, por falta de um maior discernimento no uso de nossos potenciais.

Apesar de a Lua representar também maternidade e gestação de uma nova vida, antes do nascimento é necessário o cessar de medos, ansiedades e depressões oriundos daquilo que temos guardado e mal resolvido dentro de nós em nível inconsciente. Deparamo-nos neste Arcano com nossas trevas interiores mais amedrontadoras; ficamos cara a cara com nossos medos e incertezas para que possamos resolvê-los, pois a passagem corajosa determinada e consciente pelas trevas, a fim de que realmente possamos saber quem somos, terá como recompensa a Luz Maior do Sol, que será o próximo Arcano a ser estudado. A negação do confronto com o nosso lado sombrio de maneira adulta e consciente somente acrescentará em nosso futuro mais problemas, uma vez que não podemos fugir eternamente de nós mesmos quando chega o momento da resolução.

As duas imponentes **torres,** tendo a Lua a brilhar por entre elas e um caminho protegido por feras, representam a falsa segurança que não apresenta os perigos desconhecidos mais temíveis que aqueles que conhecemos. Essas torres formam uma espécie de portal que necessita ser transposto, embora isso não possa ser feito sem um certo risco de sermos devorados pelo lobo e pelo cão que velam a passagem por este portal como verdadeiras sentinelas. Esta imagem é uma alusão aos "ritos de passagem" presentes em todas as tradições, culturas e povos espalhados pelo planeta Terra. Os ritos de passagem, principalmente aqueles pelos quais passamos para que possamos ser aceitos dentro de nossa sociedade, representam fases de inquietude em que paira sobre nós uma grande ansiedade, pois não sabemos se vamos ser aceitos ou não, nem se conseguiremos abandonar as antigas formas em que havíamos baseado a nossa vida e já estabelecido por meio delas uma certa zona de conforto. Um bom exemplo para o que estamos falando são os ritos de maioridade judaica, nos quais o jovem com 13 anos é, por assim dizer, já considerado um ser responsável por ele mesmo; as festas de debutantes das mocinhas de 15 anos em que as donzelas são apresentadas para a sociedade; os ritos de passagem de jovens das diversas tribos indígenas espalhadas pelo mundo; a saída do adolescente do ensino fundamental e o seu ingresso no ensino médio e, posteriormente, na faculdade, onde por meio dos trotes, ele é por assim dizer aceito pelos veteranos dentro de uma nova sociedade e fase em sua vida; e, por fim, a primeira experiência sexual de um(a) jovem, que realmente constitui um sério marco na vida da pessoa.

Todos os exemplos citados constituem ritos de passagem por entre duas torres de ilusória segurança, pois nestes momentos de nossas vidas a única coisa que temos é uma vontade de crescermos e sobressairmo-nos perante um determinado contexto, embora não tenhamos muita certeza de como fazer isso. É a entrega ao próprio destino com muita fé pessoal para que, após transposto o obstáculo, realmente percebamos que na realidade ele nem era tão grande assim, e teve o seu tamanho e importância consideravelmente aumentado por aquilo que ilusoriamente acreditávamos que "iria acontecer", sem, no entanto, termos certeza de coisa alguma.

Ritos de passagem não se referem apenas à fase de adolescência, mas também se manifestam, muitas vezes, no decorrer de uma existência, quando realmente nos sentimos perdidos e sem nenhum ponto de apoio, completamente amedrontados por nossas feras interiores. Nesses momentos de decisão em que, normalmente, encontramo-nos sobre pressão, surgem lampejos, *insights* e intuições oriundos do nosso inconsciente a guiar-nos por um bom caminho, para que cheguemos em segurança a uma nova fase em nossas vidas. Esses lampejos, *insights* e intuições são de natureza inconsciente, portanto lunar. Meditem.

Podemos notar que entre as duas colunas existem **três animais,** a saber: **o cão, o lobo e o escorpião.** Em alguns Tarôs, em vez de um lobo e um cão, estão entre as torres dois chacais e, no pequeno lago de águas turvas, no lugar do escorpião, o que encontramos é um caranguejo. Passemos agora à análise desses animais, em primeiro lugar, dentro de uma visão mais popular muito comum àqueles que associam o Arcano XVIII aos, por assim dizer, chamados "inimigos ocultos".

> O **cão** *é visto como representante daquele tipo de pessoa falsa e traiçoeira que pela frente nos cobre de elogios, mas por trás tece comentários no mínimo desagradáveis a nosso respeito. É o típico falso amigo existente em todos os tipos de sociedade humana.*

> O **lobo** representa aquela pessoa bruta e, muitas vezes, de espírito ignorante que já não vai com a nossa cara logo de início e nos diz francamente que não gosta de nós. Neste aspecto, o lobo é bem mais digno que o cão, que esconde suas traições sob vis adulações.

> O **caranguejo** *é o tipo de pessoa que quando nos encontramos lá embaixo por causa de problemas e aflições relativas à vida cotidiana, ainda vai lá e pisa mais ainda sobre os nossos corpos, já muito dilacerados pelas atribulações do dia* a dia.

Passando agora a uma análise já não tão popular dos animais, teríamos o seguinte quadro:

Os dois chacais estariam associados a Anúbis, deus egípcio da Justiça, a observar atentamente a passagem por entre as torres para poderem checar os méritos de uma pessoa antes que ela mergulhe na experiência de encarar as suas trevas interiores, das quais as externas são apenas um reflexo. Também esses chacais que representam juízes simbolizariam o julgamento a que somos expostos após nos confrontarmos com o nosso lado mais sombrio e escuro e trabalharmos com ele, a fim de que possamos nos depurar. Após a depuração, o que ocorre é um julgamento, em que somos analisados com o objetivo de saber até onde evoluímos e o quanto ainda nos falta evoluir.

O escorpião representa a necessidade de, tal como os nativos deste signo, buscarmos as profundas verdades por detrás deste mundo superficial e ilusório em que vivemos mergulhados, praticamente, 24 horas por dia. É o mergulho nas águas turvas confusas e complexas de um sistema, de uma sociedade, e inerentes ao próprio ser humano para que possamos realmente descobrir o que existe por trás da vida em todos os seus contextos: "Quem sou eu?"; "O que significam as coisas que ocorrem ao meu redor?"; "Serão meras coincidências, ou já existirá um plano predeterminado traçado por nós antes mesmo do encarnar e que agora precisa ser cumprido?"

Essas perguntas só são respondidas quando aceitamos dar o mergulho, o salto em direção às trevas turvas de nosso oceano inconsciente, para recuperarmos nossa identidade como essências Divinas em evolução há muito perdidas por causa da nossa necessidade de constante autoilusão, a fim de que não vejamos profundamente o que se esconde em nosso coração.

As águas turvas representam nossas incertezas, inseguranças e emoções mal resolvidas, mas também elas têm associação com uma espécie de útero de onde renascerá um novo ser para uma nova vida, mais plena e abundante quando finalmente o sol raiar no céu, anunciando o fim da noite em nossas vidas e o começo de novos dias, após a confrontação com as trevas da dúvida que ativaram em nós a necessidade de buscar em nível interno e não mais externo, um ponto de apoio verdadeiro com base no que fran-

camente acreditamos, porque SABEMOS que é real. E tudo aquilo que de fato sabemos em nível de certezas internas é porque verdadeiramente sentimos com o nosso coração (gnose cardíaca). E o que sentimos com o nosso coração transcende a necessidade de explicação racional, pois aí se encontra o momento do milagre em nossas vidas, aí está o mistério. É a luz boa que nos faz voltar a crer que a vida pode ser diferente e melhor, porque confrontamos nossos demônios internos e, agora, acalentar-nos vêm os Anjos do Senhor, nossa Real Consciência, ou seja lá que nome queiramos dar a esta "Força Superior." Agora sim, acalentados, merecemos ser amparados pela Divina Misericórdia da Providência, porque quando chegaram as trevas da Lua e a noite se fez presente em nossas vidas, raiamos nosso Sol Interno e atravessamos o "vale da morte" (o portal formado pelas duas torres), sabendo que o Senhor (Força Superior que nos guia quando nos desfazemos de nossas ilusões) verdadeiramente era o nosso Pastor e nada nos faltaria.

Significado do 18º arcano – A Lua

Com este Arcano de natureza lunar, o que temos em nossas vidas é um período de incertezas e flutuações rumo ao não palpável em várias áreas de nossa existência. Não há mais o ego, porque ele foi diluído, e agora nos sentimos perdidos, drenados e meio que sem vontade própria para tomar decisões perante as questões em nosso dia a dia, desde as mais triviais até as mais complexas. Sentimo-nos exauridos, cansados e desanimados, sem termos a certeza do que realmente queremos ou vivemos uma vida de falso querer, orientados pelo nosso lado mais egoico e irracional, não vendo que, com isso, vamos cada vez mais nos afogando nas escuras águas de nossas próprias ilusões.

Não é rara com a presença deste Arcano num jogo a sensação de perseguição do cliente em relação à sociedade e a pessoas que o cercam, achando ele que todos estão a conspirar contra o seu sucesso e contra a vida, plenamente tranquila e feliz que tanto almeja. O cliente sente-se bloqueado e confuso e, neste momento de noite em sua existência, por não entender que fases assim de menos progresso externo para que se faça uma autoanálise interna são necessárias, começa a criar em torno de si ideias fantasiosas de que "alguém fez um trabalho para ele"; "sua vida não deslancha porque lhe botaram olho gordo", e tantas outras baboseiras que nem vale a pena citar. A crença de que alguém possuiria um poder para nos fazer mal é fruto da ignorância do ser humano a respeito de seus ilimitados potenciais em nível interior, pelos quais, se bem compreendidos e harmonizados, não há "trabalho" que possa atingi-lo. O melhor remédio para olho gordo é um "colírio dietético" e parar de acreditar que sobre a Terra caminha alguém que possa lhe fazer mal ou bloquear a sua vida, pois este "demoníaco ser" não existe nem sobre a Terra, muito menos além dela.

Eu gostaria de saber quando as pessoas vão começar a acreditar e aceitar o fato de que: **NÓS SOMOS OS ÚNICOS RESPONSÁVEIS POR TUDO AQUILO QUE NOS ACONTECE, SENDO A NOSSA VONTADE A ÚNICA FORÇA DIRETRIZ CAUSAL QUE MOVE E ORIENTA AS NOSSAS VIDAS.** Quando os seres humanos vão começar a acreditar e trabalhar com este **FATO** e parar de atribuir os seus insucessos a alguma "força estranha, praga ou demônio", que não os nossos próprios demônios internos criados, mimados e alimentados por nós mesmos? Quando, em vez de buscarmos uma verdadeira evolução e sentido real das coisas, vamos parar de nos perder em ridículos joguinhos, visando à satisfação do ego por desconhecermos completamente que o que de fato vale, apita e conduz o jogo da vida é a vontade da nossa Essência Interna, parte de Deus viva e pulsante dentro de nós? Quando?

Muitos leitores diriam que a nossa existência não é controlada unicamente por nossa vontade, mas também pela vontade de Deus. E neste momento eu pergunto a esses leitores: o que somos nós, se não o próprio Deus?

É verdade que somos deuses imperfeitos ainda com muito a evoluir, mas dentro de cada um de nós existe um Centelha Divina que nada mais é do que o próprio Deus presente em nós, tornando-nos deuses cocriadores da Sua Obra. Mesmo que a vontade de Deus interfira em nossas vidas, temos sempre que lembrar que se é a vontade de Deus que está influindo em minha existência, então, eu posso ficar tranquilo, porque também sou Deus, como o leitor também o é e como todos nossos irmãos no planeta Terra também são. A aceitação deste simples fato já nos liberta de um monte de falsas ideias depressivas, pessimistas e negativas que nos colocam sempre como pobrezinhos coitados à mercê de algo maior que, analisado friamente, nada mais é do que um estágio bilhões de vezes mais evoluído que nós mesmos, mas continuamos sendo "este algo maior". Este fato é incontestável!

Com a retirada do Arcano A Lua em uma consulta, é como se nos encontrássemos num período de gestação, em que a única certeza que temos é de que não temos certeza de coisa alguma. Nesta fase, são improváveis muitos resultados positivos em todas as áreas de nossas vidas, pois o momento não é de resultados e sim de parada geral em nossas atividades, para que possamos até melhor esclarecer o que fazemos, por que realmente amamos e o que fazemos contra a nossa vontade, iludindo-nos de que aquela tarefa de fato é boa para nós, quando não o é.

Seria um momento de frieza quotidiana, em que não devemos contar com o apoio de pessoas para resolver os nossos problemas; devemos buscar mais a solidão e a introspecção em nossas casas, nas relações de amizade mais íntima ou se tivermos a oportunidade de viajar para um lugar bem afastado e de preferência onde ninguém nos conheça, para que possamos repensar alguns pontos de nossa vida enquanto esperamos este inverno passar para, no devido tempo, nascermos novamente e caminharmos em direção a uma nova luz.

O Arcano A Lua não é um Arcano negativo, pois como já foi dito não existem Arcanos negativos; quando algo de negativo ocorre na vida da pessoa, quase sempre é porque ela está deixando de fazer alguma coisa que deveria ou porque está em desarmonia com as leis naturais e universais que regem o ser humano, a vida e o Todo.

Diante da lua, nos vemos envoltos pela noite, e da mesma maneira que ao cair do sol, as pessoas se recolhem em seus lares ou tratam de assuntos de uma natureza mais emocional, nós também devemos buscar o recolhimento na fase de vida regida por este Arcano lunar e realizar uma profunda e útil autoanálise, para que vejamos atualmente qual é o nosso quadro emocional, uma vez que se este lado do nosso ser não caminha bem, dificilmente, qualquer outro aspecto de nossa vida caminhará.

Mergulhados em meio a incertezas e indecisões e não sabendo em quem confiar, só nos resta aprender com este período que precede o nascimento e usarmos como bússola, um guia, em nossas vidas o silêncio, a prudência, a intuição, recolhendo-nos em Paz Profunda, para que no devido tempo, depois de passado o inverno lunar em nossas existências, possamos desfrutar de uma nova, radiante e mais abundante vida que, com certeza, chegará com a primavera, já anunciando um renascimento com muita Luz, antevendo um luminoso verão para aquele que se deixou iluminar pelo Sol Interno da Verdadeira Razão.

Capítulo 19

Vive le Roi!
Vive le Soleil!

Finalmente, após um longo período mergulhados nas trevas da nossa própria ignorância e ilusões criadas por nós a respeito de nós mesmos e da vida ao nosso redor, chegamos a tão almejada Luz do Sol. Verdadeiro presente a todos aqueles que jamais esmoreceram em suas mais diversas buscas, nos mais variados níveis, visando sempre atingir a Verdadeira Luz.

A fim de que possamos compreender este Arcano, temos que retornar um pouco aos domínios de Hécate, a deusa Lua, para por meio deste retrocesso entendermos melhor a décima nona lâmina.

Estávamos nos domínios da lua, onde nada era como parecia ser, e reinavam as incertezas e as ilusões que antecedem um nascimento, por assim dizer. O nascimento para uma nova vida se dá por meio do Sol, quando libertos das trevas da ignorância, da superstição e da estreiteza de pensamento, permitimos ampliar a nossa mente, tal como se ampliam os raios do Sol, levando vida, luz e calor a todos os seres viventes, capazes de receber a sua benéfica influência.

O décimo oitavo Arcano, A Lua, tem na formação do seu número, ou seja, o número 18, o início da chave que nos leva à compreensão não apenas do Arcano O Sol, mas também dos diversos tipos de Dramas Iniciáticos presentes em todas as Escolas Herméticas sérias. Utilizando a Numerologia Pitagórica, ou Soma Teosófica, em que se reduzem os números compostos por mais de um algarismo a um número unitário, concluímos que 18 = 1 + 8= "9". Ora! O número 9 é justamente o número do Eremita, que seria o próprio Iniciado baseado em sua Luz Interna (a lanterna que traz em uma das mãos) para buscar compreender os mistérios da vida e do Universo, a fim de que após ter chegado a essa compreensão, ele possa novamente regressar à Luz e se tornar um com o Pai.

Para fugir das perigosas trevas ilusórias da Lua e de suas diversas falsidades e traições, tanto aquelas que sofremos externamente pelos outros quanto aquelas que nos autoaplicamos, é fundamental a Prudência e o Silêncio sobre tudo o que pretendemos realizar, sendo os dois fatores citados outras virtudes que aprendemos a cultivar no nono Arcano, O Eremita.

Todo aquele que busca bons resultados "luminosos" em seus projetos, desde os mais mundanos até os mais complexos e espiritualistas, deve se ater ao famoso quaternário hermético: "Saber, ousar, querer e calar". De todas estas palavras, talvez as mais importantes sejam o Saber e o Calar. O Saber porque, se o homem não busca a Sabedoria que lhe permitirá lapidar-se cada vez mais, transformando-se de pedra bruta em pedra polida, a fim de que possa ser utilizado na Construção daquilo que os Alquimistas chamam de "A Grande Obra", na minha opinião, este ser está aqui neste planeta a perder tempo, pois a evolução é uma obrigação de cada ser humano para consigo mesmo e para com todo o restante da humanidade. Uma vez que nos recusamos a evoluir, estamos também travando o progresso de nossos irmãos aqui na Terra, visto que estamos todos unidos por uma mesma força denominada Consciência Cósmica, verdadeiro fluxo energético que alimenta e nutre toda a raça humana.

Já o Calar tem também a sua importância ressaltada, pois aquele que não sabe a hora exata para manifestar verbalmente as suas opiniões acaba, muitas vezes, dizendo o que não devia e perdendo uma excelente oportunidade de ficar calado, uma vez que: "Silêncio também é oração!"

O Calar seria o comedimento, o critério e a prudência antes de se realizar qualquer coisa, sendo necessária a manutenção do silêncio mesmo depois de atingido o objetivo final, porque muitas vezes em decorrência da grande euforia que marca o final de nossos projetos, nos esquecemos de estar sempre vigilantes após concluído o serviço, sendo nestes momentos que, às vezes, por um pequeno detalhe não muito bem pensado, acabamos de perder tudo aquilo que já estava garantido, retornando ao estágio de trevas iniciais em que nossos planos ainda estavam sendo gerados em nosso inconsciente (a fase do Arcano A Lua).

Feliz também é a associação deste Arcano com a Arte da Alquimia, cujo objetivo sabemos que é a transmutação intencional de algo que não está bom, ou já cumpriu a sua função, em algo maior, mais belo e perfeito, a fim de que por meio destas constantes transmutações, o Alquimista possa se aproximar cada vez mais de seu derradeiro objetivo, que é justamente encontrar a Pedra Filosofal e manufaturar o Elixir da Longa Vida. Não entrando no mérito relativo a acreditarmos ou não na Pedra Filosofal, que como já estudamos teria o poder de efetuar a transmutação de vis metais em ouro, e no Elixir da Longa Vida que após ingerido garantiria a vida Eterna a quem o tomasse, analisemos a importância destes dois símbolos dentro do contexto do décimo nono Arcano.

A Pedra Filosofal que garante, após ser conseguida, o poder da transmutação do chumbo em ouro representaria na realidade uma transmutação em nível de consciência interna, em que transmutaríamos o nosso rebelde ego na mais pura Essência Divina apta agora, separadas as suas impurezas, a evoluir cada vez mais em direção a Deus. Se o(a) leitor(a) for pesquisar um pouco a Arte Alquímica, com certeza, chegará a estudar uma certa fase em que fica claro o fato de que se quisermos transmutar chumbo em ouro, temos de separar "o denso" do "sutil." Para bom entendedor meia palavra basta: separar o denso do sutil nada mais é que nos libertarmos de nossas falsas ilusões lunares a respeito da vida e de nós mesmos e caminharmos com sutilidade em direção ao Sol, que também representa a Luz dos Mistérios, a qual, segundo o mito, Ícaro quis chegar muito depressa, tendo as suas asas de cera (ilusórias) derretidas e morrendo com a queda logo após ter se aproximado da Grande Luz.

Quanto ao Elixir da Longa Vida, dentro das narrativas mais conhecidas, sabemos que esse elixir teria propriedades de cura para todas as doenças do corpo, da mente e da alma, sendo também portador da Eterna Juventude, fazendo com que quem o tomasse, por causa de suas extraordinárias virtudes, jamais envelheceria, adoeceria ou morreria. Utilizando novamente a simbologia do Tarô para a interpretação deste importante ícone existente dentro da Alquimia, poderíamos dizer que uma vez desvencilhados de nossas falsas ideias e concepções oriundas dos medos infantis que insistimos em manter arraigados a nosso ser desde a mais tenra idade, pois em nós foram incutidos por aqueles que nos geraram, realmente experimentamos uma "vida eterna", na qual compreendemos que a felicidade e a abundância eternas são frutos de uma mente bem orientada e livre dos erros do passado que cometemos outrora. Todos os *verdadeiros Iniciados*, independentemente de acreditarem ou não nesse Elixir da Longa Vida, têm a plena certeza de que a vida é realmente algo Eterno, ainda mais depois que esses Iniciados passam pela experiência da Projeção Astral, quando nos projetamos para fora de nós mesmos e nos vemos deitados na cama, ou sentados numa cadeira, tal como estávamos antes de sairmos de nosso corpo físico. Quando o ser se projeta para fora de seu corpo, ele passa a compreender o fato de que, na realidade, ele é um ser dual e que a vida não é unicamente baseada nas leis da física e do plano material. Quando se chega a este estágio já está no momento de a pessoa começar a buscar "algo" ou "alguém" que possa dar-lhe explicações mais cabíveis e lógicas diante daquilo que acaba de realizar, podendo até serem muitas Projeções Astrais provocadas de maneira inconsciente, sendo necessária a presença de alguém, ou de alguma estrutura, que auxilie o ser humano a compreender este fator natural que ocorre com todos nós durante as noites em nosso período de sono.

Para irmos finalizando esta primeira parte relativa ao décimo nono Arcano, faremos agora um breve comentário sobre a relação do Sol com os Mistérios relativos às Antigas Escolas de Mistérios do Egito.

Breve História sobre a Luz e os Antigos Mistérios

É impossível falar dos Mistérios sem citar o Egito que, durante muito tempo, foi um verdadeiro centro de estudos Iniciáticos, que recebia Buscadores da Verdade vindos dos mais longínquos pontos do planeta para aprender com os Hierofantes egípcios, os Arcanos da Vida e do Universo.

Uma das Escolas de Mistérios egípcia mais antigas de que se tem notícia é justamente a Escola Osiriana, onde se estudava por meio de verdadeiros Dramas Ritualísticos a vida, morte e a ressurreição do deus Osíris. Nessa escola, somente aqueles que davam provas sinceras do desejo de conhecer os Arcanos eram admitidos entre os seus Iniciados, passando antes de mais nada por uma série de provas e testes de natureza física, mental, moral e extrassensorial, que tinham por objetivo testar até que ponto era forte a vontade do candidato à Iniciação.

Normalmente, os testes aos quais eram submetidos os candidatos relacionavam-se com os quatro elementos: terra, ar, água e fogo, os quais ele tinha que subjugar de alguma forma se quisesse ser aceito entre os já Iniciados. Assim, o profano passava por escuras cavernas, atravessava corredores dos quais sem prévio aviso poderiam explodir chamas e até mesmo, em minutos, encherem-se de água, ficava pendurado por duas argolas diante de um precipício balançando ao sabor de um forte vento, e assim por diante.

Passadas essas baterias de provas físicas, o candidato era colocado em um sarcófago onde, por processos místicos, era mantido num estágio de consciência especial, em querealizava pela primeira vez a experiência da Projeção-Astral, na qual adquiria consciência de que ele era realmente um ser dual, não sendo mais necessário o temor à morte, porque estando fora de seu corpo acabava compreendendo que, na realidade, ele não era unicamente aquele corpo físico e sim algo muito maior do que a carne, ossos, músculos, nervos e sangue, que o limitavam ao plano material. Após adquirida esta nova consciência, o já agora Iniciado era cingido por uma roupa brilhante que representava justamente Osíris Ressuscitado do reino dos mortos e fazia com que o Iniciado fosse visto a partir de então como um Sol, caminhando sobre a face da Terra.

A função deste homem, agora convertido em Sol, era justamente espalhar a Luz da verdadeira razão por onde quer que ele passasse, a fim de que as pessoas inspiradas pelo seu exemplo de reto pensar, reto falar e reto agir pudessem também despertar em seus corações o desejo de converterem-se em Luz, para que todas juntas, depois de um tempo iluminadas por uma nova consciência a respeito da vida e principalmente a respeito de si mesmas, pudessem subjugar as trevas da ignorância, que já naqueles tempos corrompiam a raça humana.

Por este pequeno texto que acaba de ser colocado, podemos reparar diferenças gritantes entre os Iniciados de outrora e os "iniciados" de hoje em dia, na maioria mais pseudoiniciados em suas próprias vaidades e arrogâncias do que em qualquer outra coisa.

Misticismo, Esoterismo, Ocultismo, Ordens Iniciáticas e demais tópicos ligados à área espiritualista estão muito em evidência nos tempos atuais em que vivemos. De um lado, realmente temos pessoas que procuram levar o Misticismo, ou seja, o estudo dos elos naturais e universais que unem cada ser humano à Causa Primeira de todas as coisas a sério, procurando por meio de estudos constantes, disciplina e aplicação uma maior aproximação com Deus, seja lá que nome dermos a este Ente Superior. No entanto, além dos Buscadores sérios e verdadeiros que estão na Senda Espiritual, temos também infelizmente pessoas que buscam o Misticismo pelos mais variados motivos, sendo todos eles despojados de um interesse real de evolução pessoal. Daí surgem seres que acreditam que a Busca Espiritual serve para entreter suas mentes inquietas sempre em busca de curiosidades; outros para ostentarem que são "esotéricos" e serem respeitados por quem os rodeia; outros com o objetivo de conquistas e vitórias, como se cada grau que galgassem dentro de uma Ordem fosse um troféu a ser conquistado para depois ser exibido nas prateleiras de suas casas; e ainda existem aqueles que buscam a espiritualidade para fazer dela unicamente mais um meio de se ganhar um bom dinheiro para auxiliar na renda familiar. Quanto a este último motivo relacionado ao fato de se trabalhar com o Misticismo, não que não se possa fazer isso. Uma vez que a pessoa tenha vocação para a área, ela não só pode trabalhar com o misticismo, como DEVE também trabalhar com o misticismo. Desde que este trabalho seja feito de forma decente, íntegra, honesta e moral, pois o trabalho místico executado desta maneira passa a ser um trabalho como outro qualquer, havendo a necessidade de se EXIGIR que esse tipo de trabalho seja respeitado e se isso ainda não ocorreu neste país é graças à "Burrocracia" e a idiotas preconceitos de uns intelectuaizinhos pés de chinelo, que pensam que são alguma coisa.

Voltando agora aos motivos que levam uma pessoa a buscar a espiritualidade, a grande verdade é que são muito poucos os Buscadores que realizam a Senda com o objetivo de autoaprimoramento para depois poder aprimorar também a sociedade que os rodeia. Infelizmente, no meio da busca, se o indivíduo não possuir a força de vontade suficiente e a seriedade para levar a bom término um caminho que jamais termina, ele será mais um entre os numerosos indivíduos que iniciam a Senda Espiritualista, mas por causa da falta de seriedade e constância, jamais chegam a lugar algum, podendo mesmo nem ser iniciados dentro da Ordem, uma vez que alguns grupos apenas aceitam os candidatos à Iniciação depois de algum tempo de análise rigorosa deles.

Finalizando, gostaria de dizer que o Verdadeiro Iniciado nada mais é do que Osíris Renascido, Hiram Abiff que triunfou sobre a morte ou Jesus, "O Cristo", que venceu a Cruz, citando apenas estes exemplos de verdadeiros Iniciados, pois se fôssemos mencionar todos, necessária seria uma enciclopédia inteira e ainda muitos ficariam de fora, pois desde os primórdios até os dias atuais, a despeito do que pensem os profanos, ou seja, os não Iniciados nos Mistérios, muitos são aqueles que decidiram tornar-se Sóis e assim o fizeram, libertando-se do seu ego castrador, morrendo em vida para si mesmos e renascendo tal como radiante Sol de Sabedoria, Força, Poder, Beleza e Amor.

Os símbolos que compõem o arcano do Sol

O Sol que paira sorridente e expansivo sobre o jovem casal tem inúmeros significados, tal a sua importância em nível simbólico, desde os tempos antigos até os nossos dias atuais. Falemos um pouco agora sobre as mais variadas facetas do Astro Rei.

O Sol Astronômico (Algumas Informações):

- *O Sol do nosso sistema solar é tido como uma estrela de quinta grandeza.*

- *Possui um corpo gasoso com um núcleo sujeito a tremendas pressões e temperaturas elevadas (um milhão de graus aproximadamente).*

- *Sua energia é recriada constantemente por reações termonucleares, em que a radiação se dá átomo a átomo.*

- *Está distante da Terra 150 milhões de quilômetros, sendo necessárias oito horas e 19 minutos aproximadamente para que a sua luz atinja o nosso planeta.*

- *Dentro do Sol caberiam 1.300.000 planetas Terra.*

- *Apesar de ser considerado uma estrela fixa, o Sol se desloca vagarosamente em direção à constelação de Libra a 400 quilômetros por hora.*

- *O calor solar derreteria um bloco de ferro do tamanho da Terra em menos de três horas.*

- *A Terra leva 365 dias para girar em torno do sol. **Astrologicamente** falando, é o Sol que faz este percurso.*

O Sol Mitológico (Algumas Informações):

- *Dentro de qualquer religião, Ordem Iniciática ou Filosofia de vida séria, o Sol é o deus mais importante de todos.*

- *Para os Teósofos, o nosso Sol seria o próprio reflexo daquilo que eles chamariam de Sol Oculto ou Grande Sol Central, que seria o Deus Primordial de onde emanou todo o Universo.*

- *Para os Egípcios, o Sol era conhecido pelos nomes de Aton ou Rá. A sua representação hieroglífica era o Disco Solar, que representava o primeiro conceito impessoal da divindade, introduzindo assim naqueles tempos politeístas uma religião monoteísta, que seria arduamente defendida pelo Faraó Akhenaton.*

- *Os Persas o reverenciavam pelo nome de Mitra.*

- *Para os Hindus, ele era conhecido pelo nome de Brahma.*

- *Os Fenícios o chamavam de Adonai.*

- *Os Gregos no início chamaram o Sol de Hélios e, mais tarde, o chamariam de Apolo.*

- *Os Astecas prestavam culto ao deus–Sol conhecido pelo nome de Quetzalcoatl.*

- *Na Maçonaria, Ordem Hermética mui respeitada e venerável, temos a expressão "Sol – om – on", que significa: "A Expressão da Luz". É interessante saber que, em alguns textos, os Maçons são tratados como sendo os "Filhos da Luz". E realmente os verdadeiros Maçons por esta denominação podem assim serem considerados.*

- *Esotericamente falando, o Sol seria o Centro Espiritual de onde flui a Luz e a Vida do Logos. É a Consciência Universal, a Fonte e a Meta de tudo quanto se refere à Alma.*

- *Do Sol provém o Prana ou Força Vital, que nutre o nosso corpo etérico e, consequentemente, o nosso corpo físico, sendo esta energia captada pelos nossos chacras e depois fluindo por canais conhecidos pelo nome de nadis.*

- *Segundo a astrologia, quando o Sol passa todos os anos de nossas vidas pelo grau em que se encontra no Mapa Natal, ele renova as nossas forças vitais. Quando passa pelo grau do ascendente, ele renova nossas condições físicas e também as condições relativas ao nosso ambiente.*

- *Os antigos Alquimistas da Idade Média tinham como um dos símbolos do Sol uma pedra negra conhecida pelos nomes de Elagábala ou Héliogábala. Aos discípulos de Hermes, antes da obtenção do Elixir da Longa Vida, era-lhes sugerido que buscassem Elagábala ou A Pedra Filosofal, pois esta constituía o verdadeiro sal dos filósofos, indispensável para a obtenção do AZOTH, que era o verdadeiro agente hermético responsável por todas as formas de transmutação.*

- *A Pedra Filosofal era negra e possuía uma forma razoável, mas não perfeitamente cúbica. Sua negritude simbolizava as impurezas e as imperfeições que deveriam ser polidas e lapidadas, a fim de que se pudesse atingir o diamante hermético em seu interior. Após isso ocorrer, aquele que a possuísse tornaria-se o senhor de todas as transmutações, podendo alterar a matéria de acordo com a sua vontade.*

- *Felizmente, este "mito" de transformar pedras brutas em pedras polidas das quais emana uma Luz de brilho sem igual, constituindo estas pedras quando lapidadas um Verdadeiro Sol, continua existindo até os dias de hoje dentro das Escolas Herméticas realmente sérias e respeitáveis, por exemplo, a Maçonaria e a Ordem Rosa--cruz. Elagábala é algo real e não unicamente simbólico, mas apenas a encontra o homem bruto ainda não lapidado, porém livre e de bons costumes, que humildemente decide morrer para si mesmo e renascer para, no futuro, tornar-se polido e radiante como um Sol, podendo efetivar em sua vida mudanças para melhor, porque ele em algum momento decidiu buscar apenas o melhor dentro de si mesmo.*

- *Da Grécia provém um mito solar muito bonito, que é justamente o mito de Hélios:*

- *Quando a aurora surgia na madrugada no horizonte em sua carruagem dourada puxada por quatro fogosos cavalos brancos que soltavam fogo pelas narinas, Hélios saia do Oriente e subia até o ponto mais alto do Céu ao meio-dia espalhando luz, vida e calor a todos os homens. Após isso ocorrer, ele direcionava a sua carruagem rumo ao Ocidente, onde mergulharia no oceano ou descansaria atrás das montanhas para no dia seguinte começar tudo de novo, num interminável processo de manutenção da Luz.*

Retornando ao contexto do Tarô, poderíamos dizer que este **Sol brilhante** que ilumina todo o Arcano plenamente seria a vitória da Luz da Verdadeira Consciência sobre as trevas da ignorância. Claridade, consciência e discernimento elevados são as dádivas do Sol neste Arcano que leva o seu nome, e não existe nenhum elemento ameaçador nesta lâmina. Com a sua irradiante presença, é possível atingir qualquer meta e dispomos de infinitos potenciais criativos quando sabemos compreender e utilizar as dádivas de tão benéfica fase. Com o Sol, as trevas foram afastadas e a Verdade veio à tona, não havendo mais espaço agora nesta fase iluminada de nossas vidas para meias-verdades, falsidades, traições e coisas do tipo, principalmente aquelas que direcionamos constantemente contra nós mesmos. Vivemos um momento de franqueza. Um momento limpo e transparente em que conhecemos a nós mesmos em nível de potencialidades internas, ou estamos próximos disso, e passamos também a conhecer melhor os outros ao nosso redor. São aqueles ciclos em nossa vida onde "luminosamente" tudo acaba dando certo e realmente compreendemos e praticamos a expressão: "Estar de bem com a vida".

O **jovem casal de mãos dadas** que caminha despreocupadamente iluminado pela benéfica luz solar representa a inocência e a pureza típica de todas as crianças e de alguns adolescentes, que ainda não se permitiram corromper totalmente pelas neuroses e paranoias da vida madura e adulterada. Representa a felicidade que a simplicidade da vida e a moderação dos desejos prometem, pois ao homem, na realidade, para ser feliz unicamente é preciso que ele seja franco, verdadeiro e honesto consigo mesmo no tocante ao que lhe traria uma real e permanente felicidade. Quando se descobre isso, perguntando-se profundamente para a nossa verdadeira consciência o que para nós constitui a verdadeira felicidade, basta ter força de vontade para corrermos atrás do que pretendemos, pois se assim o fizermos todo o restante do Universo conspirará para o nosso sucesso e nada nos impedirá de alcançá-la.

Dentro de um contexto mais hermético, este jovem casal representa a eterna Lei das Dualidades em que os opostos caminham juntos, mas ambos se mantêm constantemente separados, cada qual mantendo e preservando as suas características individuais, pois nisto repousa o equilíbrio de todo o Universo. Poderíamos chamar esse casal de adolescentes de Yin/Yang, símbolo primordial e principal do Taoismo que representa a eterna mutação presente em toda a vida. Ou, então, reconheceremos estes jovens como sendo o símbolo da perfeita união sexual dentro de um ritual tântrico, em que se visa não apenas ao prazer físico, pois este tipo de prazer qualquer animal pode ter. No Tantra, por meio da Sexualidade Sagrada, se abraça no momento do êxtase todo o Universo, e chegando-se ao ápice do orgasmo morre-se para o prazer de fórum material e atinge-se um estágio de Comunhão com o Cósmico, com a Natureza e com o Todo. A Luz que vem do Alto percorre vertiginosamente os corpos entrelaçados do jovem casal, que é elevado a alturas abissais do Infinito, completando finalmente o processo de *Religare*, no qual se compreende tudo e o que está além disso.

Dentro de um contexto maçônico, os dois adolescentes representariam as duas colunas que ficavam à frente do Templo de Salomão, a saber: J∴ e B∴. Essas colunas representam, respectivamente, as virtudes da Beleza e da Força, nunca se fundindo, pois se isto ocorresse um grande desastre se daria, uma vez que suas polaridades são por demais opostas para que elas possam ser integradas sem que haja um agente conciliador no meio. Mas o que seria esse agente conciliador? Esse agente conciliador dentro de um templo maçônico é justamente o Mestre Maçom que se posta entre colunas, equilibrando em si mesmo o Rigor e a Misericórdia e tendo acima de si, na Abóbada Celeste, o Sol, ou Sol – om – on, "A Expressão da Luz", a brilhar, incidindo seus benéficos raios da Verdadeira Verdade sobre o seu corpo e fazendo dele um Filho da Luz pronto para manifestar na sociedade profana as grandes virtudes que aprendeu em fórum iniciático junto a seus irmão, para que, por meio desta luminosa manifestação de virtudes no mundo profano, possa tornar Feliz a Humanidade.

Atrás dos jovens, encontra-se um **muro** que representa uma espécie de limite. Esse limite pode ser encarado como uma forma de proteção, isolando o casal de tudo aquilo que não represente a Verdadeira Luz. Também pode ser visto dentro de um contexto mais esotérico, como uma barreira que necessita ser transposta com cuidado e prudência, pois a Luz dos Grandes Mistérios jamais pode ser contemplada de uma hora para outra, sendo necessários anos de preparação e estudo, a fim de que não corramos o risco de termos distúrbios mentais, muito comuns aos imprudentes e arrogantes que se põem a caminhar rápida e precipitadamente pela Via Iniciática. Lembremo-nos sempre, como já foi citado, da história de Ícaro que buscava atingir o Sol e, para isso, construiu falsas e ilusórias asas de cera, alçando voo com elas. Chegando rápida e imprudentemente próximo ao Astro Rei, ele podia apenas ter ficado contemplando-o a distância, mas não. Ícaro ansiava por mais Luz e não teve critérios nem a devida prudência para aproximar-se dela, esquecendo-se totalmente, ofuscado pela beleza do brilho de Hélios, de que suas asas eram de cera. Estas começaram a derreter e Ícaro, da mesma maneira que havia subido rapidamente às alturas solares, começou a cair de forma vertiginosa, espatifando-se no chão e morrendo sem jamais ter conseguido fundir-se à Luz que ele tanto almejava. Fica aí o meu aviso aos imprudentes no que diz respeito ao estudo dos Mistérios realizado sem o devido critério.

Significado do 19º arcano – O Sol

Falemos agora sobre o décimo nono Arcano, intitulado como O Sol, verdadeira expressão de Luz a adentrar a vida do cliente quando retirado em uma consulta, iluminando com seus benéficos raios o consulente, tanto em nível interior quanto exterior.

Apenas compreendamos seu magnífico simbolismo que nos fala que a felicidade é possível aqui e agora, mesmo porque tudo que impedia a sua manifestação em nossas vidas no passado já foi deixado para trás, e a única verdade do presente momento é o infinito poder de realização que nos traz tão benéfica lâmina.

O casal jovem de mãos dadas em primeiro plano representa a ideia de perfeita união. União do nosso eu interior com nosso eu externo. Uma união dos nossos sete corpos, a saber: o corpo físico, o duplo etérico, o corpo mental concreto, o corpo emocional, o corpo mental abstrato, a intuição e a nossa Divina e poderosa Presença de Deus em Nós, "O Eu Sou", trabalhando todos esses corpos, que constituem na realidade um só corpo, para a nossa Felicidade e Iluminação.

A união perfeita entre o casal agora é possível, pois não existem mais apegos, ciúmes e possessividades muito comuns em relações dúbias em que os envolvidos não se sentem seguros nem com relação a eles mesmos, quanto mais no que diz respeito aos outros. Com o Sol numa consulta, aprendemos a ser francos, honestos e verdadeiros, não aceitando mais aqueles que vivem num mundo de meias-verdades. Aceitamos, convivemos e interagimos com as pessoas ao nosso redor de acordo com aquilo que elas verdadeiramente são, pois reconhecemos ao contemplá-las unicamente a Luz e a Perfeição, livres de nossos tolos preconceitos infantis, da mesma maneira que temos força moral para exigir que elas nos enxerguem e queiram se relacionar conosco do mesmo modo, franco e aberto.

Existem no mundo e em todas as sociedades aquelas já conhecidas e velhas pessoas que se preocupam muito com a Sinceridade, que nos faz francamente dizer o que achamos dos outros e relacionarmo-nos com mais decência, tanto com o próximo quanto com nós mesmos. Para essas pessoas, jamais se deve expressar abertamente e na cara o que sentimos quando estamos descontentes com algo, porque podemos "melindrar" o ser ou situação que nos gera um estado insatisfatório em relação a alguma faceta de nossas vidas, e isto não é aceitável segundo as falsas e hipócritas conveniências de nossa sociedade atual. Felizmente, com o Arcano O Sol, isto acaba, porque o que vale a partir de agora, se quisermos realmente atingir a Luz e a Realização em nossas vidas, é a verdade, como citada em célebre frase: "Conhecei a verdade e ela vos libertará". Até é aceitável, para não melindrar os mais sensíveis (ou frescos mesmo), que usemos palavras por assim dizer mais "delicadas", mas de forma alguma o que pensamos em relação às pessoas e, principalmente, em relação a nós mesmos deveria deixar de vir à tona, porque a Evolução Real deste mundo não se dará em meio a hipocrisias, mentiras e paninhos quentes jogados por sujas mãozinhas de um lado para o outro sempre que a Franqueza quer imperar.

Lealdade, real amizade desprovida de interesses, verdade, moral elevada, felicidade e forte companheirismo simbolizados estão por este jovem casal em perfeita união. A Verdadeira Comunhão, do sentido mais físico e frugal ao sentido mais Cósmico e elevado da palavra, à disposição do cliente a partir de agora, se encontra desde que ele decida abraçar a Verdade e iluminar-se pelo melhor dentro de si mesmo, fazendo também refletir este brilho nos que estão ao seu redor e aceitando as luzes que se estendem dos outros em sua direção. Nada mais é requerido para que se possa compreender o que este casal representa, a não ser o que foi citado neste último parágrafo.

Estaria mentindo se dissesse que não temo algo com relação a este Arcano. E talvez o meu maior e único temor no que concerne a esta lâmina advenha de um fato muito engraçado.

As pessoas já estão tão acostumadas em seu dia a dia a só tomarem bordoadas umas atrás das outras que quando se manifesta em suas vidas uma situação tão plena, feliz, radiante e abundante, como a que é representada pelo Arcano O Sol, tenho medo de que elas achem isso muito bom para ser verdade e, desconfiadas da esmola em excesso, deixem de aproveitar esta tremenda força que constitui um verdadeiro prêmio por méritos do Cósmico para quem a contata, fugindo assim, mais uma vez, a chance de elas atingirem o sucesso, se não em todas, pelo menos em algumas áreas de suas vidas.

Durante tantos anos e às vezes até mesmo no decorrer de uma existência inteira, vive-se acreditando que a vida é difícil e que temos sempre de obter as coisas da maneira mais sofrida e sempre a duras penas. Quando se manifesta algo bom em nossas vidas como O Sol, isso passa sempre a ser tratado como sendo algo muito bom para "os outros" e nunca é possível o milagre ocorrer em nossas vidas, porque insistimos em manter em nossas cabeças a ideia de que temos de ser sempre pobrezinhos coitados e na vida ter unicamente momentos de alegria, nunca podendo a felicidade ser uma constante em nosso dia a dia.

Felizmente, todas estas ideias citadas constituem grandes mentiras criadas pelo nosso próprio ego, que adora uma autopiedade e por "aqueles" que não visam à nossa evolução, temendo que quando comecemos a pensar demais por nós mesmos nos tornemos muito perigosos, pois, afinal de contas, "eles" não terão mais onde repousar suas botas em cima de nossas cabeças agora pensantes, como fizeram ao longo de todos estes infindáveis séculos, em que foi uma grande diversão suja e nojenta manter-nos em total obscuridade e ignorância, enquanto "eles" viviam na superfície e no controle das situações, dizendo sempre com que roupa tínhamos de sair, que refrigerante tínhamos de beber e até mesmo em que Deus tínhamos de acreditar. Com a chegada do Sol, se realmente nos devotamos ao autoconhecimento, que seria o começar a descobrir a verdade, primeiro dentro de nós mesmos e depois a verdade por detrás dos altos muros ilusórios construídos propositadamente para nos mantermos fora da Verdadeira Sociedade, começamos a nos libertar daquilo que querem nos impor e a pensar por nós mesmos. A partir daí, deixamos de ser os dóceis carneirinhos tão habilmente manipulados por tanto tempo e passamos a ser lobos, nem bons e muito menos maus, mas unicamente JUSTOS, principalmente para conosco. Aprendemos a dizer não e somos chamados de malcriados pelos mesmos que nos adoravam quando dizíamos sim a tudo o que eles queriam, mas fazer o quê? A vida não se baseia unicamente em baixar a cabeça para tudo e para todos a toda hora, muito menos em nunca querer colaborar com coisa alguma nem com ninguém, mas no perfeito equilíbrio entre o discordar e o concordar, entre o aceitar e o renegar, pois nisso repousa o equilíbrio de todo o Universo e a Paz entre os homens.

Antes de concluir com as ideias relativas ao parágrafo anterior, gostaria de pedir principalmente aos jovens que não as confundissem com uma rebeldia estúpida e injustificada.

Existe o rebelde sem causa e sem motivos. Aquele tipo de rebelde que adora rótulos ridículos que normalmente terminam em "ista". Mas, por outro lado, há os Rebeldes Conscientes, para os quais a verdadeira luta, ou revolução, antes de ser externa, necessita primeiramente ser interna, pois caso contrário, de nada adiantarão as mudanças defendidas tão entusiasticamente enquanto não se mudar a Consciência do homem, pois na sociedade é nele que tudo começa.

O jovem que desejar tornar-se Sol, desde a mais tenra idade, deve se converter num Rebelde Consciente, e que a sua rebeldia seja sempre baseada na maior de todas as Forças, que é o Amor. Deve como um verdadeiro Mestre de si mesmo procurar evitar a todo custo destruir algo que não possa substituir por alguma coisa mais justa, bela e perfeita, para seu benefício e para o benefício de todos que o rodeiam. Como um Sábio, apesar de sua pouca idade, sentará com os velhos para ouvir seus sábios conselhos, pois Sábio é quem sabe ouvir e tratará a todos os de cabelos brancos com extremada doçura e carinho, porque por longos anos o amargor da sociedade estes respeitáveis anciãos já provaram, não sendo mais necessário agora em suas vidas algo que não seja muito doce para alegrar os seus corações. E, por fim, esse jovem Rebelde Consciente; esse Sábio que de toda a sociedade ao seu redor poderá, até mesmo, tornar-se um dia o confidente, lembrará de jamais ser um rebelde anarquista, facista, nazista ou comunista, pois terá compreendido que o melhor antes de mais nada é ser individualista; e mesmo que faça parte de algum grupo, nunca perderá a sua individualidade nem anulará jamais a sua vontade sem um bom motivo para fazê-lo. Finalizando meu bate-papo com os jovens e dirigindo-me agora a todas as "crianças" (os escolhidos), principalmente aquelas mais místicas, investidas por uma capa negra por fora e vermelha por dentro, tendo uma Coroa-Brasão do lado esquerdo do peito, eu gostaria de citar um trecho de uma música de Raul Seixas, intitulada "Água Viva", na qual, com base nas ideias de um grande homem que fazia MÁGIKAS, conhecido pelo nome de Aleister Crowley, Rauzito explica o verdadeiro sentido do individualismo. O trecho ficou meio alternativo e estranho, porque é uma pequena parte introdutória de uma música de Raul Seixas que ele compôs com Paulo Coelho, baseada em Aleister Crowley e San Juan de la Cruz com alguns comentários meus, mas acho que aqueles que continuam se encontrando com Jacques de Molay todos os sábados à tarde e aqueles jovens que ainda não voltaram a ser *crianças*, mas que estão na "Senda", vão me entender:

> *Cada homem e cada mulher é uma Estrela (o Sol também é uma estrela, assim como também o é o Pentagrama...) que gira em torno de si numa espécie de individualismo, mas um individualismo num bom sentido. Um individualismo... Cósmico... Huuummm!!! Eu não gosto dessa palavra Cósmico, porque palavras (enquanto rótulos imbecis...) não definem nada...*
>
> *Raul Seixas "Aguá Viva" CD: Se o rádio não toca (ao vivo).*

Voltando agora depois desta minha leve "viajada" a comentar o décimo nono Arcano, gostaria de falar um pouco sobre o muro que se encontra atrás dos jovens, pois muros são símbolos importantes que nos lembram dos limites que precisamos ter, a fim de que possamos conviver decentemente em sociedade.

Já ficou bem claro que o que se almeja e, de certa maneira, já começa a fazer parte de nossa existência com a presença deste Arcano é o infinito potencial de realização em nossa vida. Sucesso, *status* e os mais variados tipos de poder, desde o mais material até o mais espiritual, são possíveis de se obter agora sob os raios do Sol. A fase de vida é boa, alegre e brilhante, e a fim de que ela continue assim por muito tempo, basta observar os limites e termos o bom senso com relação a tudo o que fazemos. Mas que limites são esses a serem observados?

Seriam os limites impostos a nós por alguma legislação, código penal ou coisa do tipo? Ou os limites que nos são colocados pelas religiões dentro do esquema "faça isso, faça aquilo?" Que limites são esses para que não caiamos em desgraça com relação à Luz?

São os limites que nos são impostos por nossa própria consciência, pois tendo o livre-arbítrio que nos foi concedido por Deus para que fizéssemos o que bem entendêssemos segundo a nossa vontade, também o dom da responsabilidade nos foi dado, e sabemos muito bem quando estamos no limite com relação a alguma situação ou com relação a nós mesmos.

Algumas pessoas podem associar esta história de muros e limites a castrações que podemos sofrer "injustamente" da vida ou da sociedade, mas é bom lembrar a estas pessoas o fato já concreto de que não há nada que possa nos limitar a não ser nós mesmos. Uma vez que para a satisfação de nossas vontades, desejos e benefícios rompemos os limites do bom senso e, com isso, prejudicamos o progresso e o natural andamento de coisas e pessoas ao nosso redor, somos limitados e castrados pelas Justas Leis Cósmicas que agirão por meio da nossa consciência, cerceando-nos um pouco, a fim de que em virtude da falta de respeito para com nós mesmos, para com o outro, para com a natureza e para com o Universo, não entremos dentro de pouco tempo num duro e penoso processo de autodestruição. Por outro lado, aquele que conhece os seus limites, e isso só é possível pelo Autoconhecimento, conhece também os limites do outro e compreende as justas leis de Causa e Efeito, jamais sendo cerceado ou limitado por coisa alguma, podendo avançar com plena segurança em direção ao seu bom sucesso, pois o Cosmos reconhece e vê neste tipo de pessoa mais uma Aliada a favor da manifestação da harmonia e do equilíbrio neste planeta e no Universo, concedendo ele a Felicidade Suprema a este verdadeiro Guerreiro da Luz que sabe o momento certo para desembainhar a sua espada, sabendo exatamente a intensidade com que tem de lutar e também quando terá que embainhá-la novamente, substituindo-a por flores que ele generosamente espalhará pelos caminhos por onde passou, a fim de que pudesse chegar ao seu objetivo.

Finalizando, gostaria de dizer que com a manifestação deste Arcano em uma consulta, o impossível torna-se plenamente possível em nossas vidas, ainda mais quando seriamente trabalhamos com o clarear de nossas consciências, buscando assim o Autoconhecimento.

Nada mais nos assusta, e perdemos totalmente a noção de receios, medos, culpas ou temores infantis, substituindo-os pelo respeito consciente em relação às coisas da vida e a nós mesmos. A única coisa infantil que é mantida em nossos seres é a pureza da nossa Criança Interior, docemente iluminada e acalentada pela Luz que vem do Alto, oriunda de nossa Consciência Real que sempre nos lembrará, mesmo nos momentos de maiores trevas em nossas vidas, do fato de que viemos da Luz, vivemos e somos plenamente a Luz, e a Ela retornaremos, sendo qualquer tipo de desespero ou desânimo em nossa existência terrível ilusão egoica totalmente desarrazoada e sem sentido, pois não existe trevoso desespero suficientemente grande que o Sol Interno de cada um não possa iluminar e, muito menos, tristes desânimos que a força do Amor não possa novamente reavivar e animar.

Capítulo 20

O Apocalipse

O momento do Julgamento Final. O fim de tudo, tanto daquilo que simboliza o bem, quanto daquilo que representa o mal. Iluminados pelo Sol fomos, e parecia-nos que não mais haveria provas ou qualquer outro tipo de teste, pois o Arcano passado nitidamente nos dava a impressão de que para sempre estaríamos envoltos em Luz, virando a nossa vida um grande momento de inércia e felicidade total. Felizmente, o Universo não é assim.

Uma das coisas mais significativas que podemos sugerir ao cliente com a saída de O Sol é justamente que ele busque uma melhor autoconscientização a respeito de si, uma vez que sem ela sua evolução em direção à Luz será impossível.

Agora, pensemos bem. Qualquer pessoa que começar a trilhar este caminho em direção a si mesma, será que, depois de algum tempo, não se submeterá a algum tipo de julgamento, nem que seja em relação à vida que ela levava e a que começou a levar após ter decidido melhor se autoconhecer? Não terá essa pessoa já iluminada pelo Sol, por ter decidido realizar novamente o seu *Religare* com o Deus do seu Coração e da sua Compreensão, que passar por testes, a fim de que verdadeiramente se verifique até que ponto de fato a sua consciência se tornou Iluminada? E quem já iluminado e confiante o bastante em si mesmo não se submeteria de bom grado a um Julgamento Final, a fim de que fossem desbastadas eventuais impurezas, que perdurassem em persistir arraigadas no âmago de nossos seres?

Todas as perguntas citadas no parágrafo anterior são concernentes ao Arcano O Julgamento, no qual se dá uma espécie de Ressurreição com os nossos seres, uma vez que uma consciência que se tornou Sol e triunfou da morte em vida, agora, passa pelo processo de julgamento efetivado por ela mesma, no sentido de melhor se colocar perante si, os homens, a natureza e todo o Universo.

Na história, muitos são os julgamentos, tanto reais como simbólicos, pelos quais passaram heróis, mártires, santos, grupos iluminados e até mesmo demônios, a fim de que pudessem prosseguir em suas vidas após o Julgamento Final em direção às graças dos mais infinitos céus, mas também por vezes despencando rumo aos mais abismais infernos. Como já é de costume e o(a) leitor(a) já deve ter notado isso em outras partes do livro, irei citar agora alguns dos mais célebres julgamentos que ocorreram na história de maneira rápida, apenas para constá-los nesta obra.

Se farei isso de modo breve como já foi colocado, é porque pretendo não me aprofundar muito nas questões que cito e levanto, às vezes para fazer com que o leitor vá pesquisar e buscar melhor compreender essas questões que foram tratadas de maneira rápida, porque por meio da busca por respostas é que começará a se dar o crescimento do ser por ele mesmo, uma vez que a sua consciência e forma de ver o mundo, naturalmente pelo ato de buscar, irão se expandir. Sendo assim, citemos agora alguns clássicos e famosos julgamentos históricos, a fim de que, por meio do julgamento do(a) leitor(a) em relação a esses julgamentos, ele(a) possa também melhor se autoanalisar com base no que pesquisou para que, por intermédio disso, quando tirada a lâmina O Julgamento em uma consulta, ou mesmo sem tirá-la passando por situação similar em sua vida, possa melhor compreendê-la e vivenciá-la em seu dia a dia. Vamos aos Julgamentos:

- *Da Bíblia nos vem a história do sábio Rei Salomão, quando duas mulheres se apresentam perante ele alegando serem as mães de uma mesma criança. Como nenhuma delas pretende ceder a maternidade à outra, Salomão precisa julgar a quem será destinada a criança, para isso recorrendo à sua Sabedoria que foi, de tudo que Deus podia ter-lhe dado, o único Dom que ele escolheu. Para saber como termina esta história, sugiro que o(a) leitor(a) pare a leitura deste livro agora e vá em busca de uma Bíblia, pois vale a pena meditar sobre esta passagem.*

- *O julgamento de Lady Guinevere, esposa do Grande Rei Arthur, acusada de trair o Rei com seu amigo e Cavaleiro da Távola Redonda, Sir Lancelot. Para maiores detalhes, assista ao filme EX-CALIBUR ou leia o livro* A Morte de Arthur, *de Thomas Malory.*

- *O julgamento do Grão-Mestre da Ordem dos Templários, Jacques de Molay, juntamente a toda a Ordem Templária lá pelos anos de 1307 a 1314, acusados de traição contra o Rei da França e de heresia contra a Igreja Católica, que haviam defendido durante toda a existência da Ordem. Quanto a esse julgamento, seria interessante que o(a) leitor(a) pudesse conhecer toda a história Templária, desde a fundação da Ordem até o julgamento de Jacques de Molay, para que pudesse ver como às vezes a justiça humana acaba servindo a vis, nojentos e mesquinhos interesses.*

- *Os critérios utilizados por Anúbis, deus egípcio da Justiça, para julgar os que desencarnavam do plano físico e de acordo com seus méritos, os lugares para onde seriam levados após a morte.*

- *A história de Atenas (veja Arcano VIII, A Justiça), deusa grega da Justiça, que vale a pena ser pesquisada, pois quando lemos a respeito de uma divindade grega acabamos nos apaixonando pela Grécia Mítica e querendo conhecer todo o restante do vasto panteão de deuses daquela civilização.*

- *Os loucos, insanos e nojentos tribunais da Santa Inquisição, que constituem uma das páginas mais vergonhosas da nossa história.*

- *O julgamento das Bruxas de Salém, cujos processos tiveram início no ano de 1691, contando esse julgamento hoje em dia até com uma versão para o cinema, cujo título é* As Bruxas de Salém.

- *A magnífica história e julgamento de Joana D'Arc.*

- *O episódio da história do Brasil que trata do julgamento de Joaquim da Silva Xavier, o "Tiradentes", e as consequências desse julgamento no decorrer dos tempos que culminariam com a Independência do nosso país. O(A) leitor(a) que quiser se aprofundar neste episódio de nossa história, deve também procurar tentar entrar em contato com um membro da Maçonaria sério e estudioso, o qual poderá orientá-lo(a) em sua pesquisa, uma vez que esta Augusta e Mui Venerável Ordem escreveu grande parte do passado de nossa Nação e continua escrevendo o presente, numa batalha incessante para conquistar melhorias no futuro, visando tornar cada vez mais feliz a humanidade.*

Além desses julgamentos que foram citados, muitos outros poderiam ser, mas isto requereria uma vasta enciclopédia, o que não é o objetivo deste humilde livro que está em suas mãos. Como já foi dito antes, seria interessante que o(a) leitor(a) procurasse analisar esses julgamentos, tanto simbólicos quanto reais do passado, para que após isso pudesse tentar compreender a sua relação com o presente momento da humanidade e até a relação mais íntima destes julgamentos consigo mesmo.

Antes de adentrarmos no fórum simbólico deste Arcano, há ainda um Célebre Julgamento que merece ser citado, que é justamente o Julgamento de Nosso Senhor Jesus, "O Cristo", por Pilatos.

O que sabemos a respeito deste Julgamento segundo a narrativa ortodoxa é que o Grande Mestre Ascensionado Jesus, O Cristo, foi levado a julgamento por, de certa maneira, incitar por assim dizer uma espécie de rebelião e ferir seriamente as leis de Roma.

Foi levado diante do povo hebreu juntamente a outro prisioneiro de nome Barrabás, para que o próprio povo fizesse uma espécie de escolha, uma vez que Pilatos havia lavado as mãos com relação ao caso e resolveu conceder à população sob o seu jugo a oportunidade de decidir quem seria salvo e quem deveria ser conduzido à crucificação, penalidade aplicada na época contra aqueles que se voltavam contra Roma.

Evidentemente, existem nesta história muitas coisas das quais as pessoas que se contentam apenas com a versão comum, corrente e superficial, sejam judeus, cristãos ou seja lá quem for, jamais terão acesso, a não ser que busquem avidamente por respostas, pois como já foi dito há muito mais coisas a respeito desse Julgamento do que podemos imaginar e alguns dos fatos que até agora têm sido encobertos são, no mínimo, aterradores. Deixando esses fatos para os reais buscadores e para aqueles que têm estômago forte, voltando agora ao episódio da crucificação, existe algo muito interessante para ser dito sobre esta passagem.

Como sabemos, o povo escolheu Barrabás e não Cristo, condenando-o à Cruz; e é justamente nesta escolha que se encontra um dos maiores pontos de reflexão desta história, uma vez que, na realidade, além de Cristo, Barrabás ou mesmo o próprio Pilatos, havia algo também muito importante que estaria em Julgamento após a escolha que seria feita, e esse algo era a própria humanidade. Uma humanidade totalmente desprovida de sensibilidade e de um alto grau de consciência, que na hora de tomar uma decisão crucial para o destino do mundo, por causa de seu total despreparo e falta de tato para compreender os "sinais", acabou renegando mais uma vez a oportunidade do retorno à tão almejada Idade ou Era do Ouro. O mais estarrecedor de tudo isso é sabermos que NÓS compúnhamos também a humanidade naquelas épocas e, portanto, se ainda não atingimos um estágio maior e melhor em nível evolutivo é por nossa própria culpa, evidentemente existindo hoje em dia raras exceções de pessoas que já decidiram começar a evoluir suas consciências para não errar de novo na hora de escolher e julgar.

Se Cristo retornasse à Terra hoje, do jeito que as coisas estão, e se assim o estão é por nossa própria culpa e responsabilidade, não adiantando ninguém querer tirar o corpo fora, certamente ele seria julgado e novamente crucificado por causa da nossa falta de preparo em relação a adestrarmos nossas consciências para reconhecê-lo. E quando se fala em adestrar a consciência, evidentemente, não estamos nos referindo a esta ridícula modinha intitulada pelo rótulo de Nova Era, em que algumas pessoas ilusoriamente pensam que estão evoluindo as suas consciências apenas porque decidiram virar místicas de uma hora para outra e saíram por aí, tomando suquinhos de gnomos, consultando e escrevendo livros sobre Anjos (assunto pelo qual eu tenho a maior fé e respeitabilidade), com tabelas totalmente erradas e metendo-se a fazer cursinhos de "Magias" nos seus enfadonhos fins de semana para, nas segundas-feiras sempre iguais, diga-se de passagem, terem algo a mais para comentarem com os amigos, ostentando em suas testas um falso rótulo de "esotéricos" conferido por pessoas sem nenhuma responsabilidade e vergonha na cara, que se predispuseram a ministrar esses cursos.

Atentem-se bem, meus irmãos, para o que estão fazendo com vocês mesmos em nível evolutivo!

Se gostariam de estar prontos para que quando o Julgamento Final chegasse não fossem cometidos os mesmos erros das nossas escolhas diárias, muitas vezes, realizadas sem critérios por causa de nossa falta de consciência, sugiro-lhes que procurassem buscar uma Nova Era sim, mas dentro de vocês e não fora, dando preferência a metodologias TRADICIONAIS, muito diferentes dos atuais delírios e picaretices esotéricas com os quais temos de conviver hoje em dia.

Sobre as citadas metodologias Tradicionais, inúmeras elas são, mas gostaria de citar pelo menos quatro boas opções aos verdadeiros Buscadores de si mesmos, que são: uma religião (de preferência aquela em que o indivíduo foi batizado); uma Ordem Iniciática (dando preferência àquelas que estão por aí já, pelo menos, há três mil anos); uma Arte Marcial (que pregue a prática da não violência); ou os Oráculos (nos quais não se veja apenas o futuro, mas se busquem soluções no aqui agora, baseadas em nós mesmos).

A maioria dos homens começa a buscar a expansão de sua consciência por meio da sua religião de origem, e acho isso de fundamental importância, porque o homem necessita ter uma religião e professá-la, a fim de que pelo menos se desenvolva, se não a sua consciência, a sua fé, sem a qual não podemos chegar a lugar algum. É fundamental o ser humano acreditar em alguma coisa, nem que seja nele mesmo, e procurar se Religar (Religião = *Religare*) ao que ele acredita no mais íntimo recanto de seu coração.

Dentro dos vários contextos religiosos, e isto que direi agora é um fato, sempre chegamos a alguns pontos dentro das narrativas ortodoxas que compõem a história de um credo em que as coisas ficam meio obscuras e os fiéis têm que acreditar cegamente no que ocorreu dentro de uma certa passagem, nunca a questionando e, muitas vezes, por causa da falta de respostas aos seus porquês, os buscadores acabam se afastando de suas religiões, o que constitui um grave erro. Erro esse que poderia ser solucionado adentrando-se nas chamadas Ordens Iniciáticas, pois é certo, justo, perfeito e verdadeiro que as mais **Tradicionais** dessas sublimes instituições possuem as respostas às lacunas dentro dos contextos religiosos, no entanto, jamais devendo o buscador se afastar de sua religião, tornando-se um Iniciado, mas mantendo-se firme, só que agora mais esclarecido, com relação a sua própria crença.

As Artes Marciais sérias e tradicionais também constituem excelentes maneiras de aprimoramento da personalidade, visando a julgamentos mais criteriosos com relação a nós mesmos e à vida que nos rodeia. Num caminho Marcial sério, o verdadeiro confronto não se dá com o inimigo externo a nós, mas com nós mesmos em nível interior, porque é justamente aí que residem os nossos piores inimigos e demônios pessoais. Esses caminhos, vindos do Oriente em sua maioria, nos ensinam o respeito por nós mesmos para que depois possamos concedê-lo às outras pessoas. Eles nos ensinam o valor da disciplina e aumentam a nossa capacidade de concentração, sem a qual nada se faz. E depois de um tempo envolvidos com as chamadas Artes de Guerra, percebemos que a verdadeira batalha se dá 24 horas por dia com nós mesmos, não sendo necessário o combate com ninguém, além daquele que vemos no espelho diariamente quando nos miramos nele. Adquirida está visão, julga-se menos e policia-se mais, pois se percebe que quanto mais julgamos de maneira negativa as demais pessoas e situações, mais crescem os nossos inimigos internos, alimentados egoica e presunçosamente por nós mesmos, ficando cada vez mais difíceis as batalhas pelo nosso crescimento pessoal.

Finalizando, os Oráculos (Tarô, Runas, I Ching, etc.) e as Ciências Oraculares (Astrologia, Numerologia, Kabbalah, Quirologia, etc.), quando utilizados dentro do contexto de Autoconhecimento, em que se procura entrar em contato com nossos potenciais internos, a fim de que possamos, por meio deles, nos resolver aqui e agora sem ter que depender de um futuro ou de fatores externos para a nossa realização, nos dão a certeza de que, mediante essa autoconscientização, poderemos começar a julgar baseados na verdadeira razão a Luz do Autoconhecimento, o que é válido para nós ou não, desde as mínimas até as maiores coisas.

Oráculos utilizados da maneira descrita no parágrafo anterior deixam de ser um mero entretenimento de mentes curiosas e desocupadas, ávidas por satisfazer as suas curiosidades, principalmente, a respeito do futuro, e tornam-se poderosas armas no presente, que podem nos levar à suprema realização mediante a autoconscientização.

Meditemos sobre o que foi dito nos últimos parágrafos e escolhamos a melhor maneira de nos autoconhecermos, a fim de que quando chegar a hora de nosso Julgamento, possamos tranquila e serenamente prestar contas a respeito de quem somos, de onde viemos e do que fizemos com o potencial que nos foi destinado durante vidas e vidas, esperando ser usado da forma mais consciente possível, a favor de nosso próprio crescimento.

Os símbolos que compõem o arcano do Julgamento

Vemos diante de nós três pessoas, um homem, uma mulher e uma criança, que se encontram diante de um túmulo entreaberto. Acima deles, paira um Anjo a tocar uma trombeta, como que anunciando uma Nova Era, em que reparamos trevas sendo afastadas, a fim de que se manifeste a Luz.

Na linha do horizonte, reparamos em duas pequenas pirâmides no Tarô Namur e cercando as três pessoas, seis colunas estão dispostas em semicírculo.

O **túmulo entreaberto** representa um lugar escuro, limitado, frio e vazio. Poderíamos dizer que assim é a vida de uma pessoa que não procura se autoconscientizar e criar algo de novo, com o potencial de criatividade e força de trabalho com o qual Deus dotou todos os seus filhos; morrendo a pessoa lentamente em vida sem realizar algo de concreto para ela mesma, muito menos, para a humanidade. Também representa esse sepulcro uma espécie de prisão asfixiante em que nos vemos aprisionados pelos nossos próprios excessos de pensamentos e palavras mal direcionadas, irritabilidade, impaciência e intolerância perante a vida e aqueles que nos rodeiam, achando que tudo tem de ser sempre como nós desejamos e na hora que queremos.

As **três pessoas** viviam dentro desse sepulcro em constantes brigas umas com as outras. Essas figuras humanas podem ser encaradas como realmente sendo um homem, uma mulher e uma criança, até mesmo, dentro de um contexto familiar, ou podemos encará-las como sendo o nosso Eu Superior, o nosso eu mediano e o nosso eu físico, os quais, por não entendermos que os três são uma coisa só, não conseguem encontrar a verdadeira harmonia entre si, assim, constantemente, perdemos a nossa paciência, numa eterna luta entre a consciência e as paixões.

Num determinado momento dentro de uma das incontáveis discussões entre as três pessoas ou entre os três Eus, se assim o preferirmos, eles começaram a ouvir um som que vinha do lado de fora da tumba em que se viam sepultados; movidos pela curiosidade pela primeira vez em suas existências, resolveram fazer um esforço conjunto para que, unidos, pudessem retirar a lápide que os impedia de contemplar o que estava acontecendo lá fora, conhecendo eles apenas a realidade sombria e mortuária na qual tinham vivido até o presente momento. Forças foram unidas e dedos cravados na lápide, a fim de que ela lentamente começasse a deslizar e, por fim, acabasse tombando no solo, libertando o homem, a mulher e a criança do seu cativeiro. Isso foi satisfatoriamente conseguido pelo do esforço conjunto dos três e, finalmente, viram-se livres dos limites que os impediam de ver a realidade além-túmulo. Só que algo curioso aconteceu.

Quando saíram da sepultura, os três puderam notar que **a lápide** que os sepultava nem jogada ao solo se encontrava, e isso significa que essa lápide era ilusória; durante anos e anos fora mantida por sobre as suas cabeças em razão das impróprias condutas de vida que vinham levando até agora, trabalhando os três sempre de maneira separada e nunca buscando a unidade entre si. Essa lápide era constituída por posse, medo, apegos, ignorância e tudo mais que avilta e depõe contra o que de mais belo existe dentro do gênero humano. Bastou o sincero desejo de querer libertar-se e um esforço conjunto, a fim de que se pudesse conhecer a Luz, que a lápide se desfez em pleno ar, mostrando a eficácia de uma vontade voltada para o bem.

Assim que saíram do túmulo por um breve instante, as três figuras humana ficaram contemplando maravilhadas **a figura de um ser angelical**, que pairava sobre elas e tocava incessantemente uma trombeta, anunciando o que poderia ser o início de uma Nova Era. E ainda mais viram os três seres abaixo do mensageiro alado de Deus, quando as nuvens negras geradas, principalmente por suas antigas ilusões, começaram a dispersar e por detrás do Anjo surgiu o sol, em esperançosa aurora radiante de luz e benéficos fluídos.

Como sabemos, Anjos são mensageiros, e em várias histórias aparecem diversas vezes como os anunciadores de grandes eventos, tanto salutares como catastróficos. Dentro do contexto do Novo Testamento em que, por meio de Marcos, Mateus e Lucas, podemos ter acesso à vida de Jesus (pelo menos a vida mais visível), vemos Anjos a anunciar não só o nascimento do Messias, como também um pouco depois da Anunciação do nascimento pelo Anjo Gabriel à Maria (Lucas 1,26-38), um outro Anjo do Senhor aparece a José (Mateus 2,13-23) e pede para que ele tome a sua esposa e o menino Jesus e fujam para o Egito, a fim de escapar da fúria de Herodes.

Dentro da história de Jesus, quando este é tentado pelo demônio no deserto (Marcos 4,1-11), após sair vitorioso das tentações, surgem-lhe Anjos enviados por Deus para servi-lo; após o retorno do deserto, é que as pregações do Nazareno começam de maneira mais enfática e contundente, como também abundam os milagres de todas as espécies. Essa passagem leva-nos a acreditar que Cristo, antes de iniciar a Missão que lhe fora confiada, também passou pelo seu período de purificação final no deserto, realizando um rigoroso autojulgamento a respeito de si mesmo, no qual com certeza deve ter se confrontado com toda a espécie de demônios possíveis e imagináveis, tendo em vista quem Ele era.

Mesmo depois da crucificação de Jesus, os Anjos estão presentes para anunciar algo de extrema importância, como assim o faz o belo Anjo Jovem à Maria Madalena e à Maria, mãe de Tiago e Salomé, quando estas visitam o túmulo de Cristo ao nascer do sol:

> *E diziam entre si: "Quem rolará a pedra da entrada do túmulo para nós?" E erguendo os olhos, viram que a pedra já fora removida. Ora, a pedra era muito grande. Tendo entrado no túmulo, elas viram um jovem sentado à direita, vestido com uma túnica branca, e ficaram cheias de espanto. Ele, porém, lhes disse: "Não vos espanteis! Estais procurando Jesus de Nazaré, o Crucificado. Ressuscitou, não está aqui. Vede o lugar onde o puseram. Mas ide dizer aos seus discípulos e a Pedro que ele vos precede na Galileia. Lá o vereis como vos tinha dito".*
>
> Marcos 16,1-7

No Apocalipse de São João Apóstolo, iremos encontrar os mais variados tipos de Anjos exercendo as mais diversas funções a favor de que se cumpra o Julgamento Final. Seria realmente interessante uma boa reflexão por parte do(a) leitor(a), após pegar uma Bíblia e ler o Apocalipse inteiro, a respeito de se já não está na hora de ele(a) mesmo(a) se preparar para uma mudança radical em sua vida, a fim de que comece a levar uma existência com mais sentido após seu autojulgamento, visando "ressuscitar" do túmulo egoico em que se encontra sepultado, almejando uma Nova Vida.

As **colunas** ao redor do homem, da mulher e da criança prostrados de joelhos representam os seis chacras presentes no corpo duplo etérico. Mas seis chacras apenas? Onde estaria o sétimo chacra, também conhecido pelo nome coronário e situado sobre a nossa cabeça?

Nas construções de algumas antigas catedrais, principalmente na Europa, pode-se notar que de cada lado da nave há seis colunas sustentando-a, representando essas colunas os seis chacras, desde o primeiro em nosso corpo duplo-etérico, conhecido pelo nome de Muladhara ou Raiz, até o sexto, chamado de Ajna ou Frontal. Sendo sete os principais chacras, podemos deduzir que estaria faltando justamente o sétimo (Sahasrara), de vital importância, pois quando da abertura consciente deste centro energético situado em nível etérico sobre as nossas cabeças, se dá com o indivíduo o que poderíamos chamar de Comunhão Cósmica, estágio em que nos conectamos com todo o Universo, Elevadas Inteligências espalhadas por ele e com a própria Vida.

Este último chacra citado no parágrafo anterior jamais seria esquecido por aqueles que construíram estas antigas catedrais, verdadeiros Templos Iniciáticos dedicados à Glória de Deus, uma vez que os homens Justos e Perfeitos que as conceberam versados eram nos conhecimentos da Arte Real e dos Antigos Costumes empregados na construção dos Templos do antigo Oriente. Assim, nas catedrais, o sétimo chacra justamente se situa abaixo do altar dedicado às cerimônias de fórum exclusivo do clero, uma vez que algumas dessas catedrais possuem dois altares: um dedicado às cerimônias que são levadas ao público em geral; e outro de fórum esotérico, utilizado em cerimônias reunindo apenas autoridades eclesiásticas. Normalmente abaixo desse altar está enterrado algum nobre, Santo ou alto dignatário do Clero, assim determinado por Roma, e algumas pessoas achariam meio mórbida a ideia de o sétimo e mais importante chacra estar situado justamente onde existe um cadáver e, ainda mais, o sacerdote proferir cerimônias neste local. A estas pessoas seria bom lembrar que:

"Somente aquele que morrer *em vida renascerá para a Vida Eterna e conquistará o reino dos Céus".*

Traduzindo esta passagem Bíblica, poderíamos dizer que quando morremos em vida para os nossos próprios defeitos, serenando o nosso ego, renascemos para uma vida futura após uma autoanálise (o julgamento) a respeito das trevas em que estávamos sepultados. Podemos, a partir dessa autoanálise, começarmos a nos dedicar aos estudos dos grandes Mistérios e, com isso, aprendermos a ciência do domínio dos chacras. Praticando-a assiduamente, promovemos um elevar de nossa consciências e poderes latentes, ativando nossos sete centros energéticos e preparando-nos após isto ocorrido para o verdadeiro Apocalipse em nossas vidas, em que não mais será possível levar a vida rotineira de maneira habitual, porque agora nós Sabemos e Somos como Ele o Foi no passado.

Continuando a análise da lâmina, notamos situadas na linha do horizonte **duas pirâmides** e, como sabemos, estas construções jamais serviram de tumba para Faraó algum, constituindo, sim, Grandes Templos Iniciáticos do passado aos quais acorriam Buscadores da Verdade vindos de todas as partes do mundo, a fim de serem iniciados nos Arcanos das Antigas Escolas de Mistérios do Egito.

Quando as três pessoas que antes estavam sepultadas vislumbraram as pirâmides ao longe, tiveram o seguinte pensamento: "Vejam! Pirâmides! Elas são os Antigos e mais proeminentes Templos aos olhos dos antigos Iniciados, onde eram ministrados conhecimentos, para que, por meio deles, os seres humanos pudessem evoluir cada vez mais em direção ao Deus do seu Coração e da sua Compreensão, a fim de que desta forma também toda a vida ao seu redor pudesse evoluir. Se buscamos evoluir e quiçá chegar ao grau evolutivo de Perfeição tal como este Perfeito Anjo que paira sobre nós, é para elas que devemos nos dirigir, a fim de obtermos a Gnose Iniciática que nos permitirá atingir o Domínio da Vida. Então não percamos mais tempo, saiamos desta sepultura e corramos até lá!" Dito isso de maneira rápida e impulsiva, os três se jogaram para fora da catacumba, mas imediatamente quando tentavam começar a correr em direção às pirâmides caíram ao chão, prostrando-se de joelhos. Por que isso ocorreu? Não seria justo o desejo deles de querer alcançar a Perfeição pelo aprimoramento ensinado nas pirâmides pelos já Iniciados?

Evidentemente que o desejo dos três em querer atingir a Perfeição é justo e perfeito, devendo ser considerado. Mas a queda deles se deu porque ao redor do caixão, e assim o será até a entrada das Pirâmides, existe **lama**. E o(a) leitor(a) bem o sabe que quando tentamos correr na lama afundamos cada vez mais nela, ou então não conseguimos parar de pé e caminhar por causa da falta de aderência no chão. Assim, essa queda que eles sofreram serve para lembrar-nos de que o processo de evolução, em todos os níveis, é algo lento e gradativo, não devendo aquele que aspira à evolução ir além de onde ainda não começou; quando começar a movimentar-se, que procure fazê-lo de forma bem suave e humilde, principalmente no início dos projetos, tal como agora é humilde e abnegada a postura das três pessoas diante do túmulo entreaberto, onde se encontram em uma postura de prece e reflexão, esperando o auxílio de suas mentes superiores, Anjos da Guarda e do Deus de seus corações. Após conseguido este divino auxílio que muitas vezes captamos de forma intuitiva por sinais, aí sim, é hora de nos colocarmos em movimento, a fim de que possamos atingir os nossos objetivos sempre inspirados pela vontade Divina, fazendo-a refletir em todos os nossos pensamentos, palavras e ações daqui por diante.

A busca pela nossa libertação com relação a nós mesmos presos em nossos egoicos limites; a desenvoltura plena e consciente de nossos potenciais, a fim de que, com uma consciência mais clara, percebamos o sentido real da vida; e, por fim, o renascimento após vencidas todas as adversidades constituem elementos presentes na vida de todos nós e que precisam ser avaliados, bem compreendidos e colocados em prática, a fim de que se dê a nossa tão almejada Evolução que contribuirá também com a evolução daqueles ao nosso redor e com a evolução da própria vida, uma vez que quando você muda tudo ao seu redor faz o mesmo para adaptar-se à pessoa brilhante que gradativamente você se torna.

Significado do 20º arcano – O Julgamento

Com a presença deste Arcano em uma consulta, encontramo-nos diante de um momento que é justamente a somatória de tudo aquilo que temos feito nos últimos tempos com relação à vida, às pessoas ao nosso redor e no que diz respeito a nós mesmos.

Este é o momento em que recebemos as recompensas pelos esforços empreendidos para que chegássemos até aqui. Muitas vezes, as recompensas não são de todo agradáveis, mas isto também depende do preço que pagamos com relação às recompensas ou aos resultados que queremos obter nas mais diversas áreas da nossa vida. Tudo, sem exceção, tem o seu preço; todo tesouro vale a pena ser buscado, mas riscos precisam ser assumidos, e todo aquele que se entrega à jornada pela busca do seu "tesouro pessoal" tem de possuir a plena consciência de que em algum ponto de sua peregrinação terá que se defrontar com O Julgamento, inevitavelmente.

O Julgamento é a somatória de tudo aquilo que somos, fazemos e acreditamos no que diz respeito ao trabalho empenhado para atingirmos um objetivo, seja ele qual for. Assim, nos deparamos ao mesmo tempo com o mais belo e forte dentro de nós, mas também com aquilo que temos de mais ameaçador em nível de temores, que naturalmente advém das fases a que somos chamados antes de atingirmos o nosso objetivo a uma retificação final, a fim de que possamos nos desapegar de tudo aquilo dentro de nós que poderia impedir a conclusão perfeita de um trabalho bem-feito.

Uma das diferenças entre este Arcano e o décimo terceiro, A Morte ou O Ceifador, é justamente o fato de que na morte o que realmente existe é o término de uma fase da vida para o início de outra. Em O Ceifador, uma das expressões ideais que poderia ser utilizada para definir a lâmina seria: "fim necessário".

Já no Arcano O Julgamento, não está implícito um fim necessário para que se comece uma nova vida, projeto ou demais atividades nas mais diversas áreas. O que estamos tratando aqui é da necessidade de reavaliarmos, à Luz da Verdadeira Razão, o que temos feito com a nossa vida, com a vida dos outros ao nosso redor e em relação a todo o Universo, uma vez que nós e o Todo somos uma só coisa. É desta reavaliação que advém o seguir futuro da nossa situação atual melhor, ou pior, de acordo com a qualidade da nossa capacidade de autoanálise em relação a nós mesmos e a tudo que nos rodeia.

Certa vez, alguém disse que todos possuem na vida alguns momentos mágicos que, se bem analisados, interpretados e aproveitados, culminam numa mudança drástica e radical na existência daquele que souber compreender e trabalhar com esses momentos. Acredito que quem disse isso certamente, ainda que de modo inconsciente, estava se referindo ao Arcano O Julgamento.

O vigésimo Arcano nos propicia um momento de colheita, simbolizando o término, se não de todo o trabalho, pelo menos de uma parte dele, para que se possam recompor as forças e definirem-se novas posições estratégicas com relação a uma batalha de duração muito extensa chamada Evolução.

Como sabemos, Evolução, desde o sentido mais frugal da palavra até o sentido mais espiritualista, não é algo que se obtém de uma hora para outra, e constantemente necessitamos rever planos, metas e objetivos, bem como a maneira de executá-los, sendo esta parada, mesmo que momentânea, o próprio Julgamento. Parada essa que se bem utilizada, por intermédio de uma boa autoavaliação, muitas vezes, nos leva a atingir os resultados almejados em pouco tempo e a não nos preocuparmos com os erros cometidos no meio do caminho, pois errar é humano, mas se penitenciar pelo resto da vida por isso é simplesmente lamentável.

O Julgamento evidencia nossos erros na busca por acertos, mas não dá a eles mais importância do que realmente possuem, fazendo com que ergamos as cabeças e continuemos a lutar pelo que queremos, em vez de ficarmos chorando pelo leite derramado. Dessa forma, ele promove o real crescimento que não se coaduna com a imperfeição, mas também não permite a severidade demasiada consigo mesmo, que muitas vezes faz as pessoas desistirem em suas primeiras tentativas, podendo elas nunca mais se prédisporem a tentar o sucesso novamente, seja lá o que esta palavra signifique para cada um.

Não tema jamais o Anjo da Renovação anunciando com a sua trombeta a necessidade de uma reavaliação de metodologias para atingir os seus caros objetivos ou, até mesmo, quem sabe, uma nova fase de vida, que não tenha nenhuma relação com a precedente e nos faça tomar rumos, por muitas vezes, insólitos e desconhecidos. Saiba reconhecer em sua vida as fases de Julgamentos e autoanálises, pois por meio dessas fases nos confrontamos com nossos demônios internos em desérticas áreas, onde nossa única arma neste Santo Combate é a Fé, bom como a Real Consciência de onde queremos chegar, valendo a pena comprar esta briga, pois vencida a nossa Legião interna de demônios pessoais (ego), também seremos servidos pelos Anjos do Senhor, visto que nos períodos mais intensos da nossa batalha pela Evolução lá também Eles estavam a nos acalentar com suas níveas, mas ao mesmo tempo poderosas asas do Amor de Deus por nós.

Capítulo 21

O Andrógino

finalmente chegamos ao Arcano O Mundo, tradicionalmente o último Arcano da sequência dos Arcanos Maiores, salvo raras exceções de tarólogos que colocam o Arcano O Louco como sendo o último da série dos 22 Mistérios Maiores. Mas convém lembrar que o misterioso Arcano sem número, intitulado O Louco, pode ocupar qualquer posição dentro do Tarô, podendo ser aquele que vem antes de O Mago, depois de O Mundo ou até mesmo antes deste último Arcano citado que agora será desvelado neste capítulo.

O Arcano O Mundo é de uma extrema complexibilidade em nível simbólico, como o(a) leitor(a) irá constatar quando entrarmos na parte relativa à interpretação dos símbolos que compõem a vigésima segunda lâmina. No entanto, apesar de ser composto por símbolos e alegorias de profundos significados que podem ser encontrados em praticamente todas as raças, religiões, filosofias de vida e Escolas Iniciáticas existentes em nosso planeta, o significado desse Arcano é um tanto quanto simples em nível de entendimento, sendo um pouco mais difícil praticar em nosso dia a dia as muitas virtudes encerradas nele.

Este é um Arcano cuja extensão do poder é tal que estão contidas nele nada menos do que todas as qualidades e defeitos de todos os Arcanos que compõem um Tarô completo de 78 Arcanos. Daí advém a necessidade de quando a sua saída em uma consulta orientarmos muito bem o nosso cliente, a fim de que ele possa desfrutar de maneira integral as muitas benesses oferecidas pela lâmina, suplantando por meio dela eventuais desvios, inseguranças e imperfeições.

Não mais querendo alongar-me nesta pequena introdução, passemos agora à interpretação deste último Arcano.

Os símbolos que compõem o arcano do Mundo

O ser no centro da figura é a própria imagem da androginia, em que se mesclam num mesmo corpo os potenciais masculinos e femininos, completamente harmonizados entre si. Sobre o ser andrógino, poderíamos colocar a situação nos seguintes termos:

"Ele sendo homem teria adquirido as características e potencialidades femininas, por exemplo, a intuição, sem no entanto deixar de ser homem, continuando ainda no pleno domínio de varão e fecundador ao qual foi destinado por ele mesmo antes de encarnar neste plano.

Caso fosse uma mulher, ela jamais o deixaria de ser em gênero, número e grau, no entanto, sem perder a sua feminilidade, lhe seria possível a desenvoltura das características do sexo oposto ao seu, por exemplo, a força e a razão unicamente objetiva, muito comum no homem".

O ser andrógino representa a plena, pura e perfeita imagem da perfeição, na qual se compreende o outro porque dentro de nós permitimos vivenciar as qualidades e as características daqueles que estão ao nosso redor, sem perdemos a nossa própria individualidade. Uma vez que a perfeita união depende justamente do que foi citado, é por isso que este Arcano possui, por meio da figura andrógina em seu centro, total plenitude em nível de relacionamentos com as demais pessoas e, também, em nível de compreensão e integração com todo o Universo, porque agora literalmente fundidos a ele estamos, bem como ele a nós.

A figura ao centro da lâmina porta, em ambas as mãos, dois **pequenos bastões** cerimoniais conhecidos como **baquetas**. Esses bastões fazem alusão a diversos tipos de cajados e bastões mágicos, inclusive o Caduceu de Mercúrio, sendo este um dos mais famosos artefatos mágicos de todos os tempos.

A **baqueta** em magia ritualística representa o instrumento pelo qual o Magista direciona a sua vontade e exerce com ela comando sobre as forças colocadas em ação durante os rituais. Alguns também associam esta função de comando à espada, por esta representar a força da vontade unicamente racional sobre a matéria. Sendo o bastão da mesma forma um símbolo de sabedoria não unicamente racional e objetiva, mas também um símbolo de sabedoria intuitiva e Cósmica, é por isso que vemos as baquetas neste Arcano que justamente simboliza o Todo. *Não* será unicamente *pela da razão objetiva* que atingiremos a compreensão do Absoluto.

Ao redor da figura ao centro do Arcano, vemos um **círculo dourado,** sem começo, meio ou fim, sendo o círculo a própria representação do infinito. O ponto central no meio do círculo é justamente o ser andrógino, representando nossa própria individualidade ocupando seu espaço. O diâmetro do círculo pode ser maior ou menor, dependendo da individualidade que o ocupa, sendo essa individualidade mais consciente, ampliando-se assim o espaço representado pelo círculo, ou menos consciente, restringindo-se o espaço. A representação do Sol em astrologia se faz, justamente, desenhando-se um círculo com um ponto central, sendo esse símbolo a própria representação da Divindade manifestada sobre a face da Terra. No passado, é bom lembrar que as pessoas que compunham as mais diversas raças e povos da Antiguidade adoravam o Sol. Assim, compreende-se, por meio da figura centrada dentro da circunferência, o fato de que tudo gira em torno de nós, como se fôssemos pequenos sóis de maior ou menor brilho e esfera de poder, dependendo unicamente da nossa vontade individual o quanto desejamos brilhar ou não, pois cada homem e cada mulher são estrelas que giram em torno de si, numa espécie de individualismo Cósmico, devendo irradiar Luz, Vida e Amor para todo o Universo.

Ao redor do círculo dourado existe **uma estrutura composta por flores de forma oval,** simbolizando essa estrutura o Ovo Cósmico. Esse símbolo de forma ovalada é mui respeitado e comentado dentro do simbolismo esotérico, representando infinitas possibilidades de nascimento e desenvoltura de qualquer tipo de coisa, mas aqui no Arcano representa principalmente a desenvoltura de uma nova personalidade que está sendo gerada em seu interior. Dessa maneira, mesmo tendo chegado ao último dos Arcanos maiores, nós devemos compreender que apenas um ciclo da jornada está concluído, sendo necessário nos prepararmos para um renascimento numa oitava mais, ou menos, superior, de acordo com aquilo fizemos pela desenvoltura de nós mesmos neste ciclo que agora finda.

Mesclada com as flores que compõem a estrutura ovalada está **OUROBOROS – A Serpente dos Gnósticos.** Apesar de esse símbolo já ter sido comentado em outras partes deste livro, por exemplo, no Arcano O Mago, repetiremos aqui o seu significado. Essa serpente representa o eterno retorno ao ponto de origem e também simboliza a fecundação do órgão sexual feminino, que seria a boca da serpente, pelo órgão sexual masculino, que seria justamente a cauda do réptil. Pela união dos dois sexos, torna-se possível o nascimento de um novo ser, uma nova individualidade, que representa um vasto oceano de novas possibilidades para si mesmo e para aqueles que o geraram.

Nas extremidades do vigésimo primeiro Arcano, vemos **quatro já conhecidas figuras** que foram abordadas no décimo Arcano, A Roda da Fortuna.

O homem, o leão, a águia e o touro representam as quatro formas da Esfinge associadas aos verbos saber, ousar, querer e calar, que constituem as quatro virtudes essenciais a todos aqueles que almejam tornarem-se verdadeiros Ocultistas. Essas figuras possuem estreita relação com os elementos e com os quatro naipes dos Arcanos menores do Tarô, a saber:

Leão – fogo – naipe de bastões;
Homem – água – naipe de taças;
Águia – ar – naipe de espadas;
Touro – terra – naipe de pentáculos ou moedas.

Essas quatro figuras também podem ser encontradas na Bíblia, mais precisamente nas visões de Ezequiel, capítulo 1, versículo 10; ou no Apocalipse de São João, capítulo 4, versículo 7. Vale a pena dar uma olhada nos trechos citados deste mui respeitado Livro da Lei dos Cristãos, uma vez que ele continua sendo um dos livros de natureza mais iniciática que existem sobre a face da Terra para aqueles que sabem lê-lo.

Os quatro elementos, aos quais as quatro formas da Esfinge situadas na extremidade da lâmina fazem justa e perfeita alusão no Arcano A Roda da Fortuna, poderiam até ser tomados como quatro elementos dispersos, cada qual com suas fortes características, promovendo mudanças incessantes na vida das pessoas. Já aqui no Arcano O Mundo, esses quatro elementos são colocados a serviço do portador das baquetas que tem autoridade suficiente para se fazer servir pelas forças da natureza, não mais ficando à mercê de suas influências externas, pois já dominou plenamente o nível material, mental, emocional e espiritual dentro de seu interior, controlando agora as mudanças que ocorrem em seu exterior. Este é um dos sublimes objetivos de todos os Magos: o controle de si mesmo nos quatro planos, para poder então exercer o domínio sobre a matéria ao seu redor e sobre a própria vida.

Bem acima da cabeça do ser hermafrodita, quase tocando a extremidade central superior do Arcano, **vemos um triângulo dourado, tendo abaixo de si uma cruz**. Poderíamos dizer que é o triângulo do espírito subjugando a cruz da matéria, que simboliza o próprio sacrifício ou, melhor dizendo, o Sacro- Ofício. E sem o Ofício Sagrado não poderemos chegar a lugar algum em nível evolucional, pois é por meio desse Santo Trabalho que nos desvencilhamos dos limites da matéria e atingimos os auspícios da realidade espiritual, tornando-nos um com o Todo.

Todos nós, sem exceção, escolhemos um Trabalho Sagrado, ou Lenda Pessoal, antes de encarnarmos neste planeta, e o que nos cumpre agora em vida é realizá-lo, a fim de aprimorarmos a nossa própria individualidade em evolução. Façamos isso com Amor e preparemo-nos para nos tornarmos os senhores do Mundo, pois todo trabalho realizado de maneira amorosa nos conduz à Perfeição.

Significado do 21º arcano — O Mundo

Quando se tira este Arcano numa consulta, ele nos mostra a beleza da integração em todos os sentidos, que nos permite viver uma vida realmente plena, bela e harmonizada.

Este Arcano reúne em seu contexto tanto os defeitos quanto as virtudes de todos os demais Arcanos inseridos em seu interior. Só que, aqui, todas as forças relativas às lâminas que estariam naturalmente opostas se fôssemos analisar cada uma em relação à essência do Arcano que representa, agora, no vigésimo primeiro Arcano, se encontram totalmente harmonizadas entre si, e esse é o real poder dessa lâmina. Compreendemos, finalmente, que tudo o que necessitamos para a nossa felicidade e plenitude encontra-se em nosso próprio interior, sendo necessária a identificação de cada virtude e de cada falha contida em nosso ser e, a partir desta tomada de consciência, o erigir de um Novo Ser, nascido de sua própria vontade de evoluir cada vez mais em direção aos auspícios de todas as áreas da vida.

A partir de O Mundo, podemos realmente dar uma guinada de 180 graus em nossa vida, pois dispomos do poder necessário para isso. Esta reviravolta é sempre oriunda de nossa vontade e, muitas vezes, quando este Arcano sai nas posições relativas ao futuro e o cliente me pergunta como será o seu amanhã, costumo responder-lhe que será de acordo com aquilo que ele tiver de melhor ou pior dentro de si, uma vez que esta lâmina também representa a pessoa em questão, que está fazendo a consulta.

Com a saída do vigésimo primeiro Arcano em uma consulta, independentemente da posição em que ele caiu, o que importa é que a partir daquele momento é como se o cliente literalmente adentrasse a consulta munido de todo o potencial necessário para a sua realização. Praticamente, ele poderia ser considerado um ser que acaba de romper a casca do Ovo Cósmico que o circundava e o mantinha protegido, representando agora um oceano de infinitas potencialidades de triunfo e vitória, uma vez que quando nascemos e ainda somos crianças e até mesmo para aqueles que resistem mais um pouco como adolescentes, cremos que podemos ser, ter e fazer tudo aquilo que queremos, não existindo limites para os nossos mais loucos sonhos. É pena que com a entrada na fase adulta de nossas vidas rompemos com a maioria dos sonhos, das esperanças e dos desejos que nos eram caros, pois agora temos que ganhar dinheiro, sustentar uma família, manter um emprego, e sonhar é apenas um privilégio destinado para aqueles que estão muito bem de vida. Felizmente, com a saída deste Arcano numa consulta, o poder de ter Esperança e Fé no futuro está de volta. Não tiraremos os pés do chão, mas também libertaremos as nossas mentes em direção às nuvens, pois o homem que não sonha jamais ascenderá na vida em nenhum sentido, porque para se fazer as coisas em grandes níveis é necessário que se sonhe, que se ouse e que se tenha vontade, garra e determinação para correr atrás daquilo que foi sonhado.

Na presença deste Arcano, revisaremos todos os nossos desejos, desde os mais simples até os mais complexos, e unicamente traçaremos uma estratégia definindo sempre metas a serem cumpridas, a fim de que muito em breve possamos começar a alcançar e obter aquilo que nos é mais caro.

Quando as coisas ficarem difíceis em nível exterior, buscaremos consolo e amparo em nosso interior por meio da introspecção e da meditação, compreendendo que até pequenos atrasos e fases de lentidão em nossa vida são providenciais para aqueles que, antes de mais nada, estão harmonizados consigo mesmos, sendo essa harmonização um dos pontos mais importantes que nos prega este Arcano. Não haverá revolta quando as coisas não derem certo, como ocorria no passado, pois entenderemos que tudo começa e termina sempre em nós, e havendo algo de errado em nossas vidas, antes de atirarmos pedras a torto e a direito em cima daqueles que estão ao nosso redor, buscaremos pelo culpado do nosso insucesso dentro de nós mesmos, pois a realidade externa nada mais é do que um reflexo da realidade interna, podendo este ser mudado radicalmente com a presença desta lâmina em uma consulta, uma vez que ela é a própria personificação do "Eu Sou" de cada um.

A integração de nosso Eu interior com o nosso eu exterior, unida à compreensão de que na realidade os planos físico, mental, emocional e espiritual constituem um só plano, é a chave do sucesso neste Arcano. Essa forma integrada de ver as coisas deverá ser buscada por cada um de nós, cada qual a sua maneira, pois essa busca é muito individual. Se ela se dará por meio de uma religião, filosofia de vida, Ordem Iniciática ou até mesmo pelo nosso trabalho realizado com amor, isso não importa. O que interessa é que ela seja realizada, pois essa busca constitui a própria jornada da vida, a que todos nós estamos submetidos, porque assim nos submetemos por nós mesmos antes de encarnarmos neste planeta.

No início, ainda um tanto quanto dispersos em relação a nossos pensamentos, ideais de vida e a maneira pela qual se iniciar a Busca, seremos chamados de Loucos, apesar de já possuirmos em nossas costas alguma bagagem trazida até mesmo, quem sabe, de outras vidas passadas. Depois de certo tempo, quando começarmos a vislumbrar melhor que rumo queremos dar a nossas vidas, nos serão oferecidas as quatro armas do Mago, a saber: o bastão, a taça, a espada e a moeda ou pentáculo de ouro. Assim munidos, daremos o primeiro passo em direção à nossa realização, mas encontraremos, tão logo fizermos isso, A Sacerdotisa, que nos fará meditar profundamente e em silêncio sobre o que realmente queremos. Resultante desta vontade em nós e de nossa silenciosa meditação, obteremos a primeira vitória em nossa peregrinação, que se dará por meio de nossa criatividade e potencial de manifestar e criar o novo a cada dia que estamos vivendo por intermédio de A Imperatriz, cujo marido, O Imperador, nos ensinará como manter firmes os pés no chão, a fim de que se preserve aquilo que pela sua esposa foi gerado, até mesmo podendo puxar fortemente as rédeas de nossa evolução, fazendo com que aprendamos a dar um passo após o outro, para que não nos percamos em nossa Busca.

Firmemente estabelecidos, sentiremos a segurança para comunicar ao mundo o nosso trabalho e, com O Papa, nos relacionaremos com todos ao nosso redor de forma carismática e agradável, mantendo nossas mentes abertas para captarmos novas ideias, da mesma maneira que interagiremos com os nossos pensamentos com relação ao mundo que nos cerca. Infelizmente, no auge de nossa alegria e expansão desenfreada na busca por novos conhecimentos, acabaremos falando demais o que não se deve; para quem não se deve; e na hora que não se deve, confundindo-nos no Arcano O Enamorado, em que se darão as primeiras lutas entre a nossa consciência e nossas paixões desenfreadas. No momento de dúvida e incerteza com relação à Busca, surgirá um magnífico Carro de Batalha no qual haverá um cetro, lembrando-nos de buscar sempre a Sabedoria; e uma espada, que nos auxiliará a romper com os laços da hesitação causada pelo nosso ego, no sentido de não conseguirmos chegar aonde queremos por receios que existem unicamente em nossa mente. Montados na Biga da Vitória, triunfantemente, brandiremos as nossas espadas e conquistaremos o nosso espaço, sendo depois julgados pela Justiça, no sentido de vermos se combatemos ou não, o Bom Combate.

Após recebidos por meio dos nossos méritos os justos despojos da batalha, justamente pesados pela balança da Justiça pela sua espada discriminadora, eliminaremos do nosso ser tudo aquilo que nos impede de atingir a maestria, a fim de que nos próximos julgamentos possamos ser cada vez mais favorecidos, concorrendo assim cada vez mais para a nossa evolução. Evolução essa que começará a ser perseguida no Arcano O Eremita, real Arcano que representa o verdadeiro Iniciado, pelo qual compreenderemos que não será mais, a partir do encontro com este verdadeiro Mestre, os objetivos unicamente materiais que nos interessarão, pois estar diante de O Eremita é encontrar-se na Senda Espiritual, seja lá qual for a tendência filosófica, religiosa, metafísica ou Iniciática com a qual estejamos lidando, pois ele se encontra em todos os caminhos, convidando-nos à Iniciação no Sagrado Altar de nosso próprio coração.

Quando tivermos obtido a Fortaleza Interna mediante a introspecção, em nosso exterior se manifestará a eterna mudança propiciada por A Roda da Fortuna para que não caiamos na ilusão de que, adquirida um pouco de maestria interna, já nos é permitido parar de evoluir, muito pelo contrário: é necessário agora aplicarmos o que aprendemos no retiro introspectivo de nosso interior, a fim de que possamos compreender que a vida é eternamente mutável, e cabe-nos adaptarmo-nos a seus múltiplos ciclos e mudanças. Dessa maneira testados pelas muitas estações e lapidados pela existência com seus vários altos e baixos, tornamo-nos fortes e, por meio do Arcano A Força, compreendemos que difícil não é controlar as situações ao nosso redor, mas sim a nossa fera interior, sem ferir nem sem sermos feridos por ela.

Força será realmente algo indispensável quando, no décimo segundo Arcano do Tarô, O Enforcado, se abater sobre nós o desânimo, fazendo com que acreditemos que já conquistamos tudo o que a vida podia nos dar de melhor. Isso é uma grande mentira, pois em nível evolutivo real de consciência, sempre temos algum degrau a mais para ser buscado em nossa evolução, a fim de que na Busca nos aproximemos cada vez mais do princípio Criador. Ninguém está neste mundo a passeio e será justamente isso o que compreenderemos com a manifestação do Arcano A Morte, que violentamente nos ceifará de nossa própria zona de conforto, a que já estávamos ficando muito acostumados e estagnados, tendo nos acostumados com uma vidinha medíocre e sempre igual.

Após morrermos para a rotina que se instalou dentro de nós, seremos levados a tornarmo-nos Alquimistas de nós mesmos e da vida ao nosso redor, trabalhando com A Temperança, a fim de que nossa criatividade se manifeste plenamente, nos fazendo desejar cada vez mais e mais ouro em nível de qualidade de vida, em todos os sentidos, desde o mais mundano até o mais espiritual. Entretidos em nossos desejos, teremos de começar pelas coisas palpáveis e mundanas, pois é mais fácil se trabalhar do objetivo para o subjetivo. E justamente neste ponto de nossas vidas surgirá o agente tentador, representado pelo Arcano O Diabo, a fim de que realmente saibamos aquilo que desejamos, pois não existe nenhum mal no ato de desejar as coisas, sendo de fato maus os excessos que cometemos para a conclusão de nossos objetivos. Tentados seremos e desejar iremos, mas tenhamos cuidado no como obteremos o desejado, a fim de que em nossas cabeças não nos desabe o telhado com a manifestação fatídica e funesta do Arcano A Torre, verdadeira mudança tempestuosa para aqueles que trataram de obter os seus anseios de forma questionável.

Em meio a escombros de um real desabamento, uma verdadeira hecatombe ou erupção, quando mais profundamente em trevas estivermos mergulhados e sentindo-nos desesperados pelos muitos erros do passado que nos levaram a um presente tão funesto, surgirá quando não acreditávamos em mais nada, nem mesmo na Busca, uma altiva Estrela de brilho sem igual que representará a esperança que jamais é a última que morre e sim a última que nasce, pois quando não tivermos mais nada em que acreditar, no âmago de nossos seres, ela ainda estará na forma de um doce Anjo, esperando ser por nós solicitado, a fim de que em nossa existência ele possa adentrar e tudo melhorar.

Renasceremos por meio da esperança, como a Fênix ressurgida das cinzas, e reconheceremos que todos nós, homens e mulheres, somos Estrelas radiantes de Luz, Vida e Amor. Com a certeza desse brilho interno e não mais falso, ilusório e exterior a nós, cruzaremos as duas torres envelhecidas de campos ermos iluminados ilusoriamente pela Lua, realizando um verdadeiro ritual de passagem, em que jamais temeremos as feras e as obstruções exteriores, pois estaremos calcados e confiantes no Deus de nosso Coração e de nossa Compreensão, podendo atravessarmos os vales da morte sem temer coisa alguma.

O Sol dará lugar à Lua e, finalmente, raiará um novo dia, trazendo novos alentos de vitória e fé no futuro. Não mais atormentados seremos por nossos demônios pessoais, pois lhes lançaremos sobre suas egoicas trevas aprisionadoras à Luz que Vem do Alto, oriunda de uma Razão também baseada nos desígnios de nosso Coração, que fará com que percebamos que a vida é um grande Sim e jamais um ilusório não.

Tendo-nos convertido em Sol, nos submeteremos alegremente ao Julgamento final, que representa o momento da Colheita do Eu, em que ainda podemos fazer as últimas mudanças, no sentido de lapidarmos nosso disforme ego, convertendo-o em sublime Pedra Polida que poderá ser utilizada na construção da Grande Obra do Deus Pai, o Todo-poderoso Criador dos Céus e da Terra, a quem reverencio também pelo nome de o Grande Arquiteto do Universo.

Sendo utilizados como Pedra dentro da construção da Grande Obra, finalmente nos converteremos em Senhores do Mundo, pois teremos servido a um ideal maior, e terá se cumprido a Vontade Dele por nosso intermédio.

Nascemos de um Ovo Cósmico como Loucos. Em algum ponto de nossa vida, decidimos morrer, para que pudéssemos realmente viver uma Vida Eterna, despojados de nosso ego castrador, que nos remetia a um sombrio sepulcro dentro de nós mesmos. Quanto optamos por isso, naturalmente, nos tornamos Magos e Sacerdotisas, Senhores de nosso próprio Destino. Tão Senhores que depois de atingido o grau Supremo de Consciência, isso não nos bastou e sacrificamo-nos pela humanidade, a fim de que pelo sublime ato de servir e auxiliar os nossos irmãos em seus processos evolutivos, por eles fôssemos naturalmente reconhecidos como Mestres.

No final de nossa Busca, encontramos a nós mesmos como o centro de tudo; como o centro da Vida.

"...entre todos, continuamos sendo o Maior de todos os Mistérios à espera de desvelação. Só nos resta saber quando iniciaremos a viagem. Quando daremos o primeiro passo em direção a nós mesmos".

Alexandre José Garzeri – 22/9/1998, às 22h53.

Capítulo 22

Arcanos e Ordens Arcanas

O Louco – Caminhos de Peregrinação (Rotas Sagradas…). Necessidade de se tornar um Buscador, dando um salto quântico em direção de si mesmo no processo de Busca Espiritual.

O Mago – Yoga, Trabalhar com o corpo. Artes Marciais de origem japonesa.

A Sacerdotisa – A Wicca. O Xamanismo.

A Imperatriz – O "aprender a amar", 3º Raio do G.O.M.

O Imperador – A Gnose.

O Papa ou O Hierofante – A Kabbalah. O Judaísmo.

O Enamorado – Livre escolha, mas não ficar muito tempo em cima do muro.

O Carro – A Maçonaria. O Martinismo. Os Templários.

A Justiça – O Taoismo. Artes Marciais de origem chinesa.

O Eremita – O Budismo.

A Roda da Fortuna – A Rosa-Cruz.

A Força – O Tantra.

O Enforcado – "Cursinhos de fins de semana" desprovidos de profundidade.

A Morte – Magia Sexual. Dedicação extrema ao estudo do ato da Iniciação em qualquer tendência iniciática que se escolha.

A Temperança – Mantra Yoga. Kundalini. Alquimia.

O Diabo – Magia Cinza. "Faz o que tu queres, pois há de ser tudo da Lei…"

A Torre – O Lado Negro. Ordens que trabalham com o culto à Entropia. O Caos.

A Estrela – Os mosteiros. Caminhos de Fé (iluminada e não fanática).

A Lua – O Druidismo.

O Sol – Raja Yoga. Meditação. Prática de Surya Namaskar.

O Julgamento – A Teosofia.

O Mundo – Todas as Ordens por opção.

Capítulo 23

A Arte da Interpretação – Desvelando os Arcanos do Tarô

Uma consulta a um Oráculo é um momento de profunda reflexão e meditação a respeito de nós mesmos. Sendo assim, devemos abordá-lo com todo o respeito e reverência que o nosso grau de consciência nos permite. Estando à frente de um Oráculo, estamos diante de um Caminho Sagrado, daí por que o respeito para com o emprego do método oracular, seja ele qual for.

Oráculos são considerados sagrados porque, quando seriamente utilizados, têm o poder de colocar o ser humano em sintonia com ele mesmo, no sentido de que ele possa responder a questões do tipo: "De onde vim?", "Para onde vou?" e "Quem eu sou?" Não apenas essas questões primordiais e fundamentais para o bom desenvolvimento de nossa Essência Interna Divina em constante evolução podem ser respondidas, mas também muitas outras, nas mais variadas áreas e momentos de nossas vidas podem ser trabalhadas dentro de um método oracular, desde um sentido mais profundo em nível evolucional até um sentido mais imediato que tenha relação com as respostas aos muitos anseios e incertezas que cercam o ser humano no seu dia a dia.

Nos tempos antigos, todos os povos e civilizações possuíam os seus Oráculos, estruturados de maneira mais complexa ou mais singela, de acordo com o grau de consciência da sociedade que deles se servia. A maioria dos Oráculos estava estabelecida em verdadeiros templos, alguns faraônicos, onde as pessoas acreditavam realmente que eram respondidas em suas questões por alguma divindade. Naquelas saudosas épocas, tanto o local quanto o mestre, o sacerdote ou o místico que se predispunha a interpretar as mensagens dos Oráculos eram respeitadíssimos não só pelas camadas mais humildes da população, mas também pelas classes governantes que se serviam abundantemente dos serviços dos Ocultistas para lhes responder questões de fórum pessoal e de fórum governamental, em relação às nações por eles comandadas.

Analisando a veracidade do que foi dito no último parágrafo, desde o antigo Egito, podemos notar como as pessoas respeitavam muito mais os Oráculos do que hoje em dia. Isso se comprova pela história da própria origem do Tarô, segundo a versão egípcia, na qual o deus Thoth teria legado à humanidade o seu livro, *O Livro de Thoth*, conhecido também como Tarô, para que por meio dele pudéssemos chegar ao Autoconhecimento, que já naquela época era uma preocupação entre os seres humanos de fato conscientes.

Mais tarde, na Grécia, o famoso Oráculo de Delfos, localizado no templo de Apolo, prediziria o nascimento de um dos maiores gênios da humanidade, conhecido pelo nome de Pitágoras.

Logo à entrada do Oráculo de Delfos, duas frases chamavam a atenção. A primeira era: "Conhece-te a ti mesmo"; a segunda: "Nada em excesso".

Avançando um pouco mais no tempo, nos depararemos com a bela história do Rei Arthur, que na maioria de suas decisões era sempre aconselhado pelo Mago Merlim, sendo este um Mestre Druida de elevadíssimo grau dentro da hierarquia Druídica, constituindo o druidismo a religião oficial dos Celtas. Ou seja, havia um Mago por detrás do poder unicamente temporal. Magos sempre foram profundos conhecedores de práticas oraculares, por estarem cientes de que elas realmente podem colocar o homem em contato com que existe de melhor dentro dele mesmo, produzindo, dessa maneira, um melhor ser humano mediante a autoconcientização.

Na França, um misterioso alquimista, conhecido como Conde de Saint Germain, influenciaria toda a corte de Luís XV por meio de suas inúmeras habilidades místicas. Ainda em território francês, jamais poderíamos deixar de citar um dos mais ilustres magos e videntes de todos os tempos, conhecido pelo nome de Nostradamus, cujas previsões fazem muita gente até os dias atuais meditar sobre o futuro incerto da raça humana.

Como um último exemplo dentro deste livro a respeito da influência de magos e oráculos dentro das estruturas de poder, até mesmo a Rússia dos Czares se inclinou durante certo tempo a escutar os conselhos de um monge conhecido pelo nome de Rasputin, que foi uma das figuras mais polêmicas não apenas dentro da história russa, na qual ele influenciou seriamente a dinastia dos Romanov (sendo considerado um bruxo por alguns, hipnotizador por outros e curandeiro até mesmo pela própria Czarina, que o tinha em consideração como uma espécie de homem santo), mas também polêmico dentro do contexto de várias gerações de homens que eram e continuam sendo o poder real por detrás do poder temporal.

Após citados estes inúmeros exemplos de uma lista praticamente infindável a respeito de como os Oráculos e os homens suficientemente habilidosos no seu manuseio podem alterar os rumos, até mesmo, de nações inteiras, isso nos leva a meditar sobre a importância de nos dirigirmos a essas metodologias oraculares com grande respeito e reverência, porque seguramente não estamos, quando manuseamos um oráculo, apenas passando algumas horas agradáveis, no sentido de entretermos um pouco as nossas mentes sempre curiosas a respeito do futuro. Ao contrário, temos em mãos um poderoso instrumento que muito pode nos auxiliar em nosso processo de autoconscientização interna, a fim de que possamos no devido tempo, completamente conscientizados, contribuir para a evolução do Universo como um todo, coisa que só é possível quando sabemos qual é o nosso papel a desempenhar dentro dele. Esta é a função principal dos Oráculos: nos informar a respeito do lugar que ocupamos dentro do esquema evolutivo, a fim de que possamos continuar concorrendo para a nossa própria evolução.

Pré-requisitos para uma Boa Consulta

1 – É fundamental que no momento que nos dirijamos ao Tarô, ou a qualquer outro método oracular, estejamos serenos e tranquilos, livres de qualquer tipo de ansiedade e preocupação, a fim de que possamos obter melhores resultados, livres de pensamentos negativos e influências nocivas em nível mental, que muito atrapalhariam o bom rendimento da consulta.

2 – Escolhamos um lugar tranquilo e arejado, onde tenhamos luz suficiente para executarmos uma boa leitura, de um livro, por exemplo, mas sem, no entanto, permitir que a luminosidade se torne excedente.

3 – Tenhamos a certeza de que durante a consulta não seremos interrompidos por pessoas, telefonemas, campainhas, ruídos estridentes e coisas do tipo. Avisemos, se for o caso, todos aqueles que estão ao nosso redor que vamos realizar um exercício de relaxamento ou meditação, não convindo, portanto, que nos interrompam sobre nenhuma circunstância, pois estaremos tendo um momento dedicado a nós mesmos e preferimos fazer isso sem interferências externas.

4 – Escolhamos um incenso suave e agradável ao nosso olfato, independentemente de marcas, e o acendamos alguns minutos antes de iniciarmos a consulta, a fim de que se purifique o ambiente. Não nos esqueçamos de permitir que o ar circule, pois a influência do cheiro de incenso em ambientes fechados pode ser nociva para algumas pessoas; temos que atentar para estes detalhes, a fim de que não tenhamos problemas de nenhuma ordem e possamos usufruir de todas as benesses que a consulta pode nos oferecer. Caso sejamos alérgicos, ou o cliente que vamos atender, o uso do incenso é totalmente desnecessário, valendo muito mais uma boa atitude mental para purificar o ambiente do que qualquer outra coisa.

5 – Compremos alguns CDs de músicas New Age, dando preferência para os seguintes compositores:

Yanni:
– In My Time.
– Tribute.
– Yanni Live at Nova Acrópole.

Aeoliah:
– Angel Love.

Erik Berglund:
– Harp of the Healing Waters.

Constance Demby:
– Novus Magnificat Hearts of Space.
– A Eterna.

Loreena McKennitt:
– The Visitor.
– The Book of Secrets.
– The Mask & the Mirror.

Enya:
– Watermark.
– Shepherd Moons.
– The Memory of Trees.

Chris Michell:
– Serenity.
Narada Collection Series (vários compositores em quatro volumes).
Vangelis

<u>Kitaro</u>

<u>Aurio Corra</u>

6 – Adquiramos um pedaço de tecido de boa qualidade e, de preferência, que permita os Arcanos serem trabalhados sobre ele com facilidade; e se não temos habilidades com linha e agulha, procuremos uma boa costureira e peçamo-lhe que nos faça uma toalhinha com esse tecido, a fim de que possamos dispor os Arcanos sobre ela. As cores de tecido mais indicadas são o branco e o preto, mas se, no entanto, o leitor quiser usar o verde, o rosa, o violeta, o azul-marinho, ou qualquer outra cor, sinta-se totalmente à vontade, pois a despeito do que dizem alguns embromadores que não têm mais o que fazer, o que importa na hora da escolha desse tipo de material é o gosto da pessoa aliado à sua intuição. Todo o restante dito com respeito a cores mais favoráveis ou menos favoráveis para o tecido de uma toalhinha onde se disporá o Tarô é pura invenção e mistificação.

Agora uma coisa é verdadeira: quando tivermos de posse de nossa toalhinha, vale a pena passarmos alguns minutos segurando-a acima de uma vareta de incenso, e tendo os pensamentos mais suaves e leves possíveis, a fim de que aquele pedaço de pano seja limpo e purificado, servindo assim para os futuros trabalhos. Terminada esta tarefa, temos de ter em mente que o tecido em nossas mãos não é mais um pano vulgar; ele será a **arena** ou o **palco** onde se desenvolverão as batalhas em busca do autoconhecimento, ou serão apresentadas as peças teatrais arquetipais em que o ator principal é o nosso próprio Eu atuando dramaticamente na peça "Autoconhecimento", de autoria do Grande Arquiteto do Universo, auxiliado por nós numa inter-relação Cósmica. Assim, tratemos a nossa toalhinha, pano de fundo que comportará os Arcanos em nossas consultas com o devido respeito, tomando o cuidado para não depositar sobre ela algo que não sejam os Arcanos do Tarô.

7 – Muitos alunos costumam me perguntar se sobre a mesa eles podem dispor de algum símbolo, normalmente referente a sua fé, ou de natureza mística, pelo qual possam criar um "melhor clima" para uma boa consulta de Tarô.

O "bom clima" dentro de uma consulta depende única e exclusivamente do estado de espírito do tarólogo, sendo por isso necessário que ele, antes de se predispor a efetuar uma consulta para consigo mesmo, ou para outrem, esteja literalmente de bem com a vida em todos os sentidos. Caso não cumpra esta condição básica de harmonia e equilíbrio, o melhor seria deixar a consulta para outro dia.

Voltando à questão dos símbolos, este é um tema muito polêmico, e se o tarólogo pretende se utilizar de algum artefato sobre a mesa de consulta, seria bom que ele tivesse um conhecimento no mínimo bom sobre o símbolo, ou símbolos em questão, os quais pretende utilizar.

Eu, por exemplo, costumo efetuar as minhas consultas dispondo os Arcanos entre três ametistas formando um triângulo, por ser a ametista uma pedra transmutadora de energias nocivas, transformando-as em energias benéficas ou, pelo menos, neutras. Deixar os Tarôs (utilizo três numa consulta Arcanos maiores/menores) entre essas três ametistas, para mim, simboliza mantê-los purificados entre uma consulta e outra. É claro que não peguei três pedras quaisquer e as dispus em triângulo acreditando que somente com isso elas purificariam os meus Tarôs e neutralizariam energias nocivas durante uma consulta. Houve toda uma preparação sobre essas pedras, desde o momento de sua escolha em uma loja especializada, passando por sua limpeza e programação relativa à função que elas desempenhariam, até, é claro, um pouco de conhecimento sobre Alquimia e sobre o G.O.M., o que me permitiu, por assim dizer, "sagrar" as pedras de maneira competente, a fim de que realmente me servissem de modo ideal durante uma consulta.

Além das pedras sobre a minha mesa de consultas, tenho magnificamente esculpidos em ferro dois dragões de nomes Nidoghir e Vahalla, associados ao vasto panteão de divindades e mitos escandinavos. Nada mais salutar para eu ter sobre a minha mesa do que esses dois dragões, uma vez que também sou Runólogo seguindo uma linhagem de consulta que mescla tradição celta com escandinava, em que os dragões são vistos como símbolos de grande Poder e Sabedoria. Fora as três pedras e os dois dragões, nada mais tenho sobre a minha bancada de trabalho.

A melhor sugestão para o(a) leitor(a) que aprecia símbolos e que gostaria de utilizá-los sobre a sua mesa de trabalho é que jamais coloque algo sobre ela, simplesmente, por achar "bonitinho", agradável visualmente, muito menos, coloque algo no sentido de impressionar quem iremos atender. Lembre-se sempre de que a consulta é um momento mágico no qual são atraídas forças invisíveis ao nosso redor. Sendo assim, é bom que saibamos muito bem o tipo de força que um determinado símbolo possa atrair, a fim de que não possamos jamais ter problemas de espécie alguma.

Se não tiver conhecimento vasto sobre simbologias, **não utilize nada além da toalha sobre a sua mesa de trabalho;** lembre-se de que o maior símbolo é o próprio Tarô, no qual estão contidas todas as simbologias do Universo, sem exceção.

8 – Muitas pessoas me perguntam se é necessário algum tipo de dom, ou estar ligado a alguma filosofia, religião ou culto, para poder trabalhar com o Tarô.

Para se trabalhar com o Tarô a respeito de dons, o único dom utilizável durante uma consulta é a intuição, a qual todos nós possuímos em maior ou menor grau, podendo ser aumentada por meio de exercícios apropriados e, até mesmo, pela prática constante com os Arcanos do Tarô.

Com relação às filosofias, cultos e religiões, nada disso tem a ver com o Tarô, que não está ligado a nenhum credo religioso, mas ao mesmo tempo pode ser encontrado em todos eles...

Muitos pseudotarólogos (charlatães de marca maior!) costumam, para impressionar o cliente, relacionar o Tarô a alguma crença e até mesmo, durante as consultas, dão espetáculos de extremo mau gosto, fingindo estar tomados por algum espírito, entidade extraterrestre, coelhinho da Páscoa e coisas desse tipo, fazendo o pobre consulente incauto acreditar que eles são portadores de alguma sabedoria superior. A única sabedoria que estes picaretas têm com relação ao Tarô é aquela que eles leram em alguma revistinha sensacionalista de quinta categoria, encontrada em qualquer banca de jornal; a única coisa de superior nestes seres deploráveis que se colocam a falar dos mistérios sem conhecimento de causa é a vontade de tirar dinheiro dos outros, utilizando-se para isso de uma sabedoria milenar, a qual eles nem de perto são dignos de pronunciar o nome, quanto mais de manuseá-la.

A única atividade de natureza metafísica que pode ser realizada numa consulta é um breve relaxamento antes do início dela, com o intuito de fazer com que o cliente se desapegue um pouco das suas preocupações do dia a dia, a fim de que possa melhor aproveitar todas as benesses de uma consulta profissionalmente bem realizada. Mesmo assim, esse relaxamento jamais deverá ter uma conotação religiosa ou dogmática, visando apenas relaxar o corpo do cliente e abrir a sua mente, no sentido de relaxamento mental mesmo. Qualquer coisa fora disso nada tem a ver com um trabalho de Tarô sério.

9 – Outra questão que surge com muita frequência entre os meus alunos que já estão aptos a fazer do Tarô uma profissão, tornando-se tarólogos profissionais, é com relação a quanto cobrar por uma consulta.

Costumo dizer que o valor de consulta deve ser sempre de acordo com o grau de consciência do Tarólogo com relação ao quanto ele realmente sabe sobre o Oráculo e, até mesmo, com relação a quanto tempo ele já está no mercado de trabalho.

Um outro quesito importante com relação a cobrança é justamente o tempo que levamos para realizar um bom atendimento. No meu caso, não costumo liberar o cliente antes de uma hora e meia a duas horas de consulta, mesmo porque acho que em menos de uma hora e meia é impossível realmente realizar um trabalho com profundidade, ainda mais quando estamos visando ao autoconhecimento.

Por meio do bom senso e de um mínimo de autoanálise, creio que o tarólogo profissional, realmente sério, conseguirá estabelecer um valor justo para as suas consultas.

Agora, o que é terminantemente proibido é o tarólogo cobrar alguma coisa depois da consulta, principalmente com relação àqueles já conhecidos "trabalhinhos", que algumas pessoas costumam realizar dizendo que é para "destravar" a vida do cliente ou "arrumar um grande amor" para ele, além de tantos outros absurdos que são um verdadeiro caso de polícia, devendo ser literalmente denunciados estes espertalhões para as autoridades competentes.

O Trabalho do Tarólogo realmente sério é única e exclusivamente a consulta de Tarô, não sendo necessário mais nada após a mesma. O cliente deverá mediante o que foi colocado tentar encontrar o seu ponto de equilíbrio e harmonia por ele mesmo, sem a interferência do Tarólogo, cuja única função é definir um caminho de forma competente, mas sem jamais trilhar esta senda junto ao consulente. No meu caso, o que aconselho com base no que foi interpretado para os meus clientes durante uma consulta são nomes de livros e CDs, que serão procurados e comprados pelo próprio cliente caso ele tenha o interesse para tanto. Após terminar a leitura do livro, o cliente poderá até me procurar para batermos um bom papo sobre a obra, mas isso não precisará ser feito de maneira formal dentro de um consultório; poderemos nos encontrar para tomar um café enquanto conversamos ou coisa do tipo, mas sem nenhum custo adicional por essa conversa.

Colocadas algumas condições básicas, mas ao mesmo tempo fundamentais para um bom desenvolvimento do trabalho Oracular, passemos agora a algumas metodologias clássicas no tocante à arte de manusear os Arcanos.

O(A) leitor(a) poderá observar que citarei apenas três métodos de consulta, pelos quais já poderá, se estudou seriamente os Arcanos e preencheu os quesitos preparatórios para uma boa consulta, ter bons resultados, embora para realmente se tornar um tarólogo é fundamental um Grupo de Estudos com começo, meio e fim, supervisionado por alguém que, no mínimo, tenha mais de dez anos de experiência com o citado Oráculo e seja pelo menos iniciado em alguma Ordem Hermética, a fim de que isso constitua até mesmo uma segurança para aquele que está frequentando o Grupo de Estudos.

Não tentarei enganar o(a) leitor(a) como fazem alguns escritores inescrupulosos, quando afirmam que unicamente com a leitura de seus "livros milagrosos", chegando ao término deles, a pessoa já está apta a trabalhar com o Oráculo. Isso constitui propaganda enganosa, uma vez que livros sobre o Tarô são muito interessantes, mas ainda assim é indispensável, se de fato queremos entender a essência do Oráculo, pelo menos durante um ano estarmos ligados a algum grupo ou associação que ministre conhecimentos não apenas sobre o Tarô, mas também sobre a Kabbalah, a Astrologia e a Numerologia, uma vez que essas outras ciências têm profundas conexões com o Tarô, e se queremos compreendê-lo realmente, de maneira séria, se torna indispensável um mínimo de conhecimento sobre elas.

O Método de um Arcano

Dizem e realmente podemos considerar verdadeira a seguinte citação: "O que importa não é a quantidade e sim a qualidade".

Baseado nesta singela, porém, mui sábia frase, é que começo agora a falar sobre o que chamo de "O Método de um Arcano". Dentro desta metodologia, o(a) leitor(a) empregará unicamente os Arcanos maiores, pois única e especificamente destes se trata o presente livro.

Os passos:

1 – Procuremos colocar-nos, ou o cliente, num estágio mental de paz e serenidade, que pode ser alcançado por meio de algumas profundas inspirações e expirações, ao som de uma música suave. Façamos este exercício respiratório, de preferência, com os olhos fechados,

pois quando os fechamos, entramos em sintonia com o nosso interior, no qual seguramente se encontra a Verdadeira Verdade. A Verdade nunca esteve fora de nós e, mesmo que estivesse, estaria encoberta por uma vasta gama de símbolos e alegorias que somente desvenda aquele que possui a compreensão interna a respeito de si mesmo.

2 – Já com os olhos abertos, tomemos em mãos os Arcanos maiores e os misturemos de forma circular sobre o pano que fica sobre a mesa, sem, no entanto, vermos as gravuras que deverão estar voltadas para baixo. Caso queiramos, também podemos misturar os Arcanos como quem embaralha as cartas de um baralho com ambas as mãos, não havendo aí a necessidade de os Arcanos tocarem a toalha.

3 – Terminado o processo de embaralhamento ou, mais corretamente falando, mistura dos Arcanos, formemos um bolo único de cartas; ainda se encontrando as gravuras viradas para baixo, cortemos esse bolo separando-o em duas partes e colocando a parte inferior sobre a superior, formando assim novamente um bolo único. Ex.: Se cortamos para a direita, dividindo o maço em duas partes, a parte que ficou sobrando à esquerda se posicionará sobre a metade à direita ou vice-versa, para compor novamente um bolo único.

4 – Formado o bolo único (figura 1), em seguida o abramos formando um leque (figura 2) à nossa frente sobre a toalhinha que cobre a mesa.

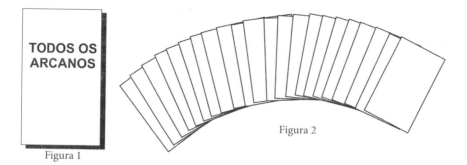

Figura 1

Figura 2

Após isso, mantenhamos a nossa mente serena por alguns segundos e concentremo-nos na questão para a qual buscamos uma resposta. Passados alguns momentos de concentração na questão específica, comecemos a passar a mão direita ou esquerda (isso não importa) por sobre o leque e, quando sentirmos que é o momento certo, saquemos um Arcano dele. Não nos esqueçamos de que mais importante do que obter uma resposta correta, antes que ela venha, é fundamental um correto questionamento. Assim, jamais pergunte coisas do tipo: "Conseguirei tal emprego?"; "Meu amor será correspondido por tal pessoa?"; "Minha saúde vai bem?". Em vez disso, procure colocar as suas dúvidas na forma de uma questão que lhe permita, após recebida a resposta, não permanecer jamais numa posição estática esperando a coisa ocorrer, e sim o faça tornar-se participante das ações que culminarão num bom resultado do seu questionamento. Como exemplo do que foi dito, procure utilizar as seguintes questões:

"A questão é *minha profissão* no momento atual".

"A questão é *meu lado afetivo/emocional* no momento atual".

"A questão é *minha viagem para Nova Iorque* no mês que vem."

Enfim, procure colocar as suas dúvidas na forma de questões e obterá melhores respostas, mais objetivas e diretas. Não se esqueça de incluir na questão o tempo que você deseja checar sempre no final dela, pois caso contrário, não saberemos se a resposta obtida se refere ao presente, ao passado ou ao futuro, sendo necessário, antes de sacarmos um determinado Arcano, termos muito bem estabelecido o tempo no ato de questionar.

5 – Após retirado o Arcano do leque, trate de estudá-lo profundamente em todos os seus aspecto,s se utilizando deste e de outros livros, a fim de que possa obter uma resposta salutar que realmente responda o seu questionamento, orientando-lhe sobre a melhor maneira de agir.

O Método de Quatro Arcanos

Ao trabalharmos com quatro Arcanos, poderemos inserir dentro de nossas consultas o fator tempo, no sentido de podemos checar o passado, o presente e o futuro, deixando ainda um quarto Arcano que nos servirá como uma espécie de síntese, representando esse Arcano o motivo pelo qual viemos fazer a consulta, ou então, um grande conselho do para o consulente.

Os Passos

1 – Cumpridas as fazes de 1 a 3 citadas no Método de um Arcano e encontrando-nos já diante dos Arcanos maiores dispostos em leque à nossa frente, temos que agora atentarmos para as questões nas quais nos concentraremos ao retirarmos as lâminas (figura 3).

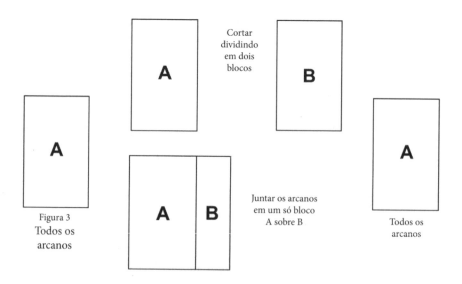

Figura 3
Todos os arcanos

2 – Concentremo-nos na seguinte questão:

"A questão é o meu passado um ano atrás".

Depois de mentalizarmos essa questão e a repetirmos mentalmente de olhos fechados, pelo menos, umas cinco vezes, saquemos um Arcano do leque e o reservemos, estando a lâmina ainda com a figura voltada para baixo, colocando-a sobre a toalha à nossa esquerda. Este primeiro Arcano retirado do leque representa o nosso passado dentro do tempo estipulado que queremos checar, ou seja, "um ano atrás".

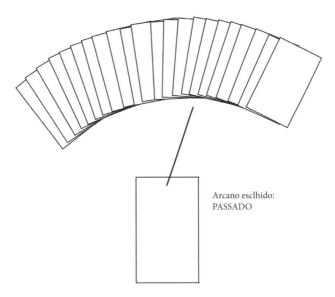

Arcano esclhido: PASSADO

É de suma importância que coloquemos dentro da questão o tempo exato para o qual queremos o vaticínio. Citamos como exemplo a expressão "um ano atrás", mas o cliente pode questionar o tempo de várias maneiras, inclusive utilizando termos dentro da questão que lhe permitam definir meses, anos e até mesmo datas específicas. Exemplo:

"A questão é *o ano de 1995*".
"A questão é *o mês de outubro de 1997*".
"A questão é *o meu estado de espírito no dia 14 de novembro de 1989*".

Como o leitor deve ter percebido, o importante é definirmos muito bem o tempo passado o qual estamos querendo checar. No último exemplo citado, se o leitor percebeu, questionamos não apenas uma data específica para a qual desejávamos o vaticínio, mas também o "estado de espírito" em que estávamos naquele dia específico. Analisar isso não só é possível, mas, sobretudo, muito saudável dentro de uma consulta, e obtemos resultados sempre objetivos, surpreendentes e concretos quanto sabemos formular as questões de forma concisa e consciente.

Checamos no exemplo citado nosso estado de espírito, mas podemos checar qualquer outra coisa, como a nossa saúde, a nossa profissão, o início de um negócio ou relacionamento, e assim por diante. Se formos realizar esse tipo de questionamento com relação ao cliente, não esqueçamos de citar o seu nome dentro da consulta. Exemplo:

"A questão é *o ano de 1998 para Giuliano Fusari*".
"A questão é *a profissão de Felipe Rocha Sanches no ano de 1995*".

Não nos esqueçamos jamais: "Ao trabalharmos com clientes, coloquemos sempre o assunto para o qual queremos uma análise, o nome da pessoa em questão e o tempo específico que desejamos checar. Se não tivermos interesse em um assunto específico, mentalizemos então unicamente o tempo a ser checado e o nome da pessoa no ato de mentalizarmos a questão".

3 – Após retirado o Arcano que representará o passado, mentalizemos agora uma questão pela qual sacaremos, depois de alguns momentos de concentração, a lâmina que simboliza o nosso presente ou o presente do consulente e, que após ser sacada, deverá ser colocada à nossa frente com a figura voltada para baixo.
Exemplos de questões apropriadas:

"A questão é o meu presente".

"A questão é **o momento atual** *que estou atravessando em minha vida".*

"A questão é o **momento atual** *da vida de Maria Cláudia Gimenez".*

Como nas questões relativas ao passado, podemos inserir assuntos específicos que desejamos checar para o nosso desenvolvimento ou desenvolvimento do cliente:

"A questão é minha saúde no presente momento".

"A questão são os relacionamentos familiares de Cássia, no momento atual".

4 – Dirigindo-nos agora para questões de aspectos futuros, elas seguem a mesma receita que as questões relativas ao passado e ao presente, só que são colocadas evidentemente por meio de termos relacionados com o amanhã. Retirado o Arcano que representará o que está por vir, ele será colocado à nossa direita por sobre a toalha que forra a mesa na qual se realiza a consulta.
Exemplos de questões apropriadas:

"A questão é o ano de 2035 para mim".

"A questão é a minha viagem para Santiago de Compostela no ano de 2031".

"A questão é o meu futuro, daqui a dez anos".

Com relação às questões de fórum específico ou envolvendo diretamente o consulente, eis aqui alguns exemplos:

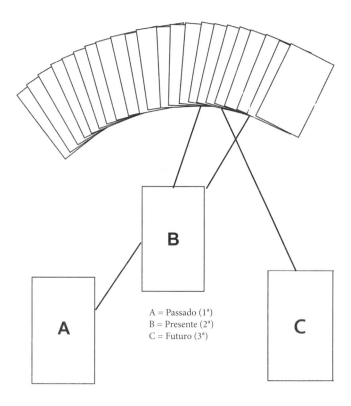

A = Passado (1ª)
B = Presente (2ª)
C = Futuro (3ª)

"*A questão são os estudos de Alexandre Lichewitz nos próximos dois anos*".
"*A questão é o meu progresso espiritual nos próximos 33 anos*".

5 – Com relação ao último Arcano que falta ser retirado do maço à nossa frente, esse Arcano será uma síntese do que já foi falado até então e devemos, ao sacá-lo, mentalizar uma questão que nos coloque o mais em sintonia possível com respeito a tudo o que temos que aprender com o que foi mencionado nos Arcanos precedentes. Uma boa pergunta a ser mentalizada antes da retirada do Arcano síntese seria esta:

"A questão é o melhor conselho do Tarô para mim (ou para o consulente, não esquecendo-nos de citar o seu nome) em nível de vida, com relação a tudo que foi dito até então?"

Mentalizada a questão anterior, saca-se o Arcano e ele é colocado acima do Arcano que representa o presente, estando bem no centro do jogo e acima dos demais Arcanos, como mostrado na ilustração. Retirados todos os Arcanos e estando eles compostos em forma de pirâmide, como mostra a figura, iniciamos a consulta pelo Arcano que representa o passado e encontra-se à nossa esquerda; ou pelo Arcano que representa o presente, estando este ao meio; depois analisando o que o teria originado (a lâmina do passado) e qual o seu desdobramento futuro, que poderá ser visto desvelando-se o Arcano à nossa direita. Após analisados e compreendidos os Arcanos temporais, finalmente, para concluirmos, passemos à interpretação do Arcano colocado acima de todos, que representa a síntese do jogo.

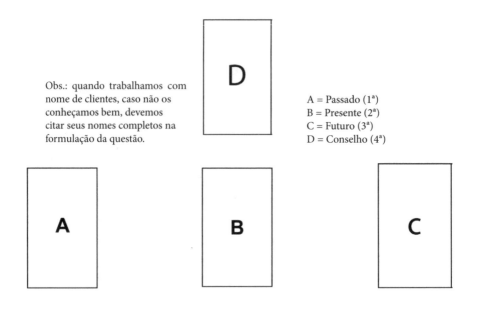

Obs.: quando trabalhamos com nome de clientes, caso não os conheçamos bem, devemos citar seus nomes completos na formulação da questão.

A = Passado (1ª)
B = Presente (2ª)
C = Futuro (3ª)
D = Conselho (4ª)

O Método da Cruz Celta

Nenhum método é tão querido e popular como o Método da Cruz Celta.

Talvez isso se deva ao fato de esse método representar um dos sistemas mais complexos de interpretação do Tarô, mas, ao mesmo tempo, de entendimento bastante simples e abrangente, tendo por isso a Cruz Celta caído nas graças da maioria dos tarólogos e clientes no mundo todo.

Os Passos:

1 – Em primeiro lugar, sempre temos de cumprir os passos de 1 a 3 que foram citados já no Método de Um Arcano.

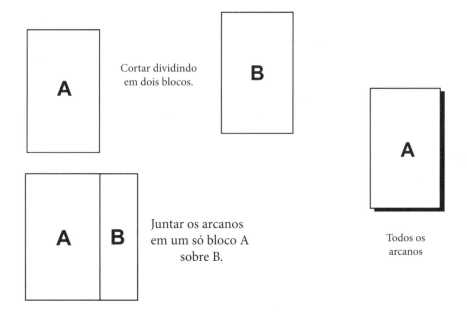

2 – Cumpridos os passos citados, nos atemos à tarefa de sacarmos os Arcanos do maço, estando este devidamente misturado, cortado e aberto em leque, ou em fileira sobre a mesa.

3 – Como vamos trabalhar com dez Arcanos neste método, o importante e termos dez questões apropriadas ao sacarmos esses Arcanos, sem as quais o método poderá tornar-se um pouco confuso. Lembramos mais uma vez que grande parte do sucesso de uma consulta

se deve, sobretudo, a um questionamento mental bem feito, antes de sacarmos um Arcano do maço. Cumprido este quesito, é só relaxarmos e deixarmos a consulta fluir, com extrema leveza e naturalidade.

4 – Forneceremos agora o significado das posições que ocupam os Arcanos:

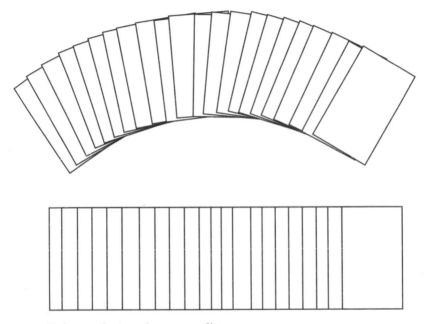

Poderá ser aberto em leque ou em fileira.

Posição 1: Arcano básico. O presente. A situação para a qual se deseja o vaticínio.

Posição 2: Influências positivas ou negativas que exercem algum tipo de força, segundo o Arcano que foi sacado.

Posição 3: Meus pensamentos conscientes (minha consciência objetiva) a respeito da questão ou do momento presente representado pelo Arcano na posição 1. O que penso conscientemente a respeito da questão para a qual desejo o vaticínio; ou ainda se estamos fazendo a consulta para algum cliente em que está focada no momento atual a sua consciência objetiva a respeito da questão colocada por ele ou, então, a respeito do seu momento atual.

Posição 4: Meus pensamentos inconscientes ou então aquilo que está contido em meu interior com relação ao que foi questionado e que ainda não veio à tona. Se estivermos consultando para alguém, desnecessário dizer que o Arcano nesta posição representará o inconsciente do cliente.

Posição 5: O Passado há um ano, um mês, uma semana, ou seja lá o tempo que queiramos investigar, com relação ao momento atual, ou então com relação a uma determinada questão que já foi colocada na posição 1. Não nos esqueçamos de colocar nesta posição, antes de sacarmos o Arcano que a representará, um bom questionamento mental, envolvendo direitinho o que queremos saber. Para melhores exemplos sobre questionamentos do passado, remetamo-nos ao Método dos Quatro Arcanos e o estudemos bem.

Posição 6: O Futuro. As mesmas recomendações citadas na posição 5 valem também para esta posição, em que a única diferença será o fato de estarmos abordando o futuro e não o passado.

Posição 7: Eu mesmo, ou então, o cliente. Como devo abordar o momento atual ou a questão específica.

Posição 8: Os fatores externos. Forças externas a mim ou a minha realidade, que exercem influência sobre a questão, tais como pessoas, situações e coisas do tipo.

Posição 9: Os medos ou esperanças, dependendo do Arcano sacado para representar a posição.

Posição 10: O Resultado, a consequência, a chave, o fim. Este Arcano também pode ser relacionado com o da sexta posição, o qual está ligado ao futuro.

Para formar a Cruz Celta da maneira correta, observe atentamente a figura e treine bastante com este método, pois o seu domínio garante excelentes resultados na Arte da Interpretação.

Os Mistérios dos Arcanos

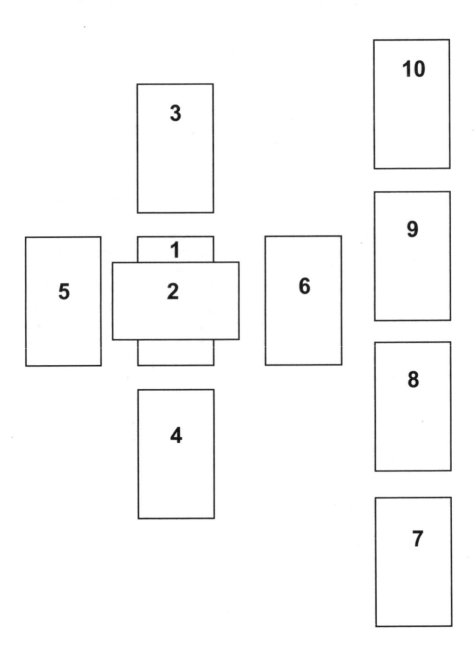

Algumas Palavras a Respeito deste Capítulo

Como o(a) leitor(a) pôde notar, ainda mais se é assíduo(a) comprador(a) de livros sobre o Tarô, neste capítulo citei apenas os métodos de consulta e nenhum exemplo com os Arcanos dispostos nestes métodos.

Isso se justifica, porque não pretendo influenciar o(a) leitor(a) com a minha interpretação pessoal dentro desta ou daquela metodologia; e espero que você procure vivenciar praticamente todos os métodos aqui apresentados, pois por meio da prática é que conseguirá criar a sua linguagem de interpretação, não tendo de se ater aos exemplos de ninguém para isso.

Gostaria de colocar também que este capítulo foi escrito com tanto carinho e dedicação quanto os outros, apesar de ter sido um dos mais difíceis de se escrever. E se digo isso é porque, por mais que tenha me esmerado no ato de escrever este capítulo, tenho consciência de que, por meio dele e seguindo as suas indicações, o(a) leitor(a) conseguirá executar uma boa consulta. No entanto, sei que unicamente métodos contidos em livros não são suficientes para se formar um bom Tarólogo, sendo necessário por parte daquele que almeja este objetivo pelo menos um ano de estudo numa instituição séria, que ministre tanto grupos de estudo sobre o Tarô como sobre a Kabbalah, a Astrologia e a Numerologia, constituindo essas ciências – e mais uma dose diária de infindáveis estudos nas mais diversas áreas – o que diferenciará o real tarólogo daqueles que apenas leram algo sobre o assunto.

Assim, fica a sugestão ao(à) leitor(a) para que procure se aprofundar cada vez mais, pois na chamada área esotérica, quanto mais sabemos, mais isso serve apenas para demonstrar-nos o quanto ainda nos falta aprender.

Capítulo 24

E Assim Chegamos ao Final

Que, ao mesmo tempo, deve ser encarado com um recomeço! Na chamada área de estudos esotéricos, por assim dizer, nada chega ao fim. Quando da conclusão de um curso, livro, grupo de estudos ou demais atividades do gênero, ficamos com a nítida impressão de que a nossa consciência, se levamos o estudo a sério, de fato se abriu, tornando possível, por meio dessa abertura, enxergar a realidade de outra maneira, muito diferente da convencional. Só que, uma vez estando a consciência agora um pouco mais desperta, existe a necessidade de aplicar na prática, em nossa vida cotidiana, aquilo que foi apreendido e assimilado, do contrário, ficam sem valor algum todas as informações a que tivemos acesso depois de certo tempo.

Com os dados contidos neste livro, certamente não será diferente.

Você leu o meu livro, relembrou algumas coisas que já sabia e também entrou em contato com uma série de novas informações. De tudo o que foi escrito, pode ter concordado com uma boa parte, ficando indeciso com relação a alguns dados e, até mesmo, discordado e renegado veementemente alguns elementos e argumentos contidos neste tomo. Bem! O que importa é que de certa forma estivemos interagindo algumas semanas um como outro de algum modo, mesmo que eu não me encontrasse ao seu lado, porque o fato de você ter lido algo escrito por mim, querendo ou não, ligou-o à minha pessoa. A grande verdade é que tivemos as nossas experiências, tanto eu por ter escrito este livro quanto você por ter lido o que escrevi.

No momento atual, você me admira, desconfia de mim, quer mais dados a meu respeito e tem feito comentários sobre a minha pessoa e o meu livro aos seus amigos e parentes, ou roda de conhecidos. Pode até mesmo ter detestado o meu trabalho e achar que eu deveria estar fazendo qualquer outra coisa, menos escrevendo. Evidentemente que, antes de lançar este volume contendo as minhas ideias na praça, na verdade, eu já estava bem consciente de que uma vez me tornando público seria lido ou não, admirado ou detestado, aceito ou questionado e, no fundo, estava pronto para tudo isso.

Independentemente, amigo(a) leitor(a), do que você pense a meu respeito – embora a sua opinião crítica seja uma das poucas que eu respeitarei e aceitarei em toda a minha vida, porque você para mim representa um dos poucos críticos sérios que valem a pena ser respeitados –, gostaria de dizer o quanto gosto de você. E isto, logicamente, não se deve unicamente ao fato de ter comprado o meu livro (embora eu agradeça profundamente este verdadeiro ato de coragem!), mas principalmente porque você está buscando respostas às suas questões, sejam elas relativas a seu autoconhecimento, ao desvelar dos mistérios ou, simplesmente, a um pouco mais de paz, equilíbrio e harmonia em sua vida.

Admirado por mim você é, porque busca, e somente aqueles que buscam é que, sem dúvida alguma, acabarão encontrando.

Concluindo, não encare o término deste livro como o fim de coisa alguma. Em verdade, procure a partir de agora compreender o quanto é grande o Universo e também o quanto você é grande. Tendo compreendido essas duas verdades, concentre-se na busca por si mesmo, a fim de que daqui a pouco tempo possa compreender qual o seu papel perante a Vida e perante o Cosmos, executando-o com perfeição, contribuindo, assim, para a manifestação da Grande Obra do Grande Arquiteto do Universo sobre a face da Terra, sua moradia, no seu atual ciclo de encarnações.

Foi bom ter estado com você no decorrer destas semanas que passamos juntos. Como também sou um Buscador, assim como você, melhor ainda é saber que continuaremos juntos na Senda… Se pude ajudá-lo, nem que tenha sido um pouco na sua Busca, com o meu livro, já me considero deveras recompensado. Obrigado por ter-me permitido fazer isso.

Sem mais, meus sinceros votos de Paz Profunda!

Bibliografia

FIELDING, C. *A Cabala Prática.* São Paulo: Pensamento, 2013.

HALEVI, Z'ev b. S. *O Trabalho do Kabbalista.* São Paulo: Siciliano, 1994.

_____. *A Árvore da Vida:* uma Introdução à Cabala. [*S. l.*]: Rider, 1972.

_____. *Cabala e Psicologia.* São Paulo: Siciliano, 1990.

LÉVI, E. *Dogma e Ritual de Alta Magia.* São Paulo: Pensamento, 2017.

MEBES, G. O. *Os Arcanos Maiores do Tarô. São Paulo: Pensamento, 1993.*

PAPUS. *A Cabala:* Tradição Secreta do Ocidente. São Paulo: Pensamento, 2022.

WANG, R. *O Tarô Cabal*ístico: um Manual de Filosofia Mística. São Paulo: Pensamento, 2018.

Leitura Recomendada

A VERDADEIRA MAÇONARIA E A CULTURA CELESTE
Fabre d'Olivet

Acredita-se que Fabre d'Olivet buscou nos Versos Dourados de Pitágoras os elementos fundamentais da Cultura Celeste e que dos dois períodos essenciais da formação pitagoriana é que ele traça os três graus da Verdadeira Maçonaria: Aspirante, Trabalhador e Cultivador. Neles, o autor mostra que o objetivo do Trabalhador espiritual é o trabalho interior e o conhecimento de si mesmo, pois o homem, chegando ao conhecimento de si próprio, pode chegar ao conhecimento do Universo, visto que a analogia é a grande lei dos seres.

GRAUS INEFÁVEIS
Rito Escocês, Antigo e Aceito – Ordenanças – Cobridor

João Ferreira Durão

Depois de muitas pesquisas e estudos, João Ferreira Durão organizou dados consistentes para este trabalho de atualização dos Rituais, com bases fundamentadas em documentos que contêm orientações gerais do Rito e que estavam dispersos ou ficaram perdidos por bastante tempo. Para manter viva a tradição do Rito, o autor apresenta as Ordenanças Gerais, que deverão ser observadas pelos Presidentes de Corpos e demais obreiros escoceses.

VADE-MÉCUM DO SIMBOLISMO MAÇÔNICO
Rizzardo da Camino

Da Sala dos Passos Perdidos ao Calendário Maçônico, passando por temas ricos e admiráveis como as Colunas do Templo, as Saudações, a Iluminação, a Mitologia e o Triponto, aqui temos um autêntico vade-mécum, acompanhante indispensável aos maçons em suas práticas de hoje e sempre.

www.madras.com.br

Leitura Recomendada

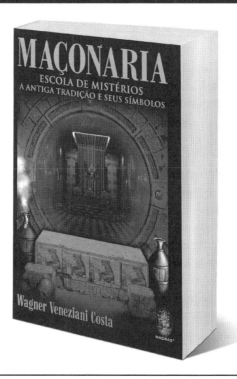

Maçonaria – Escola de Mistérios
A Antiga Tradição e seus Símbolos
Wagner Veneziani Costa

É comum ouvirmos que a Maçonaria consiste em uma instituição que congrega homens de bons costumes, solidários e transformadores da sociedade. Há quem diga que sua origem remonta às primeiras civilizações do mundo (egípcios, persas, gregos...) e que vem acumulando diversos conhecimentos desde então.

O que podemos afirmar é que a Maçonaria, sem sombra de dúvida, sempre foi uma Escola Iniciática de Mistérios, alicerçada nos símbolos e na tradição. Ninguém ensina Maçonaria para ninguém, é preciso vivenciá-la; isso é algo comum em qualquer escola iniciática. Cabe ao recipiendário absorver e praticar cada palavra, cada símbolo e detê-los em sua existência.

Os Antigos Mistérios não deixaram de existir quando o Cristianismo se tornou a religião mais poderosa no mundo, e a Maçonaria é a prova da sua sobrevivência. Sua estrutura simbólica é muito rica e complexa. A interpretação dessa simbologia é responsabilidade individual do maçom; e é no processo dessa interpretação pessoal que se pode entender a sobrevivência da Ordem Maçônica como um "Mistério".

www.madras.com.br

Para mais informações sobre a Madras Editora,
sua história no mercado editorial
e seu catálogo de títulos publicados:

Entre e cadastre-se no site:

 www.madras.com.br

Para mensagens, parcerias, sugestões e dúvidas, mande-nos um e-mail:

 marketing@madras.com.br

SAIBA MAIS

Saiba mais sobre nossos lançamentos,
autores e eventos seguindo-nos no facebook e twitter:

 @madrased

 /madraseditora